KB057275

이코노미스트가 팩트체크한

세계의 이면에
눈뜨는 지식들

이코노미스트가
팩트체크한

세계의
이면에
눈뜨는
지식들

톰 스탠디지 엮음 ㅣ 이시은 옮김

바다출판사

들어가며

2001~2006년에 미국 국방부 장관을 지낸 도널드 럼스펠드Donald Rumsfeld는 여러모로 유명한 사람이다. 미국의 아프가니스탄과 이라크 침공을 부추긴 것으로 유명하고, 이라크 포로들이 고문과 학대에 시달렸던 이라크 아부그라이브 감옥의 추문으로도 유명하며, 특이하게도 윈스턴 처칠Winston Churchill이 어렵게 변형시킨 솔리테어 게임(1인용 카드게임 · 옮긴이)의 아이폰 앱을 출시한 것으로도 유명하다. 그는 또 '모른다는 것조차 모르는 것(Unknown unknowns)'이란 말을 대중화시킨 장본인으로도 유명하다. 럼스펠드는 2002년 기자 회견 때 이라크가 테러리스트 집단에 대량 살상 무기를 공급한다는 증거가 부족하지 않느냐는 질문에 대답하며 이렇게 말했다.

나는 어떤 일이 일어나지 않았다는 보도를 보면 언제나 흥미롭다. 왜냐하면 다들 알다시피, 세상에는 우리가 안다는 것을 알고 있는 것들(Known knowns)이 있고, 또 모른다는 것을 알고 있는 것들(Known unknowns)도 있다. 하지만 세상에는 또 우리가 모른다는 것조차 모르는 것들(Unknown unknown)도 있다.

'모른다는 것조차 모르는 것'이란 개념이 이때 처음 나온 것은 아니다. 이 개념은 기업의 리스크 평가와 프로젝트 관리 분야에서도 사용된다. 그러나 럼스펠드가 이런 이야기를 하면서 이 용어가 일상적인 어휘로 자리 잡았다. 그의 설명은 당시에 도무지 이해하지 못할 말(gobbledegook)이라며 여기저기서 무수히 조롱당했다. 그는 영국의 '쉬운 말 쓰기 운동' 본부에서 '올해의 헛소리상'을 받기도 했다. 이것은 부당한 대접이었다. 럼스펠드는 지식의 속성과 한계에 대해 철학적인 지적을 했던 것이다. 현명한 사람은 자신이 무엇을 모르는지를 안다는 소크라테스의 오랜 격언을 토대로 말이다. 물론 소크라테스는 결코 그런 표현을 사용한 적이 없었지만, 그렇다고 그의 견해를 잘못 요약한 말도 분명히 아니었다. 플라톤이 쓴 《소크라테스의 변명》에서 소크라테스는 지혜의 속성을 탐구하면서 한 분야에서 많이 안다고 해서 다른 분야에서도 많이 안다고 생각하는 것은 위험하다고 결론짓는다. 다시 말해 소크라테스는 자신의 지식의 한계를 이해해야만 지혜로운 사람이라고 믿었다. 이것이 바로 소크라테스의 무지로 불린다. 럼스펠드식으로 표현하자면 모른다는 것을 알고 있다(Known unknowns)는 자각이다.

이 책의 목표는 럼스펠드와 소크라테스식의 무지에 대해 《이코노미스트》식 설명 및 시각화로 재미있는 잡학지식을 제공하는 것이다. 《이코노미스트》의 블로그 '이코노미스트 익스플레인즈'의 기사와 데이터 블로그 '그래픽 디테일'의 그래프·지도·도표에서 추려 낸 자료들을 기반으로 한다. 럼스펠드식의 무지란 우리가 모른다는 것조차 모르는 것들이다. '왜 스웨덴에는 그렇게 교통사고 사망자가 적을까?'

'어떻게 어떤 아기는 부모가 세 명일 수 있을까?' '왜 그렇게 많은 사형수들이 고령으로 사망할까?' 소크라테스식의 무지란 우리가 은근히 궁금하게 여겨 왔지만 아직 검색까지는 해 보지 않은 내용들을 포함한다. '허리케인의 이름은 어떻게 정해질까?' '수니파와 시아파 무슬림의 차이는 무엇일까?' '방언의 기준은 무엇일까?' 또《이코노미스트》의 비교 분석을 통해 데이터를 중심으로 글로벌하게 바라보는 세계관에 발맞추어, 그 밖에도 일부 국가들의 독특한 현상(왜 일본에는 성인 입양이 그렇게 많을까?), 경제적 호기심(왜 여성 성매매 종사자들이 서비스 가격을 점점 낮출까?), 여가와 관련된 특이 사항(왜 사람들은 불경기 때 피자를 좋아할까?), 기술과 관련된 궁금증(패션 위크 인기가 시들해진 이유), 과학적인 의문점(시간 여행자는 어떻게 찾을까?) 등을 살펴볼 것이다.

분명히 독자 여러분은 이런 질문 중 일부의 답을 알고 있을 것이다. 그러나 우리는 모든 독자가 갑작스럽게 무언가를 깨닫게 되는 순간을 경험하고 그 뜻밖의 깨달음을 즐기기를 바란다. 무언가 새롭고 예상하지 못한 것을 배울 때 느껴지는, 생각이 확장되는 기분을 혹시 아는가? 그것이 바로 우리가 매주 《이코노미스트》에서 전달하려는 바이고 이 책에서도 역시 마찬가지다. 여러분이 이 무지의 세계로의 여행을 짧은 몇 순간이라도 즐기기를 바란다. 본인이 무엇을 모르는지 이미 알고 있었든 모르고 있었든 간에 말이다.

톰 스탠디지
《이코노미스트》 부편집장

차례

1장

생각의 확장
당신이 모른다는 것조차 몰랐던 사실들

대부분의 사형수가
고령으로 사망하는 이유

—

여자 3명을 목 졸라 죽인 죄로 사형 선고를 받은 플로리다 출신의 개리 앨버드는 2013년 5월에 사망했다. 자연사였다. 그는 거의 40년 동안 사형 집행을 기다렸다. 주정부가 그를 사형시키지 않은 이유는 그가 '사형시키기에는 너무 미쳤기' 때문이었다. 《탬파베이 타임즈Tampa Bay Times》에서는 이렇게 보도했다. "1984년에 그는 치료를 통해 법적 능력을 회복하도록 플로리다 주 채터후치의 주립 병원으로 이송되었다. 그러나 그곳 의사들은 환자를 사형시키기 위해 건강을 되찾게 한다는 윤리적 딜레마를 지적하며 그의 치료를 거부했다. 그는 1987년에 조용히 사형 집행 대기 상태로 복귀했고, 그 후로 줄곧 그 상태에 머물렀다. 그의 최종 상소는 1998년에 기한이 만료되었다."

앨버드는 극단적인 경우지만, 미국에서 사형수들은 대체로 아주 오랜 기간 동안 사형 집행일을 기다리며 보낸다. 상소 절차를 수십 년씩 질질 끌기도 한다. 무고한 죄수를 사형시키는 일은 아무도 원하지 않으므로 상소 절차는 대단히 공들여 진행된다. 아무리 사형 제도를 지지하는 사람이라도 오심은 그들의 대의를 무너뜨린다는 사실을 잘 알고 있다. 사형을 선고받은 죄수들이 실제로 사형당할 때까지의 평균 기간은 1980년대 중반의 6년에서 이제는 16.5년으로 늘어났다. 그리고 이 놀라운 수치마저도 실제 상황에 비하면 사형 집행 과정이 빠르게 진행되는 듯한 착각을 일으킨다. 왜냐하면 대부분의 사형수들은 끝내 사형을 당하지 않기 때문이다. 이것은 간단한 계산만 해 봐도 금방 알 수 있다.

2011년 말에 미국의 주정부 및 연방 정부의 사형수는 3,082명이었다. 그해에 43명이 사형당했다. (점점 느려지지만) 현재의 속도대로라면 매년 사형수가 사형당할 확률은 72분의 1이다. 사형수들이 처음 유죄를 선고받는 평균 나이는 28세이므로, 사형수들 중에 일부를 제외하고는 실제 사형 집행인과 마주칠 가능성이 매우 적다. 2011년에 24명의 사형수가 자연사했고 70명이 감형되거나 판결이 뒤집혔다. (이 해에 새로 사형 선고를 받은 죄수는 80명이었으므로, 결국 사형 집행을 기다리는 사람은 57명이 줄었다.)

고령으로 죽는 사형수는 앞으로 계속 늘어날 수밖에 없다. 미국에서 사형 제도는 1976년에 부활하여 지금 사형 집행을 기다리는 거의 모든 사람은 1976년 이후에 사형을 선고받았고, 대부분이 젊을 때 사형을 선고받았다. 그들이 나이 들어 갈수록, 매년 심근경색, 뇌졸중, 암으로 죽는 사형수는 점점 더 많아질 것이다. 사형 선고를 받고 집행을 기다리는 암울한 처지 때문에 사형수들은 나이를 빨리 먹는다. 그들은 하루에 23시간씩 독방에 감금될 때도 많다. 이 시간 동안 그들은 금방이라도 바퀴 달린 들것에 묶여서 치명적인 화학 물질을 잔뜩 투여받게 되리라는 두려움 속에 살아간다. 그래서 일부 변호사들은 사형 선고를 받고 집행을 기다리는 일도 헌법에서 금지하는 종류의 잔인하고 비정상적인 형벌 못지않다고 주장한다.

스웨덴의 교통사고 사망자가
극히 적은 이유

—

2013년에 스웨덴의 교통사고 사망자 수는 264명으로 역대 최저치를 기록했다. 스웨덴에서 사용하는 자동차 수와 주행 마일은 모두 1970년 이후 2배로 늘었지만, 교통사고 사망자 수는 같은 시기에 80% 감소했다. 스웨덴의 도로는 세계에서 가장 안전한 도로가 되어가고 있다. 매년 스웨덴에서 교통사고로 죽는 사람은 10만 명당 3명꼴로, 유럽연합EU, European Union 전체의 10만 명당 5.5명이나 미국의 10만 명당 11.4명, 그리고 세계에서 가장 위험한 수준인 도미니카 공화국의 10만 명당 40명에 비해 훨씬 적다. 뉴욕 시를 비롯한 다른 지역들도 이제는 스웨덴의 성공 사례를 따르려고 노력 중이다. 스웨덴은 어떻게 성공할 수 있었을까?

부유한 국가들에서 교통사고 사망자 수는 1970년대에 최고 정점을 찍었다가 차량과 차들이 다니는 도로상에 안전장치를 도입한 이후로 사망자가 감소했다. (반면에 가난한 국가들에서는 자동차 판매량의 증가와 함께 교통사고 사망자 수도 늘고 있다.) 1997년에 스웨덴 의회는 교통사고 사망자나 부상자를 단 한 명도 내지 않겠다는 '비전 제로' 기획을 법제화했다. '우리는 도로에서 발생하는 어떤 사망이나 부상도 용납하지 않는다'라고 스웨덴 교통청의 한스 베르그Hans Berg는 말한다. 스웨덴인은 기동성과 안전성을 동시에 높일 수 있다고 믿고, 또 실제로 입증하고 있다.

사고를 줄이는 데는 이런 기획이 가장 큰 역할을 했다. 스웨덴에서는 도로를 건설할 때 속도나 편의성보다 안전을 최우선으로 삼는다. 느린 도심 속도 제한, 보행자 전용 구역, 차들을 자전거나 반대편 차선과 분리하는 장벽 등이 안전성 향상에 도움이 되었다. '2+1' 도로, 즉 양방향 노선에서 가운데 노선을 추월용으로 번갈아 사용하는 도로를 1,500킬로미터 구간에 걸쳐 건설함으로써 비전 제로 계획을 시행한 후 10년 동안 약 145명의 목숨을 구한 것으로 추산된다. 그리고 1만 2,600개의 더 안전한 건널목, 즉 양끝에 섬광등을 설치하고 과속 방지턱으로 보호하는 횡단보도와 육교 등이 추가된 건널목 덕분에 지난 5년간 보행자 사망자 수도 절반으로 줄어들었다. 엄격한 정책 역시 도움이 되었다. 음주 테스트를 받은 운전자 중에 법적 허용치를 초과한 사람은 0.25% 미만이었다. 7세 미만 아동의 교통사고 사망도 크게 줄어, 1970년에 58명이 사망했던 반면에 2012년에는 사망자가 단 1명이었다.

스웨덴이 과연 그들의 '제로' 목표에 도달할까? 안전 도로 캠페인 담당자들은 가능한 일이라고 확신한다. 2000년 이래로 사망자가 절반으로 줄면서, 그들은 이미 충분한 가능성을 시사하고 있다. 다음 단계는 인간의 실수를 더 줄이는 일이다. 예를 들면 자동차가 내장된 음주 측정기를 통해 운전자에게 음주 운전임을 경고하는 식으로 말이다. 과속이나 안전벨트 미착용에 대한 경고 발동 등의 새로운 안전 시스템을 더 빨리 도입하는 방법도 도움이 될 것이다. 결국 차들은 운전자가 아예 없어도 아무 문제없는 상태에 이를 것이다. 이런 일은 우리 생각보다 그리 멀지 않았다. 몇몇 자동차 모델은 이미 고속도로 등의 일부 상황에서는 자율 운전이 가능하고, 자율 주행 차들은 인간이 운전하는 차보다 훨씬 사고도 적다. 볼보Volvo는 2017년에 스웨덴 교통 당국과 손잡고 예테보리Gothenburg라는 스웨덴 남서부 도시에서 운전자가 필요 없는 자동차의 시범 프로그램을 운영할 계획이다. 통제되지 않는 운전자만 사라지면 결국 자동차가 가장 안전한 교통수단이 될 것이다. 그리고 스웨덴은 점점 더 이 목표에 근접해 가고 있다.

결혼한 사람들이
더 건강한 이유

—

결혼한 사람들이 더 건강하다는 상관관계는 충분히 입증된 바 있다. 그러나 결혼해서 건강이 좋아진 것인지, 아니면 역으로 건강한 사람들이 애초에 결혼할 가능성이 더 높기 때문인지는 그다지 명확하지 않다. 바르셀로나 자치대학교의 네지흐 거너Nezih Guner, 율리아 쿨리코바Yuliya Kulikova, 존 륄Joan Llull 등의 연구진은 20~64세의 미국인 데이터를 분석하여 결혼과 건강 간의 정확한 인과관계를 밝혀내고자 했다. 정말 결혼하면 사람들이 더 건강해지는 것일까?

연구자들은 기혼자와 독신자들이 자가 진단하는 건강의 차이가 소득 · 연령 · 인종 등의 요인을 통제한 후에도 계속 유지된다는 것을 발견했다. 그리고 그런 차이는 나이가 많을수록 증가하여, 젊은 사람들은 차이가 3% 정도지만 55~59세의 사람들은 최고 12%까지 차이가 났다. (이 연구에서 동거인은 독신자로 분류했지만, 그들을 기혼자 집단에 포함시킬 경우 어떤 결과가 나타나는지도 검토했다. 그 결과는 별 차이가 없었다.) 다음으로 연구자들은 나이가 들어 감에 따른 개개인의 건강을 추적하여, 개인의 건강에서 지속적이고 선천적인 요인이 얼마나 크게 작용하는지를 분리해 보고자 했다. 이 연구를 통해 연구자들은 좋은 유전자와 연관된 신체적, 성격적 특징을 지닌 개인들이 애초에 결혼할 가능성이 높다는 요인을 반영할 수 있었다. 이 요인까지 함께 고려해 보면, 39세 이하에서 기혼자와 독신자 사이의 건강 차이는 사라진다. 즉 젊은 사람들에게는 결혼이 건강에 영향을 미치지 않는다는 의미다. 오히려 인과관계는 반대 방향으로 성립된다. 데이터상 선천적인 건강이 좋으면 결혼할 가능성이 높아지는 것이다.

그러나 나이 든 사람에게는 상황이 달라진다. 55~59세의 기혼자와 독신자 사이의 건강 차이는 선천적인 요인으로 설명될 수 없는 차이

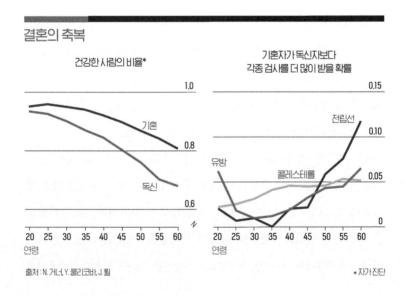

결혼의 축복

건강한 사람의 비율*

1.0

기혼

0.8

독신

0.6

20 25 30 35 40 45 50 55 60
연령

기혼자가 독신자보다
각종 검사를 더 많이 받을 확률

0.15

전립선

0.10

유방   콜레스테롤

0.05

0

20 25 30 35 40 45 50 55 60
연령

출처: N. 거너, Y. 쿨리코바, J. 릴   *자가진단

가 여전히 6퍼센트포인트(%p) 존재한다. 연구자들은 나이를 먹을수록 결혼이 관계에 좋은 건강이란 요소를 조금씩 추가해 간다고 결론 내리며, 이것을 '보호 효과'라고 불렀다.

이런 효과는 어떻게 나타나는 것일까? 적어도 미국에서는 보험도 하나의 요인이다. 미국에서는 독신들이 커플에 비해 건강 보험에 적게 드는 경향이 있다. 그러나 또 다른 요인은 행동적 요인이다. 결혼 생활은 보다 건강한 행동을 권장하는 듯하다. 독신자가 결혼을 하면 담배를 끊을 확률이 13% 더 높아진다. 기혼자는 독신자보다 다양한 상황에서 예방 목적의 건강 검진을 받을 가능성도 더 높다. 예를 들어 50~54세 사람들 가운데 기혼자는 콜레스테롤을 검사하거나 전립선이나 유방암 검사를 받을 가능성이 6%가량 더 높다. 그러니 다음번에 배우자가 병원에 가 보라고 잔소리하면, 고맙다고 말해 주라. 결혼 생활 덕분에 당신 건강이 더 좋아질 테니 말이다.

문신은 취업에
어떤 영향을 미칠까

—

뉴욕 맨해튼 시내에 있는 한 문신 가게에서 브리타니라는 여성이 자신의 문신을 자랑하고 있다. 영국의 영화감독 뱅크시Banksy에게 영감을 얻은 장면이 양쪽 발을 뒤덮고 있는 문신이다. 현재 뉴욕 대학의 학생인 브리타니는 언젠가 변호사가 되고 싶어 한다. "그래서 발에 문신을 새긴 거예요. 감추기 쉽도록." 그녀는 이렇게 말한다. 한때는 범죄자, 선원, 괴짜들의 전유물이던 문신이 이제는 많은 사람들에게 온건하게 받아들여지는 문화가 되었다. 성인 5명 중 1명이 문신을 하고, 40세 미만의 성인은 5명 중 2명꼴로 문신을 하고 있다. 성별로 따지면 남자보다 여자가 더 많이 한다. 그런데 문신을 새긴 사람들이 구직 활동에 나서면 어떻게 될까? 안타깝게도 모든 사람이 브리타니처럼 영리하지는 않다.

스코틀랜드 세인트앤드루스 대학교의 앤드류 티밍Andrew Timming

박사에 따르면, 문신은 점차 주류 문화로 편입되고 있음에도 불구하고 반항심을 상징하기 때문에 여전히 구직자에게는 큰 도움이 안 된다. 티밍 박사와 동료 연구자들은 2013년에 발표한 연구에서 피험자들에게 구직자들의 사진을 토대로 그들을 평가하라고 요청하고, 일부 구직자의 사진에는 목 부위에 문신을 추가하여 제시했다. 그 결과 문신이 있는 구직자들은 똑같은 자격을 갖추고도 일관되게 낮은 평가를 받았다. 또 다른 연구에서 티밍 박사는 서비스 업종의 많은 관리자들이 눈에 잘 띄는 문신을 매우 꺼려하며, 고객을 직접 상대하는 업무가 포함된 경우에는 특히 그렇다는 사실을 발견했다. 그리고 2011년에 커리어 웹사이트 커리어빌더CareerBuilder의 설문 조사 결과에서는 미국 고용주의 31%가 승진에 지장을 줄 가능성이 가장 높은 개인적 특성으로 눈에 띄는 문신을 지목했다. 물론 일부 직장은 보다 열린 입장을 취하기도 한다. 어느 교도소 관리자는 문신이 있으면 재소자들과 친해지기가 더 쉽다고 설명했다. 고객의 연령층이 낮은 기업들 역시 문신에 비교적 호의적인 입장을 띤다. 그러나 대부분의 직장에서는 문신이 눈에 잘 띨수록 해당 구직자가 더 '비도덕적'이라고 여긴다. 설령 그 평가자 본인도 문신을 하고 있더라도 말이다.

이런 편견은 시대착오적으로 보일 수도 있지만 엄연한 현실이다. 실증 연구에서는 오래전부터 문신이 흡연이나 과음, 더 많은 섹스 파트너 등 위험을 감수하는 행동과 관련이 있음을 입증해 왔다. 문신을 한 사람들이 무기를 소지하거나 불법 마약을 복용하거나 체포될 가능성이 더 높다는 것이다. 또 문신이 더 크거나 개수가 많을수록 이런 상관관계가 더 높아진다고 텍사스 테크 대학교의 사회학자 제롬 코치

Jerome Koch 박사는 설명한다. 이런 사실은 2014년에 미국 육군이 과거의 용모 규정을 부활시키기로 결정한 이유를 이해하는 데 도움이 된다. 이 규정은 문신의 크기와 개수를 제한하고 목, 머리, 손 부위의 문신을 금지하며 인종 차별 주의자, 성 차별 주의자로 보이거나 그 밖에 부적절해 보일 만한 보디아트body art를 금지한다. 이렇게 규정을 바꾼 것은 규율과 직업의식을 강화하려는 취지다. 그러나 이로 인해 육군의 모병이 더욱 힘들어질 수 있다고 애리조나 주에서 신병 모집을 담당하는 타일러 스튜어트Tyler Stewart 소령은 말한다. 그의 대대는 문신을 한 지원자들을 매주 50명씩 돌려보내고 있다.

일부 열성적인 병사들과 기타 구직자들은 문신을 지워서 문제를 해결하기도 한다. 시장 조사 업체 아이비스월드IBISWorld에 따르면, 문신 제거 건수는 지난 10년간 440%나 증가했다. 그렇지만 브리타니의 친구가 손목에 물음표 문신을 새기고 있는 문신 가게에서 그녀가 언젠가 문신을 후회할 가능성은 희박해 보인다. "나도 문신이 장차 취업하는 데 도움이 될 거라고는 생각 안 해요. 하지만 크게 걸림돌이 되지도 않을 거예요." 브리타니는 이렇게 말한다. 기업 임원진 가운데 문신을 한 반란자들이 점차 늘어나다 보면 이런 행동에 관한 통계도 자연히 변할 것이다. 그렇게 될 때까지는 전략적으로 행동하고, 당신의 문신을 감추어라. 적어도 입사 면접을 보는 동안만이라도.

한 아기의 부모가
3명일 수 있는 이유

—

영국에서 대략 6,500명 중 1명의 아기가 미토콘드리아에 이상이 있는 상태로 태어난다. 미토콘드리아는 음식과 산소로 에너지를 생성하는 작은 발전소로 불리며, 거의 모든 세포 안에 들어 있다. 미토콘드리아에 이상이 있으면 여러 가지 문제가 발생할 수 있는데 그 모든 문제가 생활에 지장을 주고 대부분이 치명적이다. 그중에는 당뇨병·난청·점진적인 근력 약화와 시각 장애·간질·간부전증·치매 등이 있다. 미토콘드리아에 이상이 있는 일부 아기들은 출생 직후에 사망하고, 나머지 아기들은 평생 질병과 싸우며 살아간다. 현재 시점에서 이런 질병은 그저 평생 떠안고 살아야 할 비극일 뿐이다. 하지만 미국과 영국의 의사들이 치료법을 연구하고 있다. 만약 이들이 새로운 치료 기술을 완성하고 세계의 정부를 설득하여 그것을 합법화할 수 있다면, 의학사에서 기념비적인 순간으로 기록될 것이다. 단지 그 치료법의 혜택 때문만이 아니다. 이 새로운 치료법 기술을 통해 태어나는 아기들은 부모 두 사람이 아니라 세 사람, 즉 부모와 제3의 난자 제공 자에게 물려받은 DNA를 보유하게 된다. 이것은 당사자 개인뿐 아니 라 그의 후손들에게도 영향을 미치게 될 유전적 치료법이 역사상 최 초로 허용되는 순간일 것이다. 이런 일이 어떻게 가능할까?

현재 연구 중인 치료법은 미토콘드리아가 단순히 세포의 일부분이 아니라는 사실을 이용한다. 미토콘드리아는 10억 년 전에 자유로운 생활 방식을 포기하고 세포 속에 들어와 다른 세포들과 공생하는 협 력 관계를 이루었던 박테리아의 먼 후손이다. 그래서 미토콘드리아는 세포핵 내부의 커다란 DNA 덩어리와는 완전히 분리된 자신만의 작 은 게놈을 가지고 있다. 아기는 보통 아버지와 어머니에게서 거의 반 반씩 핵DNAnuclear DNA를 물려받는다. 그러나 미토콘드리아는 오로 지 어머니한테서만 물려받는다. 모든 아기는 어머니의 난세포 속 미 토콘드리아를 물려받았다. 미국과 영국의 연구자들은 다양한 기술을 이용하지만, 기본적인 발상은 동일하다. 아기에게 다른 여성이 제공한 정상적인 미토콘드리아를 준다는 것이다. 연구자들은 미토콘드리아 가 손상된 어머니 난자에서 핵(과 그 안에 든 DNA)을 추출하여 미토콘 드리아는 정상적이지만 미리 세포핵을 제거해 놓은 다른 난자에 이식 하여 정상적인 난자를 만들고자 한다. 그 결과 아기는 부모에게 평범 한 방식으로 물려받은 핵DNA와 난자 제공자에게 물려받은 미토콘드 리아를 가지고 태어난다.

어떤 사람들은 아기가 부모 외의 다른 사람에게 유전자를 물려받 는다는 발상에 본능적인 거부감이 들 것이다(윤리학자들은 이런 것을 '혐오 요인'이라고 부른다). 그러나 영국에서 불임 치료 관련 규제를 담당하는 인간 생식 배아 관리국HFEA, Human Fertilistion and Embryology Authority이 영국 시민을 샘플로 뽑아 이런 치료 과정을 설명한 결과 대다수가 긍정적인 반응을 보였다. 상세한 생물학적 설명을 덧붙이면 이해하는 데 도움이 될 것이다. 미토콘드리아 안에 들어 있는, 즉 난자 제공자에게서 물려받은 DNA의 양은 극소량이다. 세포핵 속의 DNA는 2만 개 이상의 유전자 정보를 보유하는 데 반해, 미토콘드리아 속 DNA는 단지 37개의 유전자 정보만 보유한다. 또 미토콘드리아는 오로지 기본적이고 낮은 수준의 세포 기능에만 관여한다. 따라서 해당 치료를 받은 아이들이 난자 제공자의 눈·머리카락·성격 등을 물려받을 가능성은 없는 것이다.

그렇다고 해서 과학자들에게 아무 걱정도 없다는 의미는 아니다. 2014년 6월에 HFEA가 발표한 보고서에서는 기술적 문제에 대해 몇 가지 우려 사항이 남아 있다고 지적했다. 예를 들어 난자 제공자의 미토콘드리아 DNA와 이것이 상호 작용해야 하는 외부 핵DNA가 서로 맞지 않아 문제를 일으킬 가능성이 있다. 또 이 기술을 통해 여성이 태어날 경우 그 여성의 후손들도 계속 이 이식된 미토콘드리아를 물려받게 된다는 사실 역시 다분히 우려스럽다. 결국 미토콘드리아의 교체는 대를 물려 가며 영향을 미칠 최초의 유전적 치료법이 되는 것이다. HFEA는 이런 미진한 부분을 면밀히 검토하기 위해 더 많은 테스트를 권장했다. 그러나 지금까지의 동물 실험으로 얻은 과학자들의 결론은 이 치료법이 위험하다는 증거가 없다는 것이다. 물론 이것이 안전하다는 이야기는 아니다. 토론자들이 지적했듯이, 이런 알 수 없는(그리고 존재하지 않을지도 모를) 위험은 아무 조치도 취하지 않음으로써 발생할 매우 실질적인 고통과 비교 검토해 봐야 한다. 영국 정부는 이 치료법에 확신을 얻은 듯하다. 2015년 2월에 영국은 이 방법을 합법화하는 법안을 통과시켰다. 그러므로 수년 내에 부모가 3명이고 질병이 없는 아기가 현실로 나타날 수도 있다.

독재 정권하에서 출세하는 법

—

콩고를 32년간 지배한 모부투 세세 세코Mobutu Sese Seko 대통령은 수시로 무의미한 내각 개편을 단행하는 것으로 악명이 높았다. 그의 내각 관료들은 끊임없이 자리를 돌고 돌아 하루아침에 장관직에 올랐다가 갑자기 감옥으로 쫓겨나고, 추방당했다가 다시 고위직으로 복귀하는 일이 비일비재했다. 모부투는 그의 집권기 내내 수백 명의 장관을 갈아치웠다. 아프리카 15개국 연구에서 확인되듯이 잦은 장관 교체는 많은 독재 정권의 공통점이다. 독재자들은 왜 그렇게 걸핏하면 내각을 개편할까. 또 장관들은 쫓겨나거나 더 심한 꼴을 당하지 않으려면 어떻게 해야 할까?

전미 경제 조사국National Bureau of Economic Research의 연구 보고서에서 브리티시컬럼비아 대학교의 패트릭 프랑수아Patrick Francois와 프란체스코 트레비Francesco Trebbi, 조지메이슨 대학교George Mason University

의 일리아 라이너Illia Rainer는 정부를 운영하기 위해 어떤 장관을 앉혀야 할지 고르는 독재자의 딜레마를 모형으로 개발했다. 흔히 예상하듯이, 경험 많은 장관들은 국가를 다스리는 데 큰 도움을 줄 수 있다. 그러나 권좌에 머무는 기간이 길어지면 각자의 정치 기반을 다지게 되어 그들을 견제하지 않으면 쿠데타를 도모할 기회로 삼을 수도 있다. 따라서 정권을 지키려는 독재자는 장관들이 자기를 타도할 만큼 충분한 지지 세력을 확보하기 전에 그들을 경질해야 한다. 반대로, 독자적인 지지 기반을 구축하는 데 성공한 장관들은 현재 정권에 계속 충성할지 아니면 정권 타도에 나설지를 결정해야 한다.

연구 결과, 장관들이 가장 큰 위험에 처하는 시기는 재임 4년차로 밝혀졌다. 장관직에 오르고 처음 2년 동안은 그들에게 독재자를 위협할 만큼 강력한 권력이 없다. 그리고 일단 충분하다 싶은 경력을 쌓고 나면 평지풍파를 자초할 만한 동기가 줄어든다. 쿠데타를 일으켜 불확실한 이득을 얻자고 현재의 안정된 지위를 포기해야 하기 때문이다. 그러나 장관 4년차가 되면 그들은 가장 위험해진다. 더 높은 자리를 노려볼 만큼 권세가 강하면서도 아직 야심을 버릴 만큼 완전히 자리 잡지는 못한 상태인 것이다. 그래서 바로 이 시기에 독재자들이 장관들을 감옥에 보낼 가능성이 가장 높다.

연구자들은 가장 위험한 사람들이 국방이나 재무 담당 장관처럼 최고위직 각료라고 지적한다. 이런 장관들은 우세한 권력 때문에 특히 더 위협적이다. 그래서 이런 자리는 주인이 자주 바뀌고, 결국 해당 국가의 경제와 군대에 파멸을 초래한다. 장관이 업무 지식과 경험을 쌓을 만하면 그들을 해임시키는 정책은 독재자의 국가 통치력을 심각할 만큼 저하시킨다. 그러나 자신의 생존을 무엇보다 최우선시하는 독재자에게는 장관의 무능함도 충분히 그를 등용할 사유가 된다. 만약 독재 정권하에서 출세하고 싶다면 꼭 염두에 둘 만한 사항이다.

인도와 중국이
결혼 위기에 직면한 이유

—

세계 인구의 3분의 1에 해당하는 중국인과 인도인이 향후 수세대에 걸쳐 지속될 결혼 위기에 직면하고 있다. 최근 2010년까지만 해도 양국의 결혼 패턴은 정상적이었다. 그러나 이제 인도는 남자들에게 다른 성, 마을, 주 출신 여성과의 결혼을 허용하기 위해 500년이나 된 법을 개정하고 있고, 중국에서는 이른바 '광군(guanggun, '메마른 나뭇가지'란 의미)' 5,000만 명이 노총각으로 인생을 마칠 운명이다. 결혼 적령기가 되어도 배우자를 찾지 못하는 이런 결혼 압박marriage squeeze 현상은 왜 발생할까?

우선 수백만 명의 여자들이 '사라졌다.' 한 세대 전에 아들을 선호하는 풍조와 산전 태아 성별 검사가 점차 보편화되면서 처음에는 중국 부부들이, 뒤이어 인도 부부들이 여아를 낙태하고 남자 아이만 출산하기 시작했다. 이런 추세가 극에 달하자 일부 아시아 지역에서는 여아 100명당 120명 이상의 남아가 태어나기도 했다. 출생 시 성비가 왜곡된 세대가 이제 결혼 적령기에 이르면서 총각이 처녀보다 훨씬 많아졌다. 만약 중국에서 출생 당시 성비가 정상 수준이었다면, 2010년 중국의 여성 인구는 7억 2,000만 명이었을 것이다. 그러나 실제로는 6억 5,500만 명에 불과하여 거의 7억 500만 명인 남성들과 비교할 때 5,000만 명의 남편감이 남아도는 셈이다.

출산율도 이런 왜곡된 구조를 심화시킨다. 한 나라의 출산율이 (인도처럼) 떨어지는 추세이면, 더 적은 나이대의 인구일수록 더 줄어드는 양상을 보인다. 일반적으로 그렇듯이 남성들이 몇 살 어린 여성과 결혼한다면, 남편감에 비해 신붓감은 더욱더 모자랄 것이다. 보통 신붓감이 더 늦게, 출산율이 더 낮은 시점에 태어나기 때문이다. 그러면 대기행렬 효과queuing effect가 나타난다. 당장 아내를 구할 수 없는 남자들이 더 젊은 남자들과 경쟁하며 계속 신붓감을 찾다 보면, 미혼 남성이 대기 행렬을 이루듯이 점점 적체되는 것이다. 2060년에 이르면 중국과 인도에서 여자 100명당 결혼을 원하는 남자들은 160명이 넘어갈 수도 있다.

결혼을 해야만 사회의 온전한 구성원으로 인정하는 국가들에서 이것은 매우 심각한 압박이다. 그 결과는 대단히 위험할 수 있다. 어느 사회에서든 독신 남성이 크게 늘어나면 범죄율과 폭력 사건도 크게 증가하기 때문이다. 이 사태에 중국과 인도가 어떻게 대처할지는 사실상 아무도 모를 일이다.

세계적 마천루 경쟁이
끝나지 않는 이유

—

전 세계적으로 마천루 건설 붐이 한창이다. 2014년에 완공된 고층 건물 수는 기록적이었다. 그리고 세계에서 가장 높은 건물 기록은 과거 어느 때보다 더 자주, 더 극적으로 바뀌고 있는데 특히 중동 지역에서 그렇다. 인류가 고층 건물을 건설하려는 동기는 일반적으로 경제적 동기와 직결된다. 매해 완공된 가장 높은 건물의 높이는 경제 상황에 따라 올라가거나 내려가는 경향이 있다. 평균적으로 1885년 이래로 한 해의 가장 높은 건물은 해마다 3미터씩 높아졌다. 1960년대부터 따지면 매년 평균 4.9미터씩 높아진 셈이다.

1990년까지 가장 높은 건물은 거의 항상 북아메리카, 즉 미국이나 경제 불황기에는 대개 캐나다에서 건설되었다. 제2차 세계대전을 전후한 시기에는 러시아와 브라질 같은 유럽과 남미의 몇몇 국가에서 예외적으로 높은 건물이 등장했다. 그러나 1990년 이래로는 북아메리

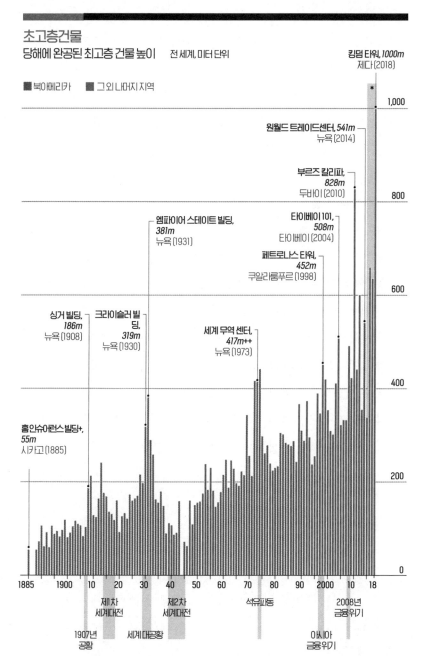

초고층건물

당해에 완공된 최고층 건물 높이 전 세계, 미터 단위

■ 북아메리카　■ 그외 나머지 지역

킹덤 타워, *1000m*
제다 (2018)

원월드 트레이드센터, *541m*
뉴욕 (2014)

부르즈 칼리파,
828m
두바이 (2010)

엠파이어 스테이트 빌딩,
381m
뉴욕 (1931)

타이베이 101,
508m
타이베이 (2004)

페트로나스 타워,
452m
쿠알라룸푸르 (1998)

싱거 빌딩,
186m
뉴욕 (1908)

크라이슬러 빌
딩,
319m
뉴욕 (1930)

세계 무역 센터,
417m++
뉴욕 (1973)

홈인슈어런스 빌딩+,
55m
시카고 (1885)

1885　1900　10　20　30　40　50　60　70　80　90　2000　10　18

1,000

800

600

400

200

0

제1차
세계대전

제2차
세계대전

석유파동

2008년
금융위기

1907년
공황

세계대공황

아시아
금융위기

출처: J. 바르(J. Barr), B. 미즈라(B. Mizrach), K. 문드라(K. Mundra), J. 루오(J. Luo);
세계초고층도시주거협의회(Council on Tall Building and Urban Habitat)

* 예상치, 건설 중인 건물
+ 세계 최초의 마천루로 알려짐
++ 안테나와 첨탑 제외한 높이

카에서 말레이시아와 타이완 같은 아시아 국가들을 거쳐 중국과 중동으로 바통이 넘어갔다. (현재 세계 최고층 빌딩의 타이틀은 두바이의 '부르즈 칼리파Burj Khalifa'가 보유한다.) 건물들이 점점 높아지는 추세가 건축 애호가들에겐 기쁜 일일지 몰라도, 그것이 경제적으로 합리적인가는 전혀 다른 문제다. 경제적 채산성 관점에서 고층 건물의 이상적인 높이는 1930년에 (뉴욕에서) 63층으로 추산된 이래로 크게 변하지 않았다. 오늘날의 고층 건물은 170층을 넘어가고 있다.

하지만 2015년에 러트거스 대학교의 세 학자들이 발표한 논문에서는 4개국(미국·캐나다·중국·홍콩)에서 매년 완공된 최고층 건물의 높이를 1인당 국내총생산GDP과 비교한 결과 모든 국가에서 1인당 GDP와 마천루 높이가 '상관관계가 있다'는, 즉 두 가지가 서로 영향을 미친다는 사실을 발견했다. 바꿔 말해서 부동산 개발 업자들은 국민 소득이 늘어나면(그래서 점점 사무실 공간 수요가 증가하면) 건물을 더욱 높게 건설하는 식으로 합리적으로 대응하여 이윤을 극대화하려는 사람들이란 것이다. 자아와 오만도 틀림없이 마천루 시장에 영향을 미치겠지만, 연구자들은 이 시장의 기반이 탄탄해 보인다고 주장한다.

제1차 세계대전이란 명칭이
잘못된 이유

—

전 세계, 또는 적어도 참전국들이 최근 들어 제1차 세계대전에 큰 관심을 보이고 있다. 이 전쟁이 오스트리아—헝가리 제국의 황태자가 보스니아 민족주의자에게 암살당한 1914년 6월 28일부터 독일이 우방인 영국을 끌어들이면서 러시아와 프랑스에 선전 포고한 8월 초 사이에 거의 우발적으로 시작되었다는 점이 역사가들을 매료시켜 왔다. 그리고 그 후에 이어진 이 전쟁의 공포는 비록 방식은 저마다 다르겠지만 모든 사람을 사로잡았다. 하지만 이 충돌이 과연 '제1차 세계대전'으로 불릴 만한 걸까? 이 전쟁이 세계대전인 것은 의심의 여지가 없다. 그러나 최초의 세계대전은 분명히 아니었다. 최초의 영예는 160년 전인 1754년에 발발하여 1763년까지 이어진 이 전쟁에 돌아가야 한다. 유럽에서는 1756년부터 본격적으로 시작된 이 전쟁을 7년 전쟁이라고 부른다. 그러나 이것은 진정한 세계 전쟁이었다. 오스트레일리아를 제외하고 인류가 사는 모든 대륙에서 전투가 벌어졌고, 3개 대륙의 독립된 세력들이 실질적인 참전국이었다.

이 최초의 세계 전쟁의 1막에는 조지 워싱턴George Washington이란 친숙한 이름의 젊은 장교가 등장하는데 그는 계속해서 더욱 큰 업적을 쌓아 간다. 1754년 5월 28일에 영국 식민지 버지니아의 소부대 군인들이 조지 워싱턴의 지휘하에 뉴프랑스(오늘날 캐나다)에서 영국이 자국 영토로 여기던 지역에 침입한 일군의 프랑스 병력과 교전을 시작했다. 워싱턴은 지시받은 대로 평화롭게 프랑스군을 물리치지 않고 부대 지휘관을 비롯하여 적군 몇 명을 사살했다. 북아메리카에서의 충돌은 그 후 양 진영이 현지의 아메리카 원주민 국가들과 연합하여 싸우면서 계속 이어졌다. 2년 후에 영국의 우방인 프러시아가 독일의 작은 주인 작센 지방을 공격하자, 작센의 동맹국인 오스트리아가 참전했고, 그러자 오스트리아의 동맹국인 프랑스(와 프랑스의 적국이자 프러시아의 동맹국인 영국)까지 전부 이 유럽 땅의 전쟁에 휘말렸다. 이 것은 1914년에 독일의 동맹국 오스트리아가 세르비아라는 작은 발칸 국가를 공격하면서 세르비아의 동맹국인 러시아가 개입하고, 그러자 독일이 위협을 느껴 러시아와 러시아의 우방인 프랑스 양국에 전쟁을 선포한 도미노 현상과 기묘하게 유사한 일련의 사건이었다.

이 전쟁은 순식간에 전 세계로 확대되었다. 영국과 프랑스는 북아메리카에서 그들의 식민지 군대를 증강하고 서인도 제도에서는 상대국의 식민지를, 아프리카와 인도에서 는 무역 거점을 공격하기 시작했다. 인도에서는 쓰러져 가던 무굴 제국에서 갓 등장한 몇몇 토후국까지 전쟁에 개입했고, 결국 영국이 그중 하나인 벵골Bengal을 점령했다. 종전이 가까워질 무렵에는 스페인이 프랑스 진영에 가세하여 영국의 동맹국인 포르투갈의 아메리카 식민지 중 하나를 공격하면서 전쟁이 남아메리카까지 번졌다.

제1차 세계대전처럼, 이 전쟁도 전 세계의 세력 구도를 재편했다. 사실 현대 세계가 영어를 쓰게 된 것도 바로 이 전쟁 때문이다. 식민 열강이던 프랑스가 전쟁으로 파괴되고 나서 1830년에 알제리를 공격할 때까지 해외 정복 사업에 본격적으로 나서지 않았던 것이다. 미시시피강 동쪽의 북아메리카는 전부 영국 땅이 되었고, 뉴올리언스란 도시만 예외적으로 스페인 영토가 되었다. 그리고 영국의 인도 통치도 역시 이때 기반을 다졌다. 조지 워싱턴은 결국 자치를 원하는 북아메리카 식민지 주민들의 반란군을 통솔하게 되었다. 그가 1754년에 일으킨 전쟁은 진정한 의미에서 최초의 세계 전쟁이었다. 비록 일반적으로는 그렇게 말하지 않지만 왜 일부 역사가들이 이 전쟁을 '제0차 세계대전(World War Zero)'이라고 부르는지 이해할 수 있을 것이다.

〈강남스타일〉의
숨겨진 비용

—

괴짜 같은 뮤직비디오 〈강남스타일〉은 유튜브상에서 26억 회가 넘는 조회수를 기록하여 역사상 사람들이 가장 많이 본 영상 중 하나가 되었다. 뮤직비디오의 길이(4분 12초)를 고려하고 모든 사람이 이 영상을 끝까지 다 본다고 가정할 때 시청 시간을 환산해 보면 1억 8,000만 시간, 즉 거의 2만 년에 달한다. 옆으로 발을 질질 끌고 허공에서 올가미를 돌리는 이 춤을 보는 데 써 버린 시간에 만일 다른 일을 했다면 어떤 성과를 거둘 수 있었을까? 미 해군의 초대형 항공모함 '제럴드 R. 포드호'를 완공하는 데는 5,000만 공수(man-hour)가 들었다. 사람들이 2012년 7월에 한국 가수 싸이의 〈강남스타일〉 뮤직비디오를 보지 않았다면, 이런 항공모함을 적어도 3척은 완성했을 것이다. 아니면 이집트 기자의 대大피라미드 5개를 건설하거나 위키피디아를 하나 더 만들었거나 두바이에 (세계의 최고층 건물인) 부르즈 칼리파를 8채 완공

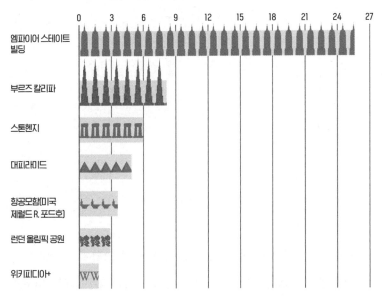

유튜브상 〈강남스타일〉의 총 시청 시간*
1억 8,000만 시간에 완성할 수 있는 다른 것들

	0	3	6	9	12	15	18	21	24	27

엠파이어 스테이트 빌딩

부르즈 칼리파

스톤헨지

대피라미드

항공모함(미국 제럴드 R. 포드호)

런던 올림픽 공원

위키피디아+

출처 : 언론 보도, 《이코노미스트》

* 2012년 7월 이후
\+ 모든 수정 사항을 작성 및 편집하는 시간, 2014년 추정치

했을 수도 있다. 싸이의 오두방정을 구경하는 데 따른 기회비용은 실로 어마어마하다. 하지만 덕분에 전 세계 사람들이 적어도 즐거워지긴 했다.

AK – 47 소총이
그렇게 인기 좋은 이유

—

미하일 칼라시니코프Mikhail Kalashnikov는 2013년 12월에 94세의 나이로 사망했다. 그러나 그가 66년 전에 개발한 '자동 소총 칼라슈니코프 Avtomat Kalashnikova'는 아직도 한참 전성기를 누리고 있다. 1947년에 개발되어 1949년에 소련군이 처음 사용했던 AK-47 돌격 소총과 여러 후속 모델은 이제 80개국 이상의 군대와 더 많은 국가의 개인들이 사용하고 있다. 현재 유통되는 AK-47 소총이 정확히 얼마나 많은지는 아무도 모른다. 1억 정 정도가 합리적인 추정치다. 세계의 모든 총 가운데 칼라슈니코프가 차지하는 비율 역시 아무도 정확히 알 수는 없지만 대략 10% 이상으로 추정된다. 왜 이 낡은 소련제 소총이 여전히 현대 무기 시장을 지배하는 것일까?

AK-47은 전 세계적으로 문화적 충격을 안겼다. 쿠엔틴 타란티노 Quentin Tarantino 영화 속의 악당들은 '방 안의 모든 사람(적국 전투원)을 반드시 확실히 죽여야 할 때' 이 소총이 제격이라고 칭찬한다. 멕시코의 무법자들도 그들의 소총을 '염소뿔'이라고 이름 붙이고 자랑하는데, 이것은 AK-47의 구부러진 탄창 때문에 붙은 별명이다. 아프리카 일부 지역에서는 이 총이 식민지 지배자의 축출을 상징한다고 여겨, 칼라슈Kalash라는 이름이 남자아이들에게 인기가 많다. 모잠비크는 국기에 이 총을 그려 넣었다. 레바논에서는 '빈 라덴Bin Laden'이란 별명의 모델이 표준 AK-47의 2배 가격에 팔리는데 알카에다의 두목 오사마 빈 라덴이 몇몇 영상에서 이 모델을 매고 있는 모습이 등장했기 때문이다.

이 총은 특별할 것이 없다. 제어 장치가 정교하지 않고, 특별히 정확하지도 않다. 하지만 바로 그런 단순성이 성공 요인이다. 다른 돌격 소총과 비교할 때, AK-47은 움직이는 부품들 사이에 여유 공간이 넉넉한 편이다. 그래서 정확성이 떨어지지만, 기계 장치가 꽉 조이지 않아 수단의 모래나 니카라과의 진흙이 들어가도 고장이 적다. 이 총은 두꺼운 겨울 장갑을 낀 소련 병사들이 쏠 수 있게 설계되어, (아이들을 비롯해) 훈련받지 않은 신병도 충분히 사용할 만큼 단순하다. 바로 이런 특징 때문에 이 총이 여전히 수요가 많은 것이다. 그렇지만 이 총의 성공은 공급 정책에 힘입은 바도 크다. 과거 소련은 우방국 사이에 군사 장비를 표준화하기를 원하여, 엄청난 물량의 무기를 우방국에 실어 보냈고, 아예 그런 국가들에 소총을 수십만 정씩 대량 생산하는 공장을 세우기도 했다. (소련은 또 지적 재산권의 보호에 무관심했기 때문에 수많은 불법 복제품이 판을 쳤다.) AK-47 소총은 이제 전 세계로 전파되었다. 그러나 소련의 영향력이 적었던 지역에서는 AK-47의 인기가 낮다. 오늘날까지도 필리핀의 노상강도들은 미국에서 개발하여 필리핀 부대에 공급했던 돌격 소총인 M16의 변형 모델을 많이 사용한다.

AK-47의 지배력이 확고해지자 다른 모델로 교체하기가 어려워졌다. 시리아에서는 일부 군사들이 더 우수하다고 평가되는 FAL 돌격 소총을 사용하는 모습이 사진에 찍히기도 했다. 그러나 이런 총들은 오래 가지 못했다. 탄약을 구하기가 어려웠기 때문이다. 스위스의 국제 무기 조사 기관 '스몰 암스 서베이Small Arms Survey'의 니콜라스 플로르퀸Nicloas Florquin에 따르면, FAL 소총은 구형인 AK-47에서 사용하는 39밀리미터 탄약보다 분쟁 지역에서 더 보기 드문 55밀리미터 길이의 탄약을 사용한다. 아마도 가장 근본적인 원인은 전쟁의 기본이 제2차 세계대전 이래 크게 바뀌지 않았기 때문일 것이다. 강대국 군대들은 드론과 최첨단 무기들로 군사 전략을 혁신하고 있지만, 그 외의 지역에서는 오늘날의 유혈 사태도 대부분 1940년대의 전쟁과 유사한 패턴을 따른다. 전쟁이 진화할 때까지 AK-47 소총은 50년 전과 마찬가지로 파괴적이고 유용한 무기로 남아 있을 것이다.

뉴욕시 개똥의
계절별 분포

—

세계적 대도시인 뉴욕은 관광객들에게 세계 다른 어느 곳에서도 보기 힘든 광경을 선사한다. 또 관광 시즌이 한창인 여름철에는 방문객들에게 대단히 독특한 냄새를 풍긴다. 뉴욕의 기온이 높아질수록, 쓰레기 냄새가 심하게 코를 찌르는 것이다. 그래서 얼핏 보면 개똥에 대한 민원도 여름철에 가장 많이 접수될 것 같다. 그러나 실상은 정반대다. 뉴욕 시정부 온라인 데이터베이스인 오픈데이터Open Data 사이트를 확인해 보면, 개똥에 관한 '311 민원 전화'(시당국에 접수된 긴급하지 않은 신고)는 늦겨울에 가장 많이 몰리다가 나머지 기간에는 꾸준히 감소했다. 반면에 '지저분한 인도'에 대한 불만은 여름철에 가장 많았고 가로등을 수리해 달라는 요청은 계절별로 별 차이가 없었다.

왜 이런 것일까? 일부 뉴요커들은 애완견 주인들의 에티켓에 교묘한 허점이 있다고 지적한다. 어째서인지 애완견이 눈 속에 용변을 보

계절별 분포

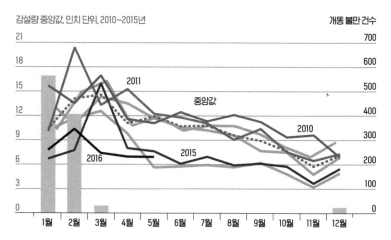

강설량 중앙값, 인치 단위, 2010~2015년

개똥 불만 건수

출처 : 뉴욕시 정부, 미국기상청

면 주인들이 배설물을 치울 책임이 면제된다고 생각한다는 것이다. 그래서 겨울철 뉴욕 거리에 눈이 쌓여 갈수록 눈더미 속에 파묻힌 개똥 역시 쌓여 가는데도 행인들은 그런 불쾌한 사실을 거의 알아차리지 못한다. 유감스럽게도 이렇게 '눈에서 멀어지면 마음에서도 멀어진다'고 해서 거리의 개똥을 치워야 할 필요성까지 사라지는 것은 아니다. 그저 나중으로 미뤄질 뿐이다. 결국 3월이 되면 눈이 녹기 시작하면서 그전까지 감춰졌던 개똥이 드러나서, 주민들이 잔뜩 화를 내며 개 배설물에 대한 불만이 급속히 증가하게 된다.

세계의 독수리들이
사라지는 이유

—

아프리카에서 독수리들이 사라지고 있다. 환경 보호 단체인 버드라이프 인터내셔널BirdLife International의 보고서에 따르면 아프리카의 독수리 11종 가운데 6종이 멸종 위기이고 4종이 치명적인 위험에 처해 있다. 아프리카 외의 다른 많은 지역에서도 독수리 개체 수가 역시 위기 수준에 이른다. 유럽의회European Parliament 소속인 캐서린 베어더 Catherine Bearder는 EU에 세계의 독수리를 구하자고 청원해 왔다. 국제연합UN, United Nation 역시 어떤 조치를 취해야 할지 논의 중이다. 왜 세계의 독수리들이 사라져 가고 있고, 왜 누군가는 이 문제에 신경을 써야 할까?

1990년대 이래로 남아시아의 독수리 개체 수는 90% 이상 급감했다. 2003년에 학자들은 가축 치료에 사용하는 항염제 디클로페낙 diclofenac을 독수리 감소 현상의 주요 원인으로 지목했다. 이 약으로 치료한 동물의 시체를 먹은 독수리들이 그 후 몇 주 만에 심각한 신부전으로 모조리 다 죽은 것이다. 이로 인해 두 가지 문제가 발생했다. 하나는 생태계에서 독수리가 차지하는 위치와 관련 있다. 독수리 개체수가 감소하자 질병에 시달리는 수많은 다른 동물들, 특히 광견병에 걸린 개들이 그런 동물의 시체를 먹게 된 것이다. 또 하나는 인도의 파르시Parsees, (인도의 조로아스터교 집단) 공동체에 관한 문제로, 그들은 시신을 화장하거나 매장하지 않고 독수리들 먹이로 도크마스dokhmas라는 탑 위에 올려놓는데 이런 전통이 위험해졌다는 사실이 드러났다. 2006년에 인도·파키스탄·네팔 정부는 디클로페낙 제조를 금지시켰고, 그 후로 남아시아의 독수리 수는 여전히 불안하긴 해도 안정화되었다.

그러나 디클로페낙은 아프리카 전역에서 여전히 널리 사용되고, 유럽법의 허점 때문에 유럽 독수리의 90%가 서식하는 스페인과 이탈리아 등의 유럽 5개국에서도 상업적 판매가 허용된 실정이다. 아프리카에서 밀렵꾼들은 그들의 소재를 드러낼 수 있는 독수리를 없애기 위해 고의적으로 디클로페낙을 이용한다. 관리 당국이 종종 하늘에서 맴도는 독수리들을 보고 그 주변에 불법적으로 도살된 커다란 사냥감 시체가 있다는 지표로 삼기 때문이다. 그래서 밀렵꾼들은 이 날개 달린 정보원을 제거하여 발각당하지 않기 위해 동물 시체에 디클로페낙을 발라 둔다. 2013년에 아프리카 나미비아에서 발견된 코끼리 한 마리의 시체 주변에는 자그마치 600마리의 독수리 시체가 널려 있었다. 독수리들은 또 아프리카의 일부 지역에서 독수리의 일부 부위를 전통 약재로 사용하는 사람들의 수요 때문에도 위험에 처했다. 그리고 급속한 도시화로 독수리들의 자연 서식지가 훼손된 탓도 있다.

2015년 10월에 UN 대표들은 노르웨이 트론헤임Trondheim에서 만나 이동성 야생동물 보존협약에 따라 절멸 위기종 목록에 독수리 12종을 추가하기로 협의했다. 이집트 독수리의 마지막 주요 서식지 중 하나인 이란은 2015년 11월에 디클로페낙 처방을 금지했다. 유럽의 약청European Medicines Agency은 2014년에 동물 시체에서 발견되는 디클로페낙 잔여물이 EU 국가들의 독수리를 위기로 몰아넣었다고 공식 발표했다. 유럽은 이 사태에 어떻게 대처해야 최선일지에 대해 EU 집행위원회의 결정을 기다리고 있고, 아프리카도 그 결정에 주목해야 할 것이다.

왜 윤초가
사라질 수도 있을까

—

2015년 6월 30일 자정에 미국 국립 표준 기술 연구소National Institutes of Standards and Technology(이곳의 시간 측정은 www.time.gov에서 누구나 확인할 수 있다)가 제공하는 초정밀 시계에 다소 이상한 일이 생겼다. 정확히 1초 동안 시간이 23:59:60으로 표시되었던 것이다. 그 61초짜리 1분은 시계의 고장이 아니었다. 그것은 바로 윤초로, 시간을 관장하는 국제지구자전-좌표국IERS, International Earth Rotation and Reference Systems Service이 하루를 아주 잠시 연장하기 위해 일부러 1초를 추가로 삽입한 결과였다. 세계의 표준 기구들이 1972년에 이 아이디어에 동의한 이래 스물여섯 번째 개입이었다. 그러나 윤초는 이제 시간이 다 되어간다. 윤초의 운명은 2015년 11월에 국제 전기 통신 연합ITU, International Telecommunications Union이 운영하는 제네바 회의에서 논의된 것이 가장 최근이었다. 많은 회원국들이 윤초를 폐지하기를 원한다. 그 이유는 무엇일까? 그리고 애초에 윤초는 왜 도입되었던 걸까?

윤초는 시간을 알리는 두 가지 방식이 너무 심하게 동기화되지 않을 때 그 차이를 막기 위해 존재한다. 첫 번째 시간을 알리는 방식은 단순하고 오래되었으며 직관적으로 지구의 자전에 기반을 두는 것으로, 지구가 한 바퀴를 완전히 도는 시간(또는 마찬가지로 태양이 하늘을 한 바퀴 이동하는 시간)을 하루로 친다. 두 번째 방식은 새롭고 낯설지만 훨씬 더 정확하다. 이 방식은 원자시계를 이용하여 초를 세서 8만 6,400초가 지나면 하루를 더한다. 지구의 자전 속도는 그 뜨겁고 녹아 있는 내부가 들끓기 때문에 시간이 지남에 따라 다양하게 변한다(도표 참조). 이런 단기적이고 무작위적인 변화 외에도, 지구의 자전 속도는 약해지는 달의 공전 궤도 때문에도 점점 느려진다. 그 결과 시간이 지날수록 시간을 알리는 두 방식이 점점 서로 어긋나게 된다.

두 방식의 불일치가 너무 심해질 때마다 양쪽의 시간을 다시 맞추

불안정한 시계 장치
지구 자전 주기 동안의 변화*, 밀리초(1000분의 1초) 단위

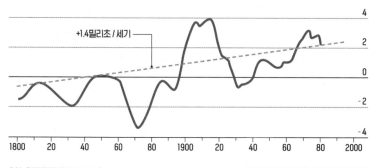

출처 : 《메트롤로지아Metrologia》

＊8만 6,400초(24시간)의 표준일과의 비교치

기 위해 윤초가 추가된다. 그러나 많은 사람들(특히 국가표준기관을 운영하는 깔끔한 성격 유형)은 윤초의 자의적인 측면을 싫어한다. 지구의 자전 속도가 가변적이기 때문에 윤초가 정확한 일정대로 추가되는 것이 아니라 필요할 때마다 추가된다는 것이다. 그리고 비판자들은 전 세계의 컴퓨터 의존도가 높아질수록 윤초를 추가하는 데 따른 위험도 점점 커진다고 주장한다. 컴퓨터와 윤초가 항상 정확히 맞물리지는 않기 때문이다. 2012년에는 몇몇 항공사의 예약 시스템이 시간 변화를 반영하지 못해서 애를 먹었고, 소셜 네트워킹 사이트인 포스퀘어 Foursquare의 운영 시스템도 마찬가지 문제를 겪었다.

전통주의자들은 이런 우려가 과도하다고 반박하며 인터넷 서버부터 은행 기반 시스템까지 모든 부문에 대한 우려에도 불구하고 2015년 6월에 윤초를 추가했을 때는 순조롭게 넘어갔다고 지적한다. 나아가 윤초를 폐지한다면 시간을 알리는 두 방식이 돌이킬 수 없이 어긋나기 시작할 것이다. 비록 그 영향(지금이 정오인지 여부에 대해 태양과 원자시계가 불일치하는 등)은 적어도 향후 수십 년 동안은 분명히 나타나지 않겠지만 말이다. 제네바 회의에서 대표단의 의견도 갈라졌다. 오스트레일리아, 미국, 중국은 모두 폐지하자는 입장을 택했고, 영국과 러시아, 그 밖의 과거 공산주의 위성국들은 현상 유지를 지지했다. 결국 이들은 최종 결정을 2023년까지 미루기로 결정했다. 윤초가 적어도 당분간은 없어지지 않게 된 것이다.

2장

질문의 힘
은근히 궁금했지만 물어보지 않았던 것들

왜 이슬람교는
무함마드의 이미지를 금지할까

—

오늘날 아야소피아 박물관Hagia Sophia Museum으로 알려진 이스탄불의 장엄한 기도 장소에서 위를 올려다보면 이 건물 역사의 각기 다른 단계를 반영하듯 신성에 접근하는 두 가지 다른 방식을 발견할 것이다. 한쪽에는 역대 제작된 모자이크 중에 예수 그리스도와 그의 어머니, 다른 거룩한 인물들을 가장 아름답게 묘사한 기독교 모자이크화가 있고, 다른 한쪽에는 신이 인간에게 그림이나 다른 물질적 수단을 통해서가 아니라 구어나 문자 등의 언어를 통해 이야기한다는 사상을 반영하는 이슬람교의 흘겨 쓴 캘리그래피가 있다. 이슬람교는 그동안 살아 있는 존재, 특히 인간을 실물처럼 모사한 그림을 대단히 기피해왔고, 무엇보다도 신의 사도인 무함마드Muhammad나 누Nuh(노아)와 이사Isa(예수) 같은 이슬람교의 사실상 모든 선지자들의 이미지를 허용하지 않는다. 화가에게 무함마드를 그리는 것보다 더 불경한 일은 신을 그리려는 시도밖에 없다. 왜 그럴까?

이런 믿음은 우상 숭배를 경계하여 신과 인간 사이에 놓인 모든 것과 신의 유일무이성이나 불가분성을 해칠 수 있는 모든 것을 두려워하는 이슬람교의 특성에 뿌리를 둔다. 코란Koran에서 딱히 재현 미술을 비난하지는 않지만, 이교도적 관습과 우상 숭배에 관해서는 많은 이야기가 나온다. 그래서 이슬람교는 우상이 되거나 신 자체에 대한 숭배를 방해할 만한 모든 것을 경계한다. 이미지 재현의 금지를 옹호하며 가장 자주 인용되는 구절은 예부터 전해져 오는 무함마드의 행적과 말씀을 담은 방대한 기록인 《하디스Hadith》다. 무함마드는 그림을 그려 먹고 사는 한 남자에게 엄하게 이렇게 말했다고 전해진다. "누구든 그림을 그리는 자는 그림에 생명을 부여할 때까지 알라신에게 벌을 받을 테고, 그는 결코 생명을 부여하지 못할 것이다." 이 말은 인간이 새로운 존재를 '창조하려는' 모든 노력은 신의 역할을 침범하는 것이므로 어떤 경우라도 실패할 수밖에 없다는 의미로 해석된다.

이런 믿음을 가장 열렬히 신봉하는 집단은 세계 무슬림의 대다수를 이루는 수니파Sunni와 특히 사우디아라비아를 지배하는 와하브파Wahhabis 같이 금욕주의적이고 과격한 종파들이다. 시아파Shia 이슬람교는 무함마드 자체를 비롯, 한 인간의 묘사에 대해 훨씬 더 개방적이다. 이런 차이 때문에 이슬람국가IS, Islamic State 같은 폭력적인 수니파 무장 단체들은 적의를 불태우며 시아파 사원과 이미지를 파괴하고 나서, 우상 숭배에 좀먹고 있는 그들의 종교를 정화하려면 그럴 수밖에 없다고 주장한다. 반면에 이라크 시아파의 지도자격인 아야톨라 시스타니Ayatollah Sistani는 적절한 공경심을 갖고 그린 그림이라면 무함마드의 초상조차 문제될 것이 없다고 주장해 왔다.

　이미지의 금지가 이슬람의 절대적인 규율은 아니었다는 예로서, 종종 무함마드를 비롯한 사람들의 초상이 수니파와 시아파 통치자들 치하에서 완성된 페르시아 세밀화의 주된 요소였다는 지적이 있다. 현대에 와서는 많은 이슬람 국가들에서 인간의 형상 묘사를 금지하는 종교적 규율이 영화, TV, 정치 프로파간다 포스터 등 어디에나 등장하는 인간들의 이미지로 도전받고 있다. 아랍 국가들에서는 때때로 묘사와 비묘사 사이의 기발한 절충안이 발견되기도 한다. 일례로 도로 표지판에서는 머리가 없는 인간의 모습을 통해 보행자가 어디로 걸어야 할지를 표시한다. 좀 더 고차원적인 신학적 측면에서는 가끔 (이를테면 기독교-무슬림 논쟁 중에) 무함마드가 이미지를 기피하는 데도 예외가 있었다는 주장이 나온다. 무함마드의 인생에 대한 한 가지 기록에 따르면, 그는 메카Mecca에 있는 최초의 예배 장소인 카바 신전Ka'aba에 가서 그곳이 우상으로 가득 찬 것을 발견하고 모두 파괴해 버렸다고 한다. 그러나 사람들 눈에 띄지 않게 감춰 둔다는 조건으로 두 가지만은 남겨 두도록 허용했는데 바로 예수와 성모마리아의 이미지였다는 것이다.

미국 경찰이 과도하게
중무장하는 이유

—

2015년 5월에 버락 오바마Barack Obama 미국 전 대통령은 연방 정부가 미국 경찰서에 일부 군사 장비를 공급하지 못하도록 금지시켰다. 경찰의 만행에 맞서 국민의 불만이 폭발한 결과 2014년 내내 일부 경찰서가 보유한 방탄복, 강력 무기, 장갑차 등의 특수 무기들이 만천하에 드러나게 된 것이다. 2014년 8월에 경찰관 대런 윌슨Darren Wilson은 미주리 주 퍼거슨에서 무기를 소지하지 않은 18세 흑인 마이클 브라운Michael Brown을 사살하여 대규모 지역 시위를 촉발했다. 사건 후 이틀 만에 퍼거슨 경찰서 앞에 모인 시위대를 해산시키기 위해 경찰 특수기동대, 일반적으로 SWAT(Special Weapons And Tactics)이라 불리는 준군사 경찰들이 동원되었다. 이들은 폭동 진압복과 방독면을 착용하고 긴 경찰봉과 자동화기를 갖춘 전투용 복장으로 등장했다. 실제로 미국인들은 자동화기와 스나이퍼 소총을 소지하고 바그다드나 알레

포에서 봐도 위화감이 없을 듯한 차량을 타고 시위를 진압하러 나온 경찰들의 모습에 점점 익숙해져 간다. 믿음직한 낡은 리볼버 권총 한 자루만 차고 맨 몸으로 거리를 활보하는 순찰 경찰들의 시대는 완전히 지나가 버린 것이다. 미국의 경찰은 왜 이토록 과도하게 무장하게 되었을까?

미국의 행정 체계의 많은 일들이 그렇듯이, 이 일에 대한 설명도 연방의 재원에서 출발한다. 매년 의회는 국방수권법을 통과시켜 국방부의 예산과 비용을 결정한다. 1990년에 통과된 이 법안에서는 마약 관련 폭력이 급증한 여파로 미국 국방부가 '마약 단속 활동에 사용하기 적합하다'고 판단하면 군복과 군사 장비를 지역 경찰서에 넘겨주도록 허용했다. 2001년 9·11 테러 이후에 신설된 미국 국토안보부는 2002~2011년 사이에 주 및 지방 경찰서에 350억 달러 이상의 보조금을 지급했다. 뿐만 아니라 '1033 프로그램'을 통해 국방부는 지방 경찰서에 대테러 작전과 마약 단속 활동에 사용할 잉여 군사 장비를 무상 제공할 수 있게 되었다. 미국 자유 시민 연맹은 미국 경찰서에서 사용하는 군사 장비의 가치가 1990년에 100만 달러에서 2013년에 약 4억 5,000만 달러로 증가했다고 밝혔다.

그리고 이 군사 장비는 계속 사용되고 있다. 1980년에 SWAT팀은 미국 전역에서 3,000회가량 투입되었다. 이제 SWAT팀의 투입 횟수는 연간 5만 회로, 17배 가까이 증가한 것으로 추산된다. 이 경찰특공대는 대도시에서만 일반화된 것이 아니다. 인구 5만 명 이상의 미국 도시 중에는 약 90%가 SWAT팀을 보유하지만, 인구 2만 5천~5만 명인 도시의 경찰서들은 90% 이상이 SWAT팀을 보유한다. 이것은

1980년대 중반에 비하면 4배가 넘는 수치다. 이렇게 준군사적인 경찰 병력이 엄청나게 증가하는 동안 폭력 범죄 수준은 감소했다. 그리고 SWAT팀이 리스크가 큰 위험한 상황에 필수적이기는 해도, 대부분의 SWAT팀은 민간인 집에 일상적인 마약 관련 영장을 집행하는 데 투입되어 종종 끔찍한 결과를 초래했다. 경찰의 군대화에 관한 중요한 책을 쓴 저널리스트 래들리 발코Radley Balko는 SWAT팀의 과잉 진압 결과 무고한 사람이 사망한 사례를 적어도 50건 이상 발견했다. 포커 게임을 단속할 때도 미성년자에게 술을 팔았다는 혐의로 술집에 불시 단속을 벌일 때도, '자격증 없는 이발소 영업' 같이 생명의 위협과는 명백히 거리가 먼 범죄로 십여 명을 체포할 때도 번번이 SWAT팀이 나섰다. 이런 작전 활동은 군사 관계자들에게 조소를 받을 때가 많다. 재향군인들은 퍼거슨의 경찰들이 군중을 통제하기보다는 위협하고, 시민과 정보를 공유하지 못하며 대치 상태를 악화시킬 뿐이라고 비난했다. 한 재향군인은 '우리는 아프가니스탄에서 아주 사태가 심각한 전쟁터들에서 싸웠지만 경찰들만큼 많은 장비를 받지 못했다'라고 말했다.

결국 미국인은 충분히 지친 듯 보인다. 2013년 12월에 발표된 리즌-루프(Reason-Rupe) 설문 조사 결과에 따르면 미국인의 58%가 경찰의 군대화가 '너무 지나치다'고 생각한다. 정치인들도 마침내 이 사안에 주목하게 되었다. 켄터키 주의 공화당 상원 의원이자 2016년 공화당 대선 경선에 출마했던 랜드 폴Rand Paul은 '경찰의 무장을 해제할' 시점이라고 주장했다. 그러나 입법은 바로 뒤따르지 않았다. 먼저 돈 문제가 해결되어야 했기 때문이다. 2014년 6월에 플로리다 주 민주당 하원 의원인 앨런 그레이슨Alan Grayson은 국방부가 지방 경찰서에 '항공기(무인항공기 포함)·장갑차·유탄 발사기·총기 소음기·독극물(화학 작용제, 생물 작용제, 관련 장비 등 포함)·발사 차량·유도 미사일·탄도 미사일·로켓·어뢰·폭탄·지뢰·핵무기 등등'을 이전하지 못하게 금지하는 수정 조항을 제시했다. 그러나 이 시도는 양당 대표 중 누구도 찬성 쪽에 투표하지 않으면서 실패로 돌아갔다. 미국의 방위 산업은 정치인들에게 수백만 달러를 기부하고 로비스트들에게는 더 많은 돈을 쓰기 때문이다. 그레이슨의 수정 법안에 반대한 사람들은 찬성한 의원들에 비해 그동안 받은 방위 산업 기부금이 평균적으로 73% 많았다. 그러나 오바마 대통령은 더 이상 대선을 의식할 필요가 없으므로 그런 제약에 굴하지 않고, 미국의 경찰 병력으로 이전되는 군사 장비의 흐름을 저지하기 위해 행정 명령을 발동했다.

방언의 기준은
무엇일까

—

홍콩 교육부는 2014년 1월 웹사이트에 광둥어는 홍콩의 '공용어가 아니다'라는 주장을 잠깐 게시했다가 공분을 불러일으켰다. 격렬한 항의가 빗발치자 관료들은 그 글을 삭제했다. 교육부의 주장은 과연 옳았을까? 홍콩 법에서는 '중국어와 영어'를 홍콩의 공용어로 규정한다. 일각에서는 광둥어가 중국어의 방언이라고 주장하지만 다른 사람들은 광둥어가 별개의 언어라고 주장한다. 어느 쪽이 옳고, 방언과 별개 언어는 정확히 어떻게 다를까?

언어에서 방언을 구분하는 기준은 크게 두 종류다. 하나는 사회적이고 정치적인 기준이다. 이 기준에 따르면 '표준어'는 보통 권위 있고 공식적이며 문자 위주인 반면, '방언'은 대개 구어이고 비공식적이며 경시되는 경향이 있다. '언어는 육군과 해군이 있는 방언이다'라는 유명한 말이 이 관점을 간명하게 요약한다. '방언'을 쓰는 사람들은 종종 자기네 말을 '속어' '사투리' 등이라고도 부른다. (광둥어, 상하이어, 기타 방언을 가리키는 표준 중국어는 '方言(fangyan)'이다.) 또 다른 하나는 언어학자들의 기준이다. 만약 두 가지 말이 밀접하게 연관되어 그 사용자들이 대화를 나누거나 서로의 말을 이해할 수 있다면 한 언어의 방언들로 보고, 서로 이해하기 어렵거나 불가능하다면 별개의 언어로 보는 견해다. 물론 사용자들의 상호 이해 가능성은 이분법적인 문제가 아니라 정도의 차이이고, 또 양쪽의 이해도가 비대칭적일 수도 있다. 그렇기는 해도 상호 이해 가능성은 두 가지 말이 별개의 언어인지 한 언어의 방언 관계인지를 판단하는 가장 객관적인 기준이다.

이해 가능성의 기준에서 보자면, 광둥어는 중국어의 방언이 아니다. 상하이어, 표준 중국어, 그 밖의 중국인들이 쓰는 말과 마찬가지로 독자적인 언어다. 이 언어들은 분명히 연관성이 있지만, 표준 중국어 사용자는 광둥어나 상하이어를 외국어처럼 따로 배우지 않고는 이해하지 못한다(그리고 반대의 경우도 마찬가지다. 비록 오늘날에는 대부분의 중국인이 표준 중국어를 배우지만 말이다). 대부분의 서양 언어학자들은 광둥어나 상하이어를 '중국어의 방언'이 아니라 '중국계 언어'로 분류한다. (그리고 위구르어 같은 중국의 일부 언어는 전혀 중국계가 아니다.) 이 기준은 객관적일지 몰라도 민족주의자들을 언짢게 할 수 있다. 물론 이것이 중국만의 일도 아니다. 덴마크인과 노르웨이인도 서로 대화를 나눌 수 있어 일부 언어학자들은 두 나라 말을 한 언어의 방언으로 분류하지만, 대부분의 덴마크인이나 노르웨이인은 여기에 동의하지 않는다.

중국의 상황은 각종 중국 언어 사용자들이 한 가지 문자를 공유한다는 사실 때문에 더욱 복잡해진다(물론 본토 중국인은 홍콩과 타이완에서 사용되는 한자의 간체자를 사용한다). 그러나 이런 문자 형태는 보편적인 '중국어'가 아니라 표준 중국어에 기반을 둔다. 혼선이 빚어지는 이유는 많은 사람이 문자를 '진짜' 언어라고 믿고 구어는 그 어설픈 사촌쯤으로 여기기 때문이다. 이 같은 논리는 예컨대 모로코인과 시리아인이 서로의 말을 쉽게 이해할 수 없는데도 불구하고 아랍어가 '단일어'로 분류되는 경우에도 적용된다. 세계 언어에 대한 참조 가이드로 알려진, 국제 하계 연구소가 운영하는 웹사이트 에스놀로그Ethnologue는 중국어와 아랍어를 '거대언어군'이라 칭하여, 문자의 공통적 사용과 구어의 다양한 지역적 차이, 즉 언어들의 상호 이해 불가능성을 함께 고려한다. 대부분의 경우에 언어학자들은 구어를 우선시한다. 세계의 언어 6,000~7,000개 중에 구어는 어디에나 있지만 문자는 일부의 언어에만 있기 때문이다. 그래서 언어학자들의 상식적인 정의는 두 사람이 큰 문제없이 대화를 나눌 수 있다면 하나의 언어를 공유한다고 보는 것이다.

세계에서 가장 '살기 좋은' 도시는 어디일까

—

이코노미스트 인텔리전스 유닛EIU, Economist Intelligence Unit의 2015년 세계에서 가장 살기 좋은 도시 순위에 따르면 오스트레일리아의 멜버른 주민들은 세계에서 가장 살기 좋은 도시에서 또 한 해를 보냈지만, 지난 5년간 꾸준히 열악해지는 57개 도시에 사는 사람들은 또 다시 힘든 한 해를 보냈다.

140개 도시의 안전성 · 의료 서비스 · 교육 자원 · 인프라 · 환경 등에 관한 30개 지표를 고려한 이 순위에 따르면, 2010년 이래로 전 세계의 살기 좋은 수준은 평균 1% 하락했고, 특히 안전성과 안정성 지수가 2.2% 떨어졌다. 시리아, 우크라이나, 리비아의 분쟁은 물론 프랑스와 튀니지의 테러 공격과 미국의 민간 소요 사태로 상황이 한층 더 악화된 것이다. 아테네에서는 사회 불안보다 긴축 정책이 공공 서비스 제공을 가로막고, 우크라이나의 키예프는 2014년에 비해 급격히

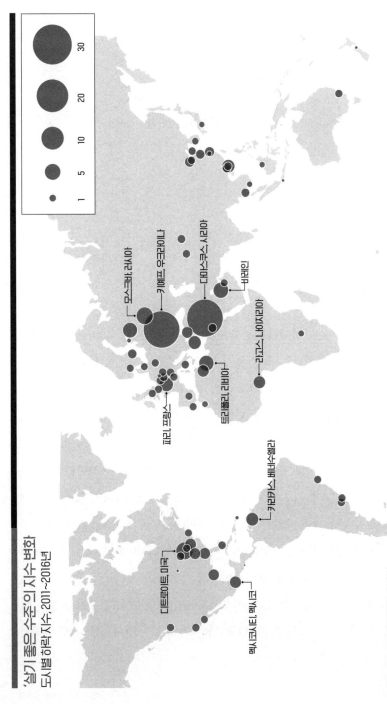

'살기 좋은 수준'의 지수 변화
도시별 하락 지수, 2011~2016년

30
20
10
5
1

모스크바, 러시아

카에프 우크라이나

다마스쿠스 시리아

바레인

라고스 나이지리아

트리폴리, 리비아

파리, 프랑스

카라카스 베네수엘라

디트로이트 미국

멕시코시티, 멕시코

출처: 이코노미스트 인텔리전스 유닛(EIU)

순위가 떨어져서 이제는 지표상 가장 살기 나쁜 도시 10곳에 포함되었다.

EIU에 따르면 가장 살기 좋은 도시들은 주로 '부유한 국가의 비교적 인구 밀도가 낮은 중간 규모 도시'로 분석된다. 이로써 런던이나 뉴욕 같은 인구 1,000만 명에 가까운 대도시들의 순위가 낮고 멜버른이 계속 상위권을 유지하는 이유가 어느 정도 설명될 것이다.

한편 EIU의 반년간 생활비 지수에 따르면, 세계에서 가장 물가가 비싼 도시 10곳은 모두 오스트레일리아, 아시아, 서유럽 지역이다. 싱가포르가 계속 1위를 유지했고, 엔화 가치 하락과 약한 인플레이션으로 도쿄와 오사카가 각각 11위와 16위로 올라갔다. 서울은 5년 전에 50위에서 2014년 말에는 공동 9위로 상승했다. 또 아시아에는 세계에서 가장 물가가 싼 많은 도시들이 포진해 있기도 하다. 파키스탄의 카라치와 인도의 방갈로르는 조사 대상 133개 도시 중에 가장 물가가 싼 곳으로 함께 뽑혔고, 가장 물가가 싼 6개 도시 중 5군데가 파키스탄과 인도 지역이었다. 베네수엘라의 카라카스가 상위 10위권에서 하위 5위권으로 급락한 이유는 이번 조사에서 대안 환율을 적용했기 때문이다. 뉴욕의 생활비는 지난 5년에 걸쳐 약 23% 증가했다.

엘니뇨란 무엇일까

—

"'엘니뇨El Niño는 스페인어로… '더 니뇨The Niño'라는 뜻이다!" 미국 코미디 프로그램 〈새터데이 나이트 라이브Saterday Night Live〉의 1997년 에피소드에서 크리스 팔리Chris Farley는 이런 농담을 했다. 이 농담은 멍청해서 기억에 남지만 '더 니뇨'에 대해 많은 것을 설명해 주지는 못했다. 이 에피소드가 방송된 때는 1997~1998년의 극심한 엘니뇨 현상 때문에 전 세계에서 적어도 2만 3,000명의 사망자와 350억 달러의 재산 피해가 발생한 시기였다. 미국 항공 우주국NASA의 위성 사진 분석에 따르면 2015~2016년에는 엘니뇨 현상이 한층 더 심해졌다. 그럼 대체 엘니뇨란 무엇일까?

스페인어로 '어린 소년'을 의미하는 엘니뇨는 17세기에 페루 어부들이 아기 예수를 기리며 지은 명칭이다. 페루 어부들은 몇 년마다 크리스마스 때쯤 되면 태평양의 수온이 올라가고 물고기들은 더 차가운

바다로 이동하여 사라지는 현상을 목격했다. 허리케인과 달리 엘니뇨는 개별적인 기상 현상이 아니라 기후 패턴이다. 엘니뇨 현상이 없는 해에는 동에서 서로 부는 무역풍에 따라 온난한 적도 해수가 서태평양으로 흘러가 깊은 해양 속의 차가운 해수가 동태평양으로 밀려 간다. 그러나 엘니뇨가 나타날 때는 이런 무역풍이 약해진다. 보통은 서쪽으로 흘러가는 온난한 해수가 태평양 전역에 퍼지게 된다. 해수 온도가 높아지면 열기와 습기가 대기 중으로 올라가 바람과 폭풍의 패턴이 변한다. 해수 표면 온도가 3개월 동안 평균치보다 0.5~1도씨(℃) 높으면, 미국 국립 해양 대기청NOAA, National Oceanic and Atmospheric Administration에서 엘니뇨로 간주한다.

엘니뇨는 일반적으로 남아메리카와 동아프리카 일부 지역에 심한 폭우와 기온 상승, 사이클론(열대성 폭풍)을 유발한다. 동남아시아와 오스트레일리아에서는 평소나 가뭄 때보다 더 건조한 날씨가 이어지기도 한다. 2015~2016년의 엘니뇨 현상으로 태국은 물 공급을 제한했고 페루 정부는 폭우와 산사태로 인한 비상사태를 선언했다. 또 엘리뇨의 여파로 중앙아메리카, 인도네시아, 필리핀, 오스트레일리아의 일부 지역에는 가뭄이 들었다. 파나마 운하는 수위가 너무 낮아져서 그곳 관료들은 선박 운항을 통제했다. 전 지구적으로 농업과 경제의 대혼란이 정치적 갈등을 부추기면서 엘니뇨의 영향은 점점 파괴적으로 변해 갔다. 실제로 컬럼비아 대학의 지구 연구소는 엘니뇨 현상 때문에 열대 국가 90개국에서 내전의 위험이 2배로 높아졌다고 지적했다. 그렇지만 엘니뇨의 영향이 전부 나쁘기만 한 것은 아니다. 한 연구에서는 엘니뇨 덕분에 미국 중서부에서 토네이도의 횟수가 감소했음을 입증했다. 또 엘니뇨는 대서양에서 형성되는 허리케인을 억제하고 미국 북동부에 온난한 겨울을 선사한다.

일부 과학자들은 엘니뇨의 영향이 얼마나 강력한지를 시사하기 위해 '고질라 엘니뇨'나 '브루스 리 엘니뇨' 같이 헤드라인을 장식하는 문구를 즐겨 사용한다. 강력한 엘니뇨는 또 기후 변화에 관한 논쟁에도 영향을 미친다. 엘니뇨는 모여 있는 열기를 급속히 방출하여 갑작스런 지구 온난화를 초래할 수도 있다. 많은 기후학자들이 최근 들어 지구 온난화가 명백히 중단된 시기와 마지막 대규모 엘니뇨 이래 엘니뇨가 잠잠해진 기간이 일치하는 것은 우연이 아니라고 믿는다. 반면에 2015년에 등장한 고질라 엘니뇨는 그해를 기록적으로 가장 더웠던 해로 만드는 데 분명히 일조했으리란 것이다.

중동 분쟁의
현재 정치 지형은?

—

2015년 4월 2일에 이란은 세계열강 6개국(미국·러시아·중국·영국·프랑스·독일)이 경제적 제재를 풀어 주는 대가로 10년 동안 핵폭탄 개발을 멈춘다는 요지의 협상을 받아들였다. 버락 오바마 대통령은 이협상으로 세계 안보의 최대 위협 중 하나를 외교적 수단으로 해결하게 되었다고 평가했다. 그러나 이 협상이 중동 지역의 혼란에 어떤 영향을 미칠지는 여전히 불투명하다. 이라크·시리아·리비아·예멘 등 4개국에서 이란·미국·사우디아라비아가 개입된 내전이 진행 중이며, 아래 도표에서 보이듯이 분쟁 당사자들 사이에 서로 복잡하게 얽힌 관계망이 형성되어 있다.

중동의 분쟁은 종교·이데올로기·민족·계층을 둘러싼 다양한 분열을 반영한다. 그러나 이란이 시아파와 그 우호 세력을 지지하는 반면 사우디아라비아가 수니파의 일부를 지지하면서 종파 간의 분열은 점점 더 첨예해지고 있다. 이 문제가 가장 극명히 나타나는 곳이 이라크다. 이라크에서는 시아파가 정부를 지배하고 이란과 우방 관계를 맺고 있다. 반면에 대부분의 수니파 지역은 이른바 IS 지하디스트Jihadist(이슬람 성전주의자 · 옮긴이)들이 점령했고, 이들은 또 시리아 동부 지역도 통제하고 있다. 시리아에서는 시아파의 소수 분파로 알려져 있는 바샤르 알 아사드Bashar al-Assad 대통령의 알라위파Alawite 정

복잡한 정치 모자이크
양 세력 간의 관계

부를 지배하고 이란과 레바논의 무장 세력 헤즈볼라Hizbullah의 지원을 받는다. 반란 세력은 대부분 수니파지만 단일 세력을 형성하지 못하고 여기저기 흩어져 있다. 예멘에서는 (시아파의 자이디Zaydi 분파를 추종하는) 후티Houthis 반군과 이란(12이맘파Twelver의 열성 신자)의 유대 관계가 크게 눈에 띄지 않을 것이다. 그렇지만 사우디아라비아와 다른 수니파 국가들은 바로 이곳을 이란의 침투에 맞서는 마지노선으로 삼기로 결정했다. 현재 사우디아라비아는 시아파 후티 반군을 상대로 군사 작전을 펼치는 10개국 연합을 이끌고 있다.

미국은 이 분열에 대해 어중간한 입장을 취한다. 이라크에서는 이라크 정부를 지원하기 위해 이란과 함께 작전을 수행한다. 시리아에서는 보다 온건한 일부 반란 세력에 미온적인 지지를 보낸다. 예멘에서 미국은 사우디아라비아의 군사 작전에 첩보와 군수물자를 지원한다. 또 시아파-수니파의 분쟁이 없는 곳에는 수니파-수니파 간의 분열이 두드러진다. 이집트에서는 압델 파타흐 엘 시시Abdel Fattah El Sisi 정부를 사우디아라비아와 아랍에미리트연합이 지원하며, 터키와 카타르의 지원을 받는 이슬람 형제단Muslim Brotherhood과 맞서고 있다. 이 두 세력은 리비아에서도 서로 대립하는 정부를 지원하고 있다.

'less'와
'fewer'의 차이

—

많은 사람들이 'less'와 'fewer'에는 명확히 구분되는 차이가 있다고 주장하고, 이 주제에 매우 열을 올린다. 데이비드 포스터 월러스David Foster Wallace의 소설 《무한한 농담Infinite Jest》에는 매사추세츠 문법 학자 무장 단체가 나오는데, 이들은 '12 items or less'라는 틀린 문법의 표지판이 걸린 상점을 상대로 불매 운동을 벌인다. 실생활에서도 이런 표지판을 보면 낙서를 하거나 훼손시키는 사람들이 종종 있다. 'less'와 'fewer'의 차이는 무엇이고, 그것이 왜 중요할까?

명사에는 '가산 명사'와 '불가산 명사'가 있다. 가산 명사는 보통 개수를 셀 수 있는 별개의 사물로, 복수형을 취한다. '집들(houses)'이나 '셔츠들(shirts)'이 그런 예다. 불가산 명사는 보통 개수를 셀 수도 없고 복수형도 될 수 없다. '물(water)'이나 '오트밀(oatmeal)' 같은 경우다. (물론 고급 레스토랑에서는 여러 종류의 '물'을 제공하므로 때로는 물도 개수를 셀 수 있겠지만, 그 외에는 보통 불가산 명사로 사용된다.) 전통적인 문법에 따르면 'fewer'는 가산 명사와 함께 쓰이고 'less'는 불가산 명사와 함께 쓰인다. 따라서 '내 여동생은 나보다 셔츠가 적다'고 말할 때는 'fewer'를 쓰지만, '내 남동생은 나보다 오트밀이 적다'고 말할 때는 'less'를 써야 한다. 이 문법은 1770년에 로버트 베이커Robert Baker의 《영어에 대한 고찰Reflections on the English Language》에서 처음 이런 식으로 제시했다.

그러나 베이커는 이것을 규칙이라기보다는 선호도라고 표현했는데 구분하기 미묘한 경우가 많았기 때문일 것이다. 가산-불가산 명사의 구분이 항상 해당 사물의 실제 속성과 일치하지는 않는다. 'clothing(의류)'는 불가산 명사라 앞에 'less'를 써야 하지만 'clothing(옷)'은 가산 명사라 'fewer'를 쓴다. 옷은 별개로 구분되는 품목이라 전형적인 가산 명사 같지만, 막상 입고 있는 옷을 셀 수는 없다. 보통 '그는 네 벌의 옷을 입고 있다'고는 말하지 않기 때문이다. 한편 일부 가산 명사는 별개로 구분되는 대상을 나타내지 않는다. 시간과 거리를 예로 들어보자. '년(year)'과 '마일(mile)'은 가산 명사지만 어떤 연속체 중의 특정한 일부만을 표현할 뿐이다. 아마도 그렇기 때문에 많은 사람들이 '나는 여기에서 3년도 못 살았다'고 말할 때 'I've lived here fewer than three years'보다 'I've lived here less than three years'를 더 자연스럽다고 여길 것이다. 그리고 '처리할 일이 한 가지 줄었다(that's one less thing to deal with)' 같은 문장에서는 'less'가 거의 항상 'fewer'보다 더 자연스럽다.

마지막으로 표현법의 문제도 있다. 'fewer'는 절대로 불가산 명사와 함께 사용되지 않지만 일상 언어에서 'less'는 종종 가산 명사와 함께 쓰인다. 'She won't go out with anyone with less than three cars(그 여자는 차가 세 대 이상 없는 사람과는 절대 데이트하지 않는다)'는 술집 대화에서는 아무 문제없지만, 출판물에서 이렇게 쓴다면 편집자의 빨간펜에 걸릴 가능성이 높다. 이른바 문법은 결코 현실을 반영하지 못한다. 9세기까지 거슬러 올라가면 알프레드 대왕이 'swa mid laes worda swa mid ma(be it with less words or with more, 말을 적게 하지 않으면 말이 많아지게 된다)'라고 쓴 것을 발견하게 된다. 그렇기는 해도 이런 문법은 격식을 갖춘 글쓰기에 좋은 지침이 된다. 그리고 매사추세츠 문법학자 무장 단체가 우리 슈퍼마켓 근처에 얼씬거리지 않게 하는 데도 유용할 것이다.

수명 연장에 드는 비용

—

지난 100년 동안 인류는 질병을 없애고 생명을 유지하는 방법을 터득하는 데 비약적인 발전을 보였다. 미국에서 1900년에 태어난 사람의 기대 수명은 불과 47세였다. 80년이 지난 후에 미국 남성의 기대 수명은 70세로, 여성은 77세로 높아졌다. 그러나 그 후로 진전은 더디어졌다. 2013년에 미국에서 태어난 남자아이는 1990년에 태어난 미국 남자아이보다 겨우 6년 더 오래 살 것으로 기대된다. 그리고 황혼기 내내 건강하게 지낼 수만도 없을 것이다.

워싱턴 대학의 보건 측정 평가 연구소IHME, Institute of Health Metrics and Evaluation의 통계학자들은 출생 시점의 기대 수명을 바탕으로 한 사람이 질병과 장애 없이 삶을 즐길 수 있다고 기대되는 건강 수명을 계산했다. 1990년에 출생한 미국 남자는 72세까지 살 수 있어도 마지막 9년간은 건강하지 못하게 살 것으로 예상된다. 2013년에 이르자

출생 시점의 기대 수명
년 (2013년에 평균 건강 수명의 순서에 따라 선택된 국가들)

1990년
■ 건강 수명
■ 비건강 수명*

1990~2013년
□ 건강 수명의 연장
▨ 비건강 수명의 연장

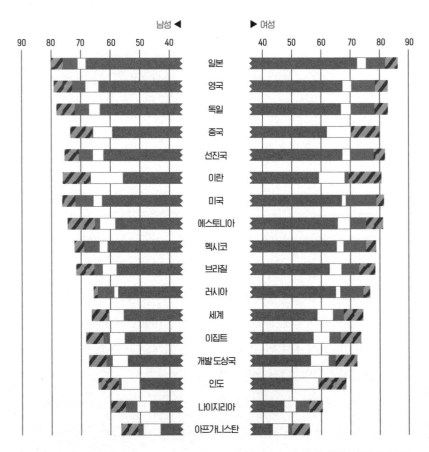

남성 ◀   ▶ 여성

90 80 70 60 50 40   40 50 60 70 80 90

일본
영국
독일
중국
선진국
이란
미국
에스토니아
멕시코
브라질
러시아
세계
이집트
개발 도상국
인도
나이지리아
아프가니스탄

출처: "세계, 지역, 국가별 건강 수명…",
크리스토퍼 머레이(Christopher Murray) 외,
영국 의학저널 《더 랜싯(The Lancet)》, 2015년

* 건강이 안 좋은 상태의 기대 수명으로,
수치가 표시되지 않은 부분은 1990년의 기대 수명이
2013년의 건강 수명보다 짧은 경우다.

기대 수명은 76세까지 높아졌지만 건강이 안 좋은 기간도 10.5년으로 늘어났다. 1990년 이래로 미국 남자들은 건강한 생활을 3년, 건강이 나쁜 생활을 4.5년 더 영위할 것으로 추산된다. 미국에서 기대 수명의 연장 속도는 워낙 느려서 이제는 중국과 이란 남자들이 미국 남자보다 더 오래, 더 건강하게 살 것으로 기대된다. 건강 수명이 가장 눈에 띄게 연장된 곳은 이란이다. 1990년부터 2013년 사이에 이란 여성의 건강 수명은 8년, 남성은 6년 더 늘어났다.

　미국은 국민의 수명을 연장시키기 위해 막대한 의료비를 지출한다. 미국이 메디케어(노인 대상 건강 보험 · 옮긴이)에 쓰는 비용의 약 4분의 1은 수명의 마지막 6개월 동안에 집중된다. 아마도 언제 숨을 거둘지를 아는 것이 진정한 행복과 국부를 얻기 위한 핵심 과제일 것이다.

한국에 '김' 씨가
많은 이유

—

한국에는 서울의 중심부인 남산 꼭대기에서 돌을 던지면 십중팔구 김 씨나 이 씨 머리에 맞는다는 옛말이 있다. 한국 인구 5,000여만 명 가운데 5명 중 1명이 김씨이고 박씨도 10명 중 1명꼴에 이른다. 김·이·박 세 성씨의 사람들을 다 합쳐 보면 오늘날 한국 인구의 거의 절반에 이른다. 이웃 나라인 중국에는 흔하게 사용되는 성이 100개 정도이고, 일본에는 자그마치 28만 개의 성씨가 있다. 그런데 왜 한국인의 성씨는 이처럼 다양하지 않은 것일까?

한국의 오랜 봉건적 전통이 주된 원인 중 하나다. 다른 많은 나라들과 마찬가지로 조선 왕조(1392~1910) 말기까지는 성씨가 흔하지 않았다. 성씨는 왕족과 일부 귀족(양반)에게만 허락된 특권이었다. 노예와 백정·무당·창녀와 같은 천민 계층뿐 아니라 장인·상인·승려들 역시 성씨라는 사치를 누리지 못했다. 고려 왕조(918~1392)의 태조

왕건은 지방 호족의 세력이 점점 강성해지면서 충신과 정부 관료들을 구분하기 위한 방법으로 성씨를 부여하여 회유하고자 했다. 사회적 출세와 왕실 등용의 관문인 과거라는 공무원 시험에서는 모든 응시자에게 성씨를 등록하도록 요구했다. 그래서 명문 집안들은 성씨를 채택했다. 곧이어 성공한 상인들 역시 성씨를 갖는 일이 점차 일반화되었다. 상인들은 몰락한 양반 가문의 족보 책자를 사들이고 그들의 성씨를 사용함으로 명문가의 계보를 돈으로 얻을 수 있었다. 18세기 말에 이르면 이런 족보를 위조하는 일이 성행했다. 많은 가문이 자신들의 족보를 조작했는데, 예를 들면 집안의 혈통이 끊길 경우 돈을 주는 대가로 친족이 아닌 사람을 족보에 기입하는 식이었다. 그 결과 낯선 외부인이 양반 가문의 성씨를 물려받았다.

이씨와 김씨 등은 고대 한국에서 왕족들이 사용하던 성씨였기 때문에 지방 명문가들은 그런 성씨를 선호했고 후대에 가서 평민들이 성씨를 고를 때도 마찬가지였다. 이렇게 몇 개 안되는 성씨는 중국에서 유래한 것으로, 7세기에 한국 왕실과 귀족들이 고상하게 들리는 중국 성씨를 따라서 도입한 결과였다. (많은 한국 성씨가 한 개의 한자로 이루어진다.) 그래서 똑같은 성씨를 가진 다른 가문들이 서로를 구분 짓기 위하여 해당 문중이 사는 지명을 성씨에 붙여서 본관이라 불렀다. 김 씨 성에는 경주 김씨와 김해 김씨 등 약 300개의 본관이 있지만 이런 본관은 일부 공문서를 제외하고는 보통 기재되지 않는다. 성씨의 종류가 제한적이란 것은 누가 혈연관계인지 쉽게 확신하지 못한다는 의미가 된다. 그래서 조선 시대 말기에 왕은 동성동본 간의 결혼을 금지시켰고, 이런 법적 제약은 1997년에 와서야 폐지되었다. 1894년에 한국에서 신분 제도가 철폐되면서 평민들 역시 성씨를 가질 수 있게 허용되었다. 하층민의 경우에는 주인이나 지주의 성씨를 차용하거나 그냥 흔히 사용되는 성씨를 택했다. 1909년에 새로운 호적법이 통과되면서 마침내 모든 한국인이 성씨를 등록해야 했다.

본관은 한때 개개인의 혈통과 사회적 신분의 중요한 지표로 여겨졌지만 오늘날에는 더 이상 한국인에게 그다지 중요하지 않다. 하지만 새로운 김 · 이 · 박씨 문중의 수는 오히려 늘어나고 있다. 중국, 베트남, 필리핀 사람들을 비롯한 외국인들이 점점 더 많이 한국 국민으로 귀화하고 있고 정부 통계 자료에 따르면 그들이 가장 많이 고르는 성씨도 역시 김 · 이 · 박씨다. 그래서 이를테면 몽골 김씨나 태국 박씨가 생겨나고 있는 것이다. 이렇듯이 세 성씨의 인기는 앞으로도 계속 이어질 전망이다.

휴대전화에서 신호가 잘
잡히지 않는 이유

—

휴대전화는 지난 몇 년간 순조롭게 비약적인 발전을 거듭해 왔다. 한때는 단순히 휴대 가능한 전화 겸 문자 메시지 송수신기에 불과했으나 이제는 인터넷에 접속 가능한 강력한 단말기이자 고화질 디지털 카메라, 이동식 게임 콘솔, 뮤직 플레이어, 그리고 어디에서나 시청 가능한 고화질 TV 기능을 겸하게 되었다. 그러나 휴대전화가 점점 못하는 일이 없고 어디에서나 사용할 수 있게 발전해 가는 반면, 네트워크는 그만큼 보조를 맞추지 못하는 듯하다. 때로는 단순히 전화를 걸거나 짧은 이메일 하나만 보내려고 해도 집이나 사무실의 한 구석에서는 신호가 잡히지 않는다. 동네 밖으로 나가 봐도 아예 신호가 잡히지 않거나 간신히 잡히더라도 느려터진 2G 회선으로 연결된다. 왜 무선 네트워크는 단말기의 발전 속도를 못 따라가는 것일까?

일단 기술적인 문제가 있다. 음성 중심의 2G 네트워크로 송신되는 신호는 보통 데이터 중심의 3G 네트워크 신호보다 더 멀리 전파되고 건물 내 커버리지(도달 범위)도 더 광범위하다. 2G 신호가 대체로 900메가헤르츠와 1,800메가헤르츠 주파수대를 사용하는 반면, 대부분의 국가에서 3G 신호는 2,100메가헤르츠 주파수대로 전송되기 때문이다. 더 높은 주파수대로 전송된 신호는 멀리 나가거나 벽을 잘 관통하지 못한다. 그리고 이것은 꼭 단점이라고만은 볼 수 없다. 3G 신호는 전송 범위가 좁기 때문에 더 작은 셀을 더 많이 이용해야 네트워크를 구성할 수 있고, 그 결과 전반적인 성능이 향상되는 것이다. 그러나 우리가 3G 기지국에 가까이 가지 않으면, 2G 신호밖에는 잡히지 않을 것이다. 3G 네트워크는 빠르고 성능이 우수하지만 커버리지는 떨어질 수 있다.

또 경제적인 이유가 있다. 요즘 사람들은 1~2년마다 휴대전화 단말기를 업그레이드하는 경향이 있어 최신 단말기의 회전율이 매우 빠르고 새로운 기능도 빠르게 수용된다. 반면에 네트워크의 업그레이드는 수년에 걸쳐 수십억 달러의 막대한 비용이 드는 작업이다. 새로운 사이트가 생기면 기지국과 안테나를 세우고 백홀 경로를 설치하여 그곳을 네트워크에 연결시켜야 하기 때문이다. 이런 비용을 고려하면, 네트워크 사업자는 가장 수요가 많고 가장 많은 사람에게 혜택이 돌아갈 사이트부터 추가하게 된다. 현실에서 그런 사이트는 도심지와 교통 중심지를 의미하므로 주요 도로가 가장 먼저 업그레이드되고, 교외 지역이 그 뒤를 따르게 된다. 시골 지역은 첨단 기술의 네트워크는커녕 부분적인 커버리지 이상도 기대하기 힘들다. 네트워크 설치비를 회수할 만큼 사용자가 충분히 많지 않기 때문이다. 이런 구조를 좀 더

냉소적으로 표현하자면, 네트워크 사업자는 큰 문제없이 버틸 수 있는 한 최악의 네트워크를 유지하려는 입장을 취하게 된다.

반가운 소식은 수많은 영역에서 상황이 개선되고 있다는 것이다. 많은 국가에서 저주파수대의 2G 스펙트럼이 3G용으로 재사용되어, 3G 신호가 더 멀리 전파되게 되었다. 새로운 4G 네트워크는 다양한 주파수대에서 작동하여, 많은 국가에서는 700메가헤르츠와 800메가헤르츠 신호를 이용해 커버리지를 넓히고 있다. (3G로는 접속이 안 되는 곳에서 4G로는 접속이 가능한 이유도 여기에 있다.) 그리고 미국의 600메가헤르츠 스펙트럼 경매 등을 통해 일부 국가에서 추가적인 저주파수 스펙트럼이 사용 가능해지고 있다. 끝으로 피코셀picocell과 펨토셀femtocell 같이 건물 내에서 휴대전화를 사용할 수 있게 하는 이동통신용 초소형 기지국도 WiFi와 더불어 점점 쇼핑몰, 사무실, 기차역 등에 보급되고 있다. 그러나 사람들은 아무리 돈이 많거나 날씬해도 만족할 수 없듯이 아무리 통신이 빨라져도 만족하지 않을 테고, 스마트폰 사용자들은 언제나 더 나은 서비스를 원할 것이다.

허리케인 이름은
어떻게 정할까

—

2012년 10월 29일에 허리케인 샌디가 뉴욕을 강타했다. 200여 명의 인명 피해와 710억 달러의 재산 피해가 발생하여, 2005년 뉴올리언스를 초토화시킨 초강력 허리케인 카트리나 다음으로 심각한 피해였다. 그러나 샌디도 카트리나도 다시는 나타나지 않을 것이다. 기상학자들이 즉각 두 이름을 퇴출시켰기 때문이다. UN 세계 기상 기구는 6년 주기로 재사용되는 목록에서 허리케인 이름을 고르지만, 끔찍한 피해를 입힌 허리케인 이름은 바로 폐기시킨다. 아돌프Adolf와 이시스 Isis 같은 논쟁적인 이름 역시 목록에서 제외되었다. 그렇다면 허리케인 이름은 어떻게 정하고, 또 이런 관행은 어떻게 시작되었을까?

수백 년 동안 카리브해의 섬사람들은 수시로 무자비한 신의 분노를 접하면서, 허리케인에 성인의 이름을 따서 붙였다. 그러나 허리케인 이름을 짓는 방식은 중구난방이었다. 1850년대에 안톄Antje라는 배를 난파시킨 대서양의 폭풍은 '안테의 허리케인Antje's hurricane'이라 불렀고, 노동절에 플로리다 주에 불어 닥친 허리케인은 '노동절Labor Day'이라 불렸다. 19세기 말에 오스트레일리아의 기상예보관 클레멘트 래기Clement Wragge는 작명 체계를 도입하고, 그리스 알파벳을 따서 허리케인의 이름을 붙였다. 그러나 오스트레일리아 정부가 이 체계의 승인을 거부하자, 래기는 대신 정치가들의 이름을 따서 허리케인 이름을 짓기 시작했다. 한 정치인을 '엄청난 고통을 유발한다'거나 '하릴없이 태평양 주위를 맴돈다'라고 묘사하는 이 작명 체계는 놀랍지 않게도 거센 반대에 부딪혔다. 또 다른 접근 방식은 허리케인을 위도와 경도 좌표로 명명하여 기상학자들이 추적할 수 있게 하는 방식이었다. 그러나 이런 명칭은 해안가에 살면서 라디오에서 들리는 짤막한 경보에 생명을 맡기고 살아가는 사람들에게는 도움이 못되었다.

오늘날과 같이 허리케인 이름을 짓는 관행은 1950년에 미군이 사용하던 음표 문자에 따른 작명 체계에서 시작되었다(에이블(Able), 베이커(Baker), 찰리(Charlie) 등 각각의 알파벳에 대표하는 단어를 지정하여 사용하는 방식·옮긴이). 이런 명칭은 짧고 가볍게 발음하거나 키보드로 입력하기 쉬웠다. 멀리 흩어져 있는 수천 개의 라디오 방송국, 바다 위의 선박과 해안 기지들 사이에 교신하기도 더 쉬웠다. 특히 이 새로운 방식은 서로 다른 강도의 태풍 2개가 동시에 몰아닥칠 때 매우 유용했다. 그러나 겨우 2년 후인 1952년에 새로운 국제 음표 문자(알파(Alpha), 브라보(Bravo), 찰리(Charlie) 등)가 도입되어 혼선이 발생했다. 그래서 해군 기상학자들이 자기 아내들의 이름을 따서 태풍 이름을 정하듯이, 미국 국립 허리케인 센터National Hurricane Center도 여성 명칭을 사용하기 시작했다. 이 관행은 인기를 끌었지만 동시에 논쟁을 유발했다. 언론에서는 '격렬하게 몰아치는' 여성 허리케인이 해안가를 '못살게 굴며' '집적거린다'고 묘사하며 재밌어했다. 여권 운동가들은 이 관행에 반대하는 운동을 벌여 1978년 이래로 허리케인 명칭은 남성적 이름과 여성적 이름을 번갈아 사용하게 되었다.

이런 명칭은 흔히 예상하는 것보다 더 중요하다. 2014년에 애리조나 주립대학과 일리노이 대학의 연구진은 여성적 이름이 붙은 허리케인이 남성적 이름이 붙은 허리케인보다 더 많은 인명을 앗아 갔다는 사실을 발견했다. 이런 결과는 무작위로 닥쳐오는 태풍의 강도와는 거의 무관하고 오히려 사람들의 대응과 더 깊은 관계가 있었다. 사람들이 여성적 이름이 붙은 열대성 폭풍을 남성적 이름이 붙은 폭풍보다 덜 심각하게 받아들이는 경향을 보였던 것이다.

세계 각국 사람들은
어디에 돈을 쓸까

—

유로스타트Eurostat(EU의 공식 통계 기구)에서 집계한 가계 소비 지출 데이터에 드러난 여러 국가의 소비 패턴은 각국의 정형화된 이미지를 반영하는 듯하다. 러시아인은 술과 담배에 대부분의 선진국보다 훨씬 많은 수준인 소득의 8%를 쓰는 반면, 놀기 좋아하는 오스트레일리아인은 여가 생활에 소득의 10분의 1을 쓰고, 공부 좋아하는 한국인은 교육에 대부분의 국가보다 더 많은 돈을 쏟아붓는다. 일부 차이는 경제 발전 수준의 차이에서도 비롯된다. 미국과 오스트레일리아 같은 부유한 국가들은 1인당 가계 소비 지출이 3만 달러 정도로, 평균 소비가 6,000달러 수준인 멕시코와 러시아에 비해 식비 비중이 훨씬 적다. 정치적 차이 역시 중요한 역할을 한다. 의료비를 전적으로 개인이 부담하는 미국에서는 의료비가 각 가정 예산의 5분의 1 이상을 차지하지만, 공공 의료 서비스가 보편화된 EU에서는 가계 지출의 4%에 그

각국의 소비 지출 내역

가계 소비지출*, 전체 중 비율(%), 2013년 또는 최신 자료, 세금 포함

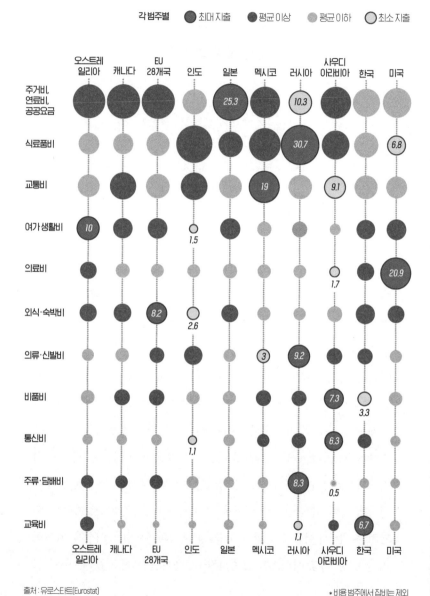

출처 : 유로스타트(Eurostat)

*비용 범주에서 잡비는 제외

칠 뿐이다. 러시아에서는 정부에서 주거비와 난방비를 보조하여 생활비가 더 적게 들고, 그 결과 생활의 질을 높일 여유가 생긴다.

그러나 EU 국가들을 합쳐서 보면 국가별 소비 지출의 흥미로운 차이가 감추어진다. 인구 45만 명이 사는 이탈리아 남쪽의 섬 국가 몰타에서는 가계 지출의 약 20%가 레스토랑이나 호텔에 쓰인다. 리투아니아의 이 수치는 2.9%에 불과하다. 대부분의 EU 회원국에 비해 리투아니아는 1인당 가계 소비 지출이 8,500달러로 EU 평균의 절반 수준인 가난한 나라다. 리투아니아인은 다른 EU 국민보다 가계 예산의 더 많은 부분을 식비와 의료비에 사용한다. 즐거움을 추구하는 네덜란드인은 여가 생활에 가장 많은 돈을 쓰지만, 그리스인은 여가 생활에 가장 적은 돈을 쓴다. 금융 위기 이전부터 나타나던 특징이다. 어쩌면 그리스인은 여가 생활 대신 빚을 갚고 있는 것일까?

'동결 분쟁'이란
무엇일까

—

전쟁은 승자와 패자로 정의된다. 그러나 어떤 분쟁은 수십 년씩 지속되면서도 명확한 승패가 결판나지 않는다. 이런 경우를 '동결 분쟁'이라고 하는데 오늘날에도 주로 유라시아에서 몇몇 동결 분쟁이 진행 중이다. 동결 분쟁은 어떻게 규정되고, 또 어째서 그렇게 다루기 힘든 걸까?

우선 동결 분쟁이 성립하려면 분쟁을 지속하려는 의지와 재원이 있는 거대 세력의 지원이 필요하다. 러시아는 이런 세력으로 적합하다. 소련이 해체된 후로 러시아는 코카서스 산맥 지역의 수많은 분쟁에 개입해 왔다. 1990년대 초부터는 조지아의 일부인 남오세티야South Ossetia와 아브하지아Abkhazia에서 반란 세력을 지지해 왔다. 2008년에는 심지어 남오세티야 분리주의자들을 지원하기 위해 탱크를 보내기도 했다.

두 번째로, 동결 분쟁의 지원 세력은 보통 분쟁 지역에 재정적, 전략적 이해관계가 있어 그곳에서 영향력을 행사하고자 한다. 러시아 가스 수입에 전적으로 의존하는 국가인 우크라이나가 대표적인 사례다. 우크라이나와 러시아는 정치적, 문화적으로 오랜 연고가 있고, 항공기 제작사 안토노프Antonov를 비롯해 우크라이나의 산업화된 동부 지역 기업들은 러시아 군대와 중공업계의 중요한 납품 업체이다. 그래서 러시아는 우크라이나가 러시아의 세력권에서 벗어나지 않게 하려고, 우크라이나 동부에서 동결 분쟁을 영속화하고 있다.

　동결 분쟁이 해빙되면 순식간에 전면적인 무력 전쟁으로 치닫는 일도 있다. 아르메니아와 아제르바이잔 사이 지역인 나고르노카라바흐Nagorno-Karabakh에서는 1994년에 이미 휴전 협정이 체결되었는데도 양국 병사들은 여전히 총격전을 벌이고 있다. 만일 동결 분쟁이 해결되기 어려운 상태라면, 일반적으로 강력한 이익 집단들이 그 상태를 원하기 때문이다.

시아파와 수니파는
어떻게 다를까

—

이슬람교의 두 거대 종파인 수니파와 시아파는 이슬람 세계 전역에서 사사건건 충돌을 빚고 있다. 중동에서는 종교와 정치가 강하게 얽혀 있어 이란의 시아파 정부와 페르시아만의 수니파 정부들 간의 갈등이 점점 첨예해지고 있다. 싱크탱크 퓨리서치센터Pew Research Center의 한 보고서에 따르면 수니파의 40%가 시아파를 제대로 된 무슬림으로 보지 않는다. 그렇다면 수니파와 시아파 이슬람교의 차이는 정확히 무엇이고, 그 골은 얼마나 깊을까?

이들의 분쟁은 632년에 이슬람교의 창시자인 예언자 무함마드가 사망한 시점으로 거슬러 올라간다. 그를 추종하던 아랍 부족들은 누가 무함마드의 뒤를 이어 정치적 지위와 종교적 지위를 함께 물려받아야 할지 합의를 보지 못했다. 향후 수니파라 불리며 오늘날 무슬림의 80%를 차지하는 다수파는 예언자 무함마드의 친구이자 그의 아내

아이샤Aisha의 아버지인 아부 바크르Abu Bakr를 지지했다. 다른 사람들은 무함마드의 친족이 그의 적법한 계승자라고 믿었다. 그들은 무함마드가 사촌이자 사위인 알리Ali를 후계자로 지목했다고 주장했고, 훗날 시아파가 되었다. 시아파란 명칭은 알리의 파당이란 뜻인 '시아트 알리shiaat Ali'의 축약형이다. 알리가 아주 잠깐 제4대 칼리프caliph(무함마드의 계승자에게 부여되는 자리)에 오르기는 했어도, 결국은 아부 바크르를 지지한 사람들이 이겼다. 680년에 알리의 아들 후세인Hussein이 카르발라(현대 이라크)에서 집권 수니파 칼리프의 군대에 살해당하면서 이슬람권의 분열은 한층 심해졌다. 수니파 통치자들이 계속 정치 권력을 독점하는 동안, 시아파는 국가의 그늘 속에서 그들의 이맘imam들, 즉 알리와 그의 직계 후손 11인의 가르침하에 살아갔다. 시간이 지날수록 두 종파의 종교적 교의는 점점 더 멀어져 갔다.

오늘날 세계의 무슬림 16억 명은 모두 알라Allah가 유일한 신이고 무함마드가 신의 말씀을 전하는 사도라는 데 동의한다. 또 금식월인 라마단과 신성한 경전인 코란을 공유하는 등 이슬람 의식의 다섯 기둥을 준수하고 따른다. 그러나 수니파가 예언자의 실천과 가르침('수나sunna', 이슬람교 전통 율법 · 옮긴이)')에 크게 의존하는 반면, 시아파는 그들의 아야톨라ayatollah(종교지도자)를 지상에 비친 신의 반사상이라고 여긴다. 그렇기 때문에 수니파가 시아파를 이단이라고 비난하는 것이다. 시아파는 또 그들대로 수니파의 독단주의 때문에 금욕주의를 표방하는 와하브파 같은 극단적 종파가 생겨난다고 비판한다. 대부분의 시아파 종파는 마지막 12대 이맘이 어딘가에 숨어 있고('종적을 감추었고') 언젠가 다시 나타나 알라의 신성한 뜻을 완성하리라는 믿음을 강조한다. 그동안에 시아파는 소외감과 억압에 시달리며 아슈라 ashura 같은 애도 의식을 치러 왔고, 이 의식에서는 추종자들이 카르발라에서 후세인이 살해당한 날을 추모하기 위해 스스로 채찍질을 해 댄다.

시아파와 수니파는 17세기 유럽에서 기독교 종파들의 분쟁으로 막대한 인명 피해가 발생했던 30년 전쟁 같은 규모로 충돌한 적은 한 번도 없다. 한 가지 이유는 시아파가 늘 소수파의 입장임을 의식하여 물러서 왔기 때문이다. 오늘날 중동에서 무슬림을 가르는 기준선은 종교 못지않게 정치적 영향도 크다. 중동 지역에 혁명이 일어나자 시아파 정부들은 다른 수니파 국가들을 재정적으로 지원해 온 페르시아만의 수니파 정부들과 맞서 싸웠다. 그 결과 수니파는 더욱 공격적으로 변했고, 시아파는 여느 때보다도 더 큰 위협에 시달리고 있다. 그렇지만 대부분의 경우에 두 종파의 신도들은 여전히 함께 어울려 조화를 이루며 사는 편이다.

어느 나라 정부가 페이스북에
가장 많은 데이터를 요청할까

—

페이스북은 세계 각국 정부의 사용자 계정에 관한 데이터 요청 건수를 정기 보고서로 발표한다. 2015년 상반기 보고서에서는 각국의 정보 요구가 늘어나는 추세를 보였다. 미국의 요청 건수는 2013년의 최초 보고서 이래 3분의 1가량 증가했다. 영국은 총 요청 건수 3위를 기록하며 2013년 이래 92%의 증가율을 보였다. 요청 건수가 절대적으로 많지는 않아도(일례로 미국의 요청 건수는 22만 6,600건으로, 미국 페이스북 사용자 10만 명 중에 16건 꼴이다) 각국 정부는 페이스북 데이터를 점점 유용한 자료로 여기는 분위기다. 트위터, 스냅챗 등의 다른 소셜 미디어 기업들 역시 각국 정부의 요청 건수가 증가했다. 소셜 미디어 기업들은 가능한 한 사용자의 온라인 사생활을 보호하기 위해 최선을 다한다고 말하지만, 합법적인 요청에는 응할 수밖에 없다. 2015년 7월에 페이스북은 뉴욕에서 381명의 개인 정보를 요청한 수색 영장에 이

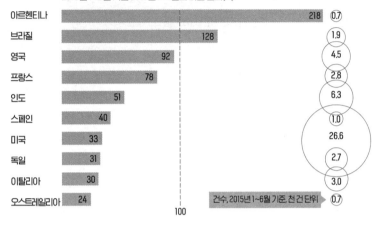

누구의 데이터인가?
각국 정부의 페이스북 사용자 계정 데이터 요청 건수*

2013년 1~6월 기준 2015년 1~6월의 비율 변화(%)

국가	변화(%)	건수
아르헨티나	218	0.7
브라질	128	1.9
영국	92	4.5
프랑스	78	2.8
인도	51	6.3
스페인	40	1.0
미국	33	26.6
독일	31	2.7
이탈리아	30	3.0
오스트레일리아	24	0.7

건수, 2015년 1~6월 기준, 천 건 단위

100

출처 : 페이스북

*650건 이상 요청 국가

의를 제기했다가 결국 패소했는데 법적으로는 피고만이 수색 영장에 이의 신청을 할 수 있다는 것이 주된 논거였다. 그동안 유럽과 미국은 미국 기업들이 유럽 시민의 개인 정보를 어떻게 다루어야 할지 관장하는 '세이프 하버Safe Harbour' 협정을 둘러싸고 언쟁을 벌여 왔다. 사람들의 개인 정보가 인터넷에 떠다니고 있지만, 누가 그 정보에 접근할 권한이 있는가의 문제는 여전히 허공에 떠 있는 셈이다.

혜성, 소행성,
유성의 차이

—

태양계에는 태양과 그 주위를 맴도는 행성들 외에도 수많은 천체들이 있다. 그중에는 혜성이 있는데, 67P/추류모프 – 게라시멘코라는 혜성은 러버덕 모양으로 우주 탐사선 로제타호를 통해 상세한 정보가 알려졌다. 또 다른 우주 탐사선 던호는 소행성 베스타Vesta를 방문한 뒤다시 소행성 케레스Ceres로 날아갔다. 연중 내내 지구의 관측자들은 유성우를 볼 수 있다. 그리고 2013년 러시아의 첼랴빈스크Chelyabinsk 하늘에서 목격된 것처럼 때로는 하늘에 불덩이가 나타나기도 한다. 그렇다면 혜성, 소행성, 유성의 차이는 무엇이고, 그들 간에는 어떤 관계가 있을까?

혜성부터 시작해 보자. 혜성은 수십억 년 전에 태양계의 먼 가장자리 끝에서 형성되었고 암석, 분진, 동결된 기체와 뒤섞인 얼음 덩어리로 이루어진다. 혜성의 궤도가 태양에 가까워지면 온도가 높아져서 물과 분진으로 된 '꼬리'가 길어진다. 이에 반해 소행성은 태양에 훨씬 가까운 곳에서 형성된다. 소행성은 행성이 형성되던 시대의 잔여물로 대부분은 목성의 궤도 내에서 발견된다. 본래 암석이 많은 소행성들은 때때로 미행성이나 작은 행성이라고 불리기도 한다. 소행성은 영어로 'asteroid'(라틴어로 'aster'는 '별'을 뜻한다)지만, 별과는 아무 상관이 없다.

직경 몇 미터도 안 되는 작은 소행성은 유성체라고 불리고, 혜성에서 떨어져 나온 분진, 암석, 얼음 등의 작은 파편들로 이루어진다. 유성체가 지구의 대기권에 진입하면 관측자들에게는 유성이나 별똥별처럼 보인다. 혹시 충분히 크다면 불덩이로 보일 수도 있고 말이다. 이런 불덩이가 다시 대기권에 진입하여 지표면에 도달하면, 그 결과물은 운석이 된다.

유성우는 지구가 혜성이 남긴 잔해들의 꼬리를 통과할 때 나타난다. 혜성의 궤도는 알려져 있기 때문에 이런 자취들의 위치도 예측가능하고 유성우의 시기도 미리 알 수 있다. 예를 들어 쌍둥이자리 유성우는 12월 중순에 보이고 페르세우스자리 유성군은 8월 중순에 보인다. 이상의 설명을 요약하자면, 혜성은 크고 얼음으로 구성되며 소행성은 크고 암석으로 이루어져 있다. 유성은 지구 대기권에서 마지막 영광의 불꽃으로 타오르는 혜성의 잔해 부스러기다. 행복한 하늘 구경이 되길 빈다.

악마를 숭배하는 사람들은 누구인가

—

2012년 11월에 미국 오클라호마 주 의사당 부지에 십계명이 새겨진 기념비가 세워졌다. 7년 전인 2005년 미국 연방 대법원은 텍사스 주 의사당 부지에 세워진 십계명 기념비가 정부가 '특정 종교를 숭배하는' 어떤 법도 제정하지 못하게 금지한 수정헌법 제1조에 위배되지 않는다고 판결했다. 그러나 만일 그 판결로 기독교 기념비가 허용된다면, 다른 종교의 기념비 역시 허용되어야 한다. 이에 따라 악마 숭배 단체인 사탄의 신전Satanic Temple은 2013년 12월에 십계명비 옆에 사탄교 기념비를 세우는 캠페인에 착수하면서, 오클라호마 주에 '그들이 헌법에 명시된 기본적 자유를 옹호한다는 것을 입증할 기회'를 부여한다고 주장했다. 악마 숭배자들은 적절한 절차에 따라 그들 기념비의 디자인을 공개했다. 남자의 몸통에 염소의 머리와 뿔이 달린 날개 달린 존재가 별 모양 아래의 왕좌에 앉아서 손가락 두 개를 현자처럼 쳐들고 있어, 두 어린이가 놀라운 표정으로 바라보는 모습이었다. 미국의 악마 숭배자들은 유머 감각이 있는 듯하다. 하지만 그들이 정말로 믿는 바는 무엇일까?

이 질문에 명쾌한 대답을 찾기는 어렵다. 놀랍지 않은 사실이지만 악마 숭배자들은 수많은 다양한 조직·신념·의식을 갖춘 다분히 통제되지 않는 무리이기 때문이다. 이런 조직 중 상당수는 외부인에게는 거의 감추어진 오컬트의 성격이 강하다. 또 일부 집단은 강신론자들로 사탄을 신으로 숭배한다. 예를 들어 사탄님의 기쁨 사역회 신봉자들은 '사탄/루시퍼를 실제 존재라고 믿고' 그가 '인류의 진정한 아버지이자 창조주'라고 믿는다. 다른 조직들, 특히 알레이스터 크로울리Aleister Crowley 이후 가장 유명한 신비주의자인 안톤 라베이Anton LaVey가 설립한 사탄 교회와 사탄의 신전은 유물론자들로서 초자연적인 존재에 대한 믿음을 거부한다. 사탄의 신전의 대변인 루시안 그리브즈Lucien Greaves는 자신을 '초자연적인 믿음에 관한 한 무신론자'라고 소개하며, 그에게 악마 숭배는 '압제에 맞서는 개개인의 자주권과 아무리 위험하더라도 지식을 추구하려는 태도'를 의미한다고 설명한다. 라베이의 《사탄 성경Satanic Bible》에서는 "삶은 거대한 도취요, 죽음은 거대한 금욕이라. 고로, 네 삶을 최대한 활용하라. 지금 당장, 여기에서!"라고 선언한다.

이런 차이점에도 불구하고, 악마 숭배의 다양한 강신론자 및 유물론자 분파를 하나로 관통하는 공통점이 있다. 하나는 초자연적인 신의 숭배—와 그런 숭배를 지원하기 위해 발전해 온 기독교 체계—가 인간의 지식과 진보를 불필요하게 제한한다는 믿음이고, 또 하나는 아무 제약을 받지 않는 과학, 이성, 학문에 대한 신념이다. 라베이를 계승하여 사탄 교회의 교주가 된 피터 길모어Peter Gilmore는 '육적인 사람들과 영적인 사람들'을 구분한다. 그는 영적인 사람들은 '하늘에 계신 유령 같은 아버지'를 필요로 하지만 본인은 '자신만의 우주의 중심에서 행복하다'고 믿는다. 이런 측면에서 보면 유물론적 악마 숭배는 일종의 조직화된 무신론 또는 종교 의식을 갖춘 무신론에 상당히 가까워 보인다. 그러나 길모어는 그의 교회가 사탄을 히브리어 본래의 의미인 '적대자', 즉 '스스로 일어나 도전하는 인물'이란 의미로 사용한다고 말한다. 이렇게 본다면 사탄은 또 사악하고 피에 굶주린 신이 아니라 정설에 도전하는 일종의 문학적 인물이나 환유가 된다.

그러나 언론과 세간의 관심은 이 모든 사실보다는 악마에게 바치는 동물 제물이나 인간 살생 쪽으로 주로 쏠린다. 물론 일부 악마 숭배자들이 사탄의 이름으로 끔찍한 행위를 저질러 유죄 판결을 받아 온 것도 사실이다. 그러나 그런 사건이 종교의 이름으로 자행된 최초의 살인도 아니고, 그런 살인마들이 특별히 악마 숭배를 대표한다고 주장할 만한 근거도 없다. 다른 종교에서 영감을 얻은 살인마들이 그들의 신앙을 대표하는 인물이 아니듯이 말이다. 그리고 오클라호마 주의 악마 숭배자들이 제안한 기념비는 또 어떠한가? 기나긴 법정 공방 끝에 주 대법원은 십계명 기념비를 철거하라고 명령했다. 그 기념비가 특정 종교를 이롭게 할 목적으로 공공 부지를 사용하지 못하게 금지한 주 헌법에 위배된다는 이유였다. 이것은 악마 숭배자들의 기념비 역시 설치가 허용되지 않는다는 의미였다. 악마 숭배자들은 2015년 7월에 디트로이트에서 이 기념비를 공개했고, 그 후로는 아칸소 주에 기념비를 세우기 위해 로비를 펼쳐 왔다. 이전의 오클라호마 주처럼 아칸소 주도 투표를 통해 주 의사당 부지에 십계명 기념비를 세우기로 결정하여 무신론자와 인본주의자, 그리고 악마 숭배자들을 좌절시켰기 때문이다.

3장

국가의 안과 밖

편견을 버릴 용기와 국경을 넘는 호기심

미국에서 유독
산모 사망률이 높은 이유

—

출산은 한때 확실히 위험천만한 일이었다. 1930년대까지도 미국에서 정상 출산하는 산모 100명 중에 1명은 목숨을 잃었고, 전 세계의 산모 사망률도 비슷한 수준이었다. 그러나 20세기에 산과 의학이 비약적으로 발전하면서 산모들이 적절한 보살핌을 받을 기회도 늘어났다. 선진국에서 산모 사망률은 99% 가까이 떨어졌고 이제는 가난한 국가들도 그 수치를 뒤따르기 시작했다. 그러나 미국에서는 이상한 일이 벌어지고 있다. 지난 25년간 산모 사망률(분만 후 42일 이내의 사망률)이 서서히 올라가고 있는 것이다. 2013년에는 정상 출산한 산모 10만 명당 18명 넘게 사망했다. 미국은 아프가니스탄, 남수단 등과 더불어 산모 사망률이 거꾸로 상승하고 있는 8개국 중 하나다. 어찌된 일일까?

일각에서는 이런 현상이 요즘 미국의 임산부들이 점점 고령화되고 몸집이 비대해지는 경향과 관련이 있다고 주장한다. 실제로 출산에 따른 위험이 체중과 나이에 비례하여 높아지는 것은 사실이다. 하지만 미국 산모들과 같은 경향은 사망률이 떨어지는 다른 많은 국가에서도 똑같이 발견된다. 또 어떤 사람들은 미국이 산모 사망률을 집계하는 데 점점 엄격해지기 때문이라고 낙관적으로 분석하기도 한다. 그러나 이런 가설의 문제점은 이 수치를 집계하는 시스템이 지난 10년간 크게 변하지 않았음에도 산모 사망률은 계속 오르고 있다는 사실이다.

가장 설득력 있는 설명은 산모들의 건강이 점점 더 나빠지고 있고 적절한 보살핌도 받지 못하고 있다는 것이다. 미국 산모들에게서 비만·고혈압·당뇨병·심장병 같은 만성 질환이 점점 흔하게 나타나는데, 이런 질환 때문에 분만이 한층 더 위험해지고 있다. 실제로 출혈, 정맥혈전색전증, 고혈압 같은 전통적인 원인에 따른 산모 사망은 최근 들어 감소하는 반면, 심혈관 증상과 기타 만성 질환으로 인한 사망은 계속해서 증가하는 추세다. 이런 문제는 미국 흑인 여성들에게 확연히 많이 나타나서, 흑인 산모가 백인보다 임신 관련 합병증으로 사망하는 확률이 거의 4배나 높은 이유가 설명된다. 빈곤한 생활 역시 산모들의 건강 상태 악화와 밀접한 상관관계가 있다. 가난한 산모들은 피임과 산전 관리 등 적절한 건강 관리를 받을 가능성이 낮기 때문이다. (뜻하지 않게 임신한 여성들은 시의적절한 관리를 받을 가능성이 더욱 낮아서 사망 위험이 한층 더 높아진다.) 미국 흑인 여성들은 다른 인종의 여성들에 비해 빈곤선 이하의 생활을 할 확률도 2배 이상 높아서 산모 사망률이 인종별로 극명한 차이를 보이고 있다.

그렇다면 어떤 해결책이 있을까? 많은 미국인들이 전국민 건강 보험법ACA, 일명 오바마케어가 건강 보험 혜택을 확대하여 더 많은 산모들이 더 나은 몸 상태로 출산할 수 있기를 바란다. 이 법에 따라 메디케이드Medicaid (저소득층 대상 건강 보험 · 옮긴이)를 확대한 워싱턴 DC와 31개 주에서는 소득이 낮은 여성일수록 피임과 출산 전후에 더 많은 관리를 받게 되어 산모 사망률이 감소할 것으로 기대된다. (잠재적으로 치명적인 문제를 관리하고 산모들을 건강한 생활 방식으로 복귀시키는 데는 산후 조리가 핵심적으로 보인다.) 산과 응급 상황에 관한 연구에서는 또 사망한 산모들 가운데 적어도 40%는 위급한 순간에 제대로 처치했다면 완전히 살릴 수 있었다고 분석한다. 의사들이 출혈, 심각한 고혈압, 정맥혈전색전증이 발생할 때 증상을 빨리 알아채도록 훈련받는다면 문제 발생 시에 보다 신속한 조치를 취하여 환자의 생명을 보호할 수 있을 것이다. 미국 질병 통제 예방 센터와 미국 산부인과 학회를 비롯한 연방 · 주 · 전문 기관들은 병원과 분만 센터들에게 이런 응급 상황에서의 대처법을 확실히 숙지시키기 위해 힘을 모으고 있다. 미국 신생아의 8분의 1이 태어나는 캘리포니아 주의 병원들은 이런 응급 시의 진료 방침을 이미 마련했고, 주정부 차원에서 산모 사망률을 낮추기 위해 노력해 왔다. 앞으로 미국 전역에서 이런 변화의 움직임이 나타나기를 희망한다.

프랑스에서 무슬림의
머리 가리개를 금지시킨 이유

—

2014년 7월 1일에 유럽 인권 재판소European Court of Human Rights가 2010년에 공공장소에서 얼굴 전체를 가리는 히잡(이슬람 여성이 머리카락과 목을 가리는 두건·옮긴이), 부르카(머리부터 발목까지 전신을 덮어쓰는 이슬람 여성의 전통 복식·옮긴이) 등 베일의 착용을 금지시킨 프랑스의 손을 들어 주자 프랑스인들은 단체로 안도의 한숨을 내쉬었다. 그 직전인 6월에는 근무 중에 무슬림의 머리 스카프를 벗기 거부하는 직원을 해고한 사립 유치원에 그럴 권리를 인정한 프랑스 최고 항소 법원의 별도 판결도 있었다. 프랑스에서는 이런 판결이 비교적 논란을 일으키지 않는다. 그렇지만 자유주의 다문화주의가 정착된 국가들에서는 이런 판결이 종종 오해를 불러일으킨다. 프랑스인은 이슬람권의 머리 가리개에 왜 그렇게 엄격할까?

프랑스는 공공 생활에서 종교를 철저히 배제하는 엄격한 세속주의,

이른바 '라이시테laïcité'를 신봉하는 나라다. 이 정교분리 원칙은 로마 가톨릭 교회의 교권 개입에 반대하는 치열한 투쟁 끝에 1905년에 법으로 제정되었다. 오늘날에는 이 정교분리의 원칙이 어떤 의미에서는 흐려지고 있다. 일례로 프랑스인은 예수 승천일Ascension 같은 특정한 가톨릭 공휴일 등을 지키기 때문이다. 그러나 전반적으로는 세속주의 원칙이 여전히 지배적이다. 예를 들어 프랑스에서는 국립 초등학교에서 예수 성탄극을 공연하거나 대통령이 성경에 손을 얹고 선서하는 일은 상상도 할 수 없다.

지난 30년에 걸쳐 프랑스의 500~600만 무슬림들의 자기주장이 강해지면서 종교와 세속적 요구의 균형을 맞추려는 이런 노력의 초점은 이슬람교로 옮겨 갔다. 공립 학교에서 머리 스카프 착용의 합법성 여부가 불확실한 채로 10년이 지난 뒤, 프랑스 정부는 2004년에 공립학교나 시청 같은 공공 기관에서 무슬림의 머리 가리개를 비롯한 모든 '확연한' 종교적 상징물의 착용을 금지시켰다. 그 후 2010년에는 공공장소에서 얼굴을 완전히 가리는 것을 불법화한 이른바 '부르카 금지' 조치가 뒤따랐다. 이에 반대 세력은 프랑스가 자유주의에 반하고, 종교적 표현의 자유를 억제하며, 여성 억압에 대한 서양식 해석을 강요한다고 비판했다. 일례로 국제 앰네스티는 유럽 인권 재판소의 2014년 판결을 '표현과 종교의 자유라는 권리 측면에서 심각한 후퇴'라고 평가했다. 그러나 프랑스인에게 이런 조치는 종교적 표현을 사적인 영역으로 국한하여 국가의 공화주의적인 세속적 정체성을 유지하기 위한 불가피한 노력의 일환이다. 흥미롭게도 많은 온건한 무슬림 지도자들 역시 강경파 무슬림을 막기 위한 방책으로서 이런 금지 조치를 지지해 왔다.

만일 유럽 인권 재판소가 프랑스에 패소 판결을 내렸다면 프랑스에서 격렬한 저항에 부딪혔을 것이다. 프랑스에서는 정교분리 원칙이 좌파·우파를 막론한 모든 사람에게 광범위한 초당적 지지를 얻고 있기 때문이다. 그래서 유럽 인권 재판소는 그런 조치가 '함께 어울려 살기'에 중점을 둔 프랑스 사회의 노력임을 인정했다. 오히려 그 판결은 세속주의 전통을 지켜 나가려는 프랑스의 결의를 강화하는 계기가 될 것이다. 유치원 직원의 패소 판결은 무슬림의 머리 스카프에 대한 금지 조치가 민간 영역까지 확대된 최초의 판례였다. 법정은 그 판결이 유치원의 자체 사규와 관련이 있으므로 일반화해서는 안 된다고 강조했다. 그렇지만 전례가 생겼으니 프랑스는 앞으로 무슬림의 머리가리개 금지 조치를 철폐하기보다 강화해 나갈 가능성이 더 클 것이다.

일본은 어쩌다 세계 고속철도 산업을
주도하게 되었을까

—

많은 국가들이 고속 철도 사업에 심혈을 기울이는 듯하다. 영국은 런던에서 버밍엄, 맨체스터, 리즈까지 연결되는 'HS2'로 알려진 말 많은 고속 철도를 건설하려고 추진 중이다. 캘리포니아 주는 샌프란시스코와 로스앤젤리스를 연결하는 고속 철도 구간을 신설할 계획을 세우고 있다. 프랑스는 서서히 '테제베TGV, Train de Grande Vitesse'라는 고속 철도 라인을 확장하고 있고 스페인과 중국 역시 고속 철도망 확장에 박차를 가하고 있다. 일본의 '총알' 같은 고속 철도는 새로운 철도를 구축하려고 준비 중인 정부와 지지 세력에 종종 모범 사례로 손꼽힌다. 일본은 어떻게 고속 철도 분야에서 세계의 리더가 되었을까?

일본에서 철도는 근대성을 상징한다. 일본의 근대화가 급속도로 진행되던 19세기 말 메이지 유신 때 당대의 최첨단 기술은 기관차로 집약되었다. 1930년대에는 도쿄를 나고야, 교토, 오사카, 고베 같은 주요 도시들과 연결하는 최초의 간선 철도가 개설되어 많은 승객들로 붐볐다. 신칸센이라고 알려진 최초의 고속철이 1964년에 개통되면서 도쿄와 오사카 간의 이동이 (6시간에서 4시간으로) 2시간이나 단축되었다. 그 덕분에 철도가 항공 산업에 비해 경쟁력을 확보하게 되었다. 일본은 제2차 세계대전 이후 군사적 재무장을 한다는 주변국의 경계심을 부추기지 않기 위해 항공 산업에 주력하지 않았던 것이다.

일본의 지형 역시 철도망의 발달에 영향을 미쳤다. 일본인 1억 2,800만 명 중 대다수는 인구가 밀집된 몇몇 도시에 거주한다. 철도는 이렇게 인구 밀도가 높은 지역을 연결하여, 즉 인구 4,000만 명의 거대 도시 도쿄와 인구 2,000만 명의 오사카, 고베, 교토를 연결함으로써 주요 도시를 일일생활권으로 만들고 비즈니스 방식의 변화를 가져왔다. 철도 이용객의 대다수가 부유층이다 보니 더 비싼 고속 철도 요금을 지불할 의향이 있었다. 일본의 고속 철도 서비스는 3년 만에 1억 명의 승객을 실어 날랐고 1976년에 이르자 총 탑승객이 10억 명에 달했다. 오늘날에는 연간 1억 4,300만 명이 고속 철도를 이용한다.

1987년에 일본의 국유 철도는 7개의 민간 영리 기업으로 분할되어 민영화되었다. 탑승객 수로 따질 때 최대 규모인 JR동일본은 거액의 정부 보조금을 받는 프랑스 철도망과 달리 일본 정부로부터 어떤 보조금도 지원받지 않는다. JR동일본이 그렇게 효율적인 운영이 가능한 것은 철도와 관련된 모든 기반 시설, 즉 철도역, 철도 차량, 철로 등을 모두 직접 소유하여 서로 중복된 업무를 하는 관리 팀이 적기 때문이다. (반면에 영국 등에서는 철로와 철도 차량의 소유권이 분리되어 있다.) 그렇지만 일본에서 철도 사업자가 번영하는 또 다른 이유는 철로를 따라 상업 지구와 주택가를 개발하도록 장려하는 기획 시스템 덕분이다. JR동일본은 철로 주변의 땅을 소유 및 임대하여 기업 매출의 3분의 1이 쇼핑몰, 사무 지구, 주택 등의 임대에서 발생한다. 이런 수입을 다시 철도망에 투자하는 것이다. 영국에서는 운송업과 도시 개발이 거의 함께 이루어지는 경우가 없어 일본과 유사한 성공적인 상업 지구를 개발하기가 어렵다. 오히려 HS2 철도역 부근 상권은 대부분 개발 계획이 모호하여, 기존 라인인 HS1의 철도역 일부는 철도가 개통한 지 수년이 지난 지금도 여전히 미개발 상태다.

고속 철도 주변에 거대 상권을 개발하는 기획력만큼이나 고속 철도 승차 요금을 높게 부과할 수 있었던 점도 일본 고속 철도 발전의 원동력이 되었다. (화학자 다나카 고이치는 2002년에 노벨 화학상을 수상했을 때 상금으로 신칸센 티켓을 구입하겠다고 말해 큰 박수를 받았다.) 이렇게 고속 철도 이용료가 비싸지만 JR동일본의 승객 운송 수입의 71%는 고속 철도가 아니라 느린 기존 철도에서 나온다. 따라서 고속 철도가 아무리 매력적이기는 해도 새로운 고속 철도 건설을 추진 중인 국가라면 기존의 철도에도 투자를 병행하는 방안을 고려해야 할 것이다.

왜 세계적으로
국경 장벽이 늘어나고 있을까

—

유럽에는 조만간 냉전 때보다도 더 많이 물리적 국경 장벽이 세워질 것이다. 난민 위기와 우크라이나와 러시아의 지속적인 충돌로 인해 유럽 정부들은 지중해와 동유럽 전역에 국경 장벽과 보안 철책을 계획 및 건설하기 시작했다. 2015년 9월 15일에 헝가리는 난민들이 EU 국가로 진입하는 주요 관문인 세르비아와의 국경을 따라 울타리를 완성했다. 몇 시간 만에 60명이 넘는 사람들이 그 울타리를 넘으려고 시도하다가 체포되었다. 이것은 EU에서 비자가 면제되는 솅겐Schengen 지역(국경 자유 통행 지역)의 남쪽 외곽을 따라 건설된, 이민자를 막기 위한 원형 울타리에 추가된 것이다. 1990년대 중반에 스페인은 세우타Ceuta와 멜리야Melilla라는 모로코의 소수 민족 거주지를 울타리로 구분했고, 2012년에는 터키와 맞닿아 있는 그리스와 불가리아의 국경에 철책이 들어섰다. 북유럽에서는 2015년 말에 스웨덴이 외레순Oresund

다리를 넘어 덴마크에서 말뫼Malmö로 들어오는 이민자 수를 통제하려는 최근 정책의 일환으로 코펜하겐의 카스트루프Kastrup 철도역 플랫폼에 울타리를 쳤다. 우크라이나는 2014년에 러시아와의 국경을 봉쇄하기 시작했다. 2015년에 발트 3국도 이런 전례를 따르겠다고 선언했다. 그러면 발트해와 흑해 사이에 국경이 봉쇄되지 않은 유일한 국가는 벨라루스Belarus만 남게 된다.

베를린 장벽이 붕괴된 후에 세계의 40개 국가가 이웃한 64개국과의 국경에 철책을 세웠다. 대다수의 국가는 안보상의 위협과 불법 이민 단속이라는 명분으로 이런 행위를 정당화했다. 이런 의사 결정 중에 30건 이상이 9·11 테러 이후에 이루어졌다. 중동에서는 이라크, 아프가니스탄, 시리아 지역의 전쟁과 그에 따른 난민들의 이동 때문에 대부분의 국가들이 국경을 폐쇄하게 되었다. 이스라엘은 요르단과의 국경 장벽을 완공함으로써 국경 전체를 완전히 둘러쌌다. 아시아에서도 장벽과 울타리가 급증하고 있다. 보통은 특히 분쟁이 잦은 국경을 봉쇄하기보다는 사람과 물자의 불법적인 이동을 막으려는 목적으로 설치된다. 비록 인도 카슈미르의 통제선과 파키스탄의 분쟁 지역인 북부 경계선은 대단히 무장된 지대로 남아 있지만 말이다.

국경 울타리에 대한 일부 제안은 다른 경우에 비해 더욱 실현성이 떨어진다. 2013년에 브라질은 거의 1만 5,000킬로미터인 전체 국경을 따라 드론과 위성으로 감시하는 '가상의' 장벽을 세우겠다고 발표했다. 브라질은 밀수의 온상인 파라과이 및 볼리비아 국경부터 건설을 시작했다. 그러나 회의론자들은 브라질 국경의 많은 부분이 통행할 수 없고 감시하기도 힘든 열대우림을 통과한다고 지적한다. 더 쉬운

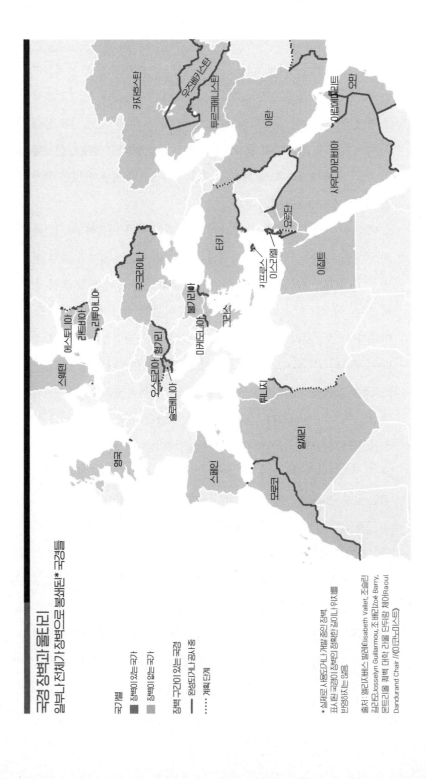

국경 장벽과 울타리
일부나 전체가 장벽으로 봉쇄된* 국경들

국가별
- ■ 장벽이 있는 국가
- ■ 장벽이 없는 국가

장벽 구간이 있는 국경
- —— 완성되거나 공사 중
- ····· 계획 단계

카자흐스탄
우즈베키스탄
투르크메니스탄
이란
아랍에미리트
오만
사우디아라비아
요르단
터키
이집트
이스라엘
키프로스
그리스
불가리아
마케도니아
우크라이나
루마니아
슬로베니아
헝가리
오스트리아
라트비아
에스토니아
리투아니아
스웨덴
영국
스페인
튀니지
알제리
모로코

*실제로 사용되거나 개발 중인 장벽.
표시된 국경이 장벽의 정확한 길이나 위치를
반영하지는 않음.

출차 : 엘리자베스 발레Elisabeth Vallet, 조슬린
길라모Josselyn Guillarmou, 조 배리Zoé Barry,
몬트리올 퀘백 대학 라울 던두랑 체어Raoul
Dandurand Chair //《(크노미스트》

지형에서도 첨단 기술을 이용한 국경 수비는 실패할 때가 많다. 2003년 이래로 국경에 5개의 덧문을 설치한 사우디아라비아와 멕시코와의 국경에 수차례의 요새를 쌓은 미국은 너무 많은 비용이 들거나 실효성 없는 제안들로 골머리를 앓아 왔다. 비록 아무도 이런 이야기를 도널드 트럼프Donald Trump에겐 해 주지 않은 것 같지만 말이다. 대부분의 국가에서는 가시철사나 전기 철조망에 도랑과 완충 지대를 결합시킨 정도가 현실이다. 다행히도 냉전 때와 달리, 유럽의 새 국경을 불법으로 넘어가는 사람들도 더 이상 총살을 당하지는 않는다.

북한이 시계를
거꾸로 돌린 이유

—

2015년 8월 15일에 북한에서는 시계를 30분 거꾸로 돌렸고, 북한의 모든 사람이 시간을 거슬러 올라갔다. 이것은 자국의 역사를 숭배하고 과거에 갇혀 있는 국가에 어울리는 일이다. 이 은둔의 왕국은 이미 북한을 세운 '영원한 주석' 김일성이 출생한 1912년을 원년으로 삼는 주체력을 도입한 바 있다. 이번에 시간을 변경한 것은 이제 자체적인 시간대까지 갖겠다는 의미다. 북한은 왜 시계를 거꾸로 돌렸을까?

이런 시간대 변경은 시계와 달력을 조정하여 정치 세력을 과시하려는 통치자들의 오랜 역사적 전통의 최근 사례일 뿐이다. 시간대를 조정하면 말 그대로 단숨에 일상생활이 근본적으로 변하기 때문이다. 그리고 시간 자체를 통제한다는 것보다 통치자의 전지전능한 위력을 더 잘 보여 주는 일이 또 어디 있겠는가? 물론 이런 변화의 시도가 모두 시간의 시험대를 통과하는 것은 아니다. 과거 군주정과의 단절을 강조했던 프랑스 혁명가들은 1793년에 10시간짜리 시계와 완전히 새로운 역법을 도입했으나 정착시키는 데는 실패했다. 소련은 1930년대에 1주 5일제와 1주 6일제를 실험했지만 역시 오래가지 못했다. 그러나 이런 변화가 유지되면 과거의 통치자를 기념하는 데 어떤 물리적인 기념물보다 더 효과적일 수 있다. 'July(7월)'는 기원전 45년에 율리우스 카이사르Julius Caesar를 기려 붙여진 이름이고, 'August(8월)'는 훗날 아우구스투스 카이사르Augustus Caesar에서 따온 이름이다. 그들과 그들의 제국은 오래전에 사라졌지만, 이 두 걸출한 로마인은 서양 달력 속에서 계속 살아 숨 쉬고 있다.

현대의 시간을 지배하는 것은 중앙 정부의 영향력을 강조하는 한 가지 방법이다. 인도와 중국은 그 방대한 영토에도 불구하고 단일한 시간대를 고수하여 모든 사람이 수도와 보조를 맞춰 움직이도록 한다. 또 시간을 지배하는 것은 독립과 비순응의 입장을 강조할 수 있는 기회이기도 하다. 우고 차베스Hugo Chávez는 베네수엘라를 자체적인 시간대로 옮기기 위해 2007년에 시계를 30분 뒤로 돌렸다. 말로는 '햇볕의 보다 공정한 배분'을 위해서였지만 실은 이 사회주의 공화국이 앙숙인 미국과 동일한 시간대를 공유하지 않기 위한 의도였다. 아마도 가장 기이한 사례는 2002년에 모든 달과 요일의 명칭을 변경하고 심지어 4월에 자기 어머니의 이름을 따서 붙인 사파르무라트 니야조프Saparmurat Niyazov 대통령 휘하의 중앙아시아 국가 투르크메니스탄일 것이다. 북한 역시 시간대를 변경한 것은 1912년에 '사악한 일본 제국주의자들'이 동경 표준시를 강요했던 역사를 바로잡기 위해서라고 설명한다. 한국도 1954년에 같은 시도를 했으나 무역을 장려하기 위해

1961년에 기존의 일본 시간대로 복귀했다. 따라서 북한의 새로운 시간대는 한반도의 분단을 공간 뿐 아니라 시간의 영역까지 확장하는 셈이다.

이론적으로 현대 기술은 사람들이 각자 선호하는 시스템을 채택할 수 있게 만들어 시간의 독재로부터 그들을 해방시켰다. 스마트폰과 컴퓨터는 서로 다른 시간대와 역법 사이를 자유자재로 오갈 수 있어 사람들은 어떤 것이든 본인이 원하는 방식을 택할 수 있게 되었다. 그러나 현실적으로 시간대와 달력은 단지 시간에 경계선을 긋는 자의적인 방식 이상을 의미한다. 다수히 특정한 순간과 기간을 어떻게 표현해야 할지를 결정할 뿐 아니라 영업일과 국경일 등을 지정함으로써 사회 전반의 활동을 좌우하고 조정하는 것이다. 영업일과 국경일 같은 날짜들은 한 국가 내에서 일관되어야 하고, 경우에 따라서는 국가들 간에도 일치해야 한다. 그렇기 때문에 2013년에 주말을 목요일 · 금요일에서 금요일 · 토요일로 옮긴 사우디아라비아에 다른 아랍 국가들과 맞추도록 요구해야 한다. 그런 상호 조율이 필요하다는 것은 시계와 달력의 중앙 집중식 통제에서 벗어날 길이 없다는 의미고, 바로 그렇기 때문에 정치적 목적으로 시계와 달력을 바꾸려는 시도가 세월이 흘러도 꾸준히 계속되는 것이다.

어떤 국가가 도박으로
가장 많은 돈을 잃을까

—

도박 산업은 2014년에 전 세계 도박꾼들로부터 다소 적은 돈을 벌어들였다. 영국 컨설팅 회사 H2 갬블링 캐피털에 따르면, 도박업계의 순소득(전체 딴 돈에서 잃은 돈을 뺀 금액, 비용 제외)은 2.6% 감소한 4,880억 달러로 추산되는데, 그 이유 중 하나는 중국이 마카오에서 부패 단속에 나서 수입이 급감한 탓이다. 당연히 이 업계가 딴 돈은 도박꾼들 입장에서는 잃은 돈이다. 성인 1인당 기준으로 따질 때 가장 운 나쁜 도박꾼들은 아시아에 몰려 있다. 오스트레일리아인은 가장 많은 액수의 도박을 하고 또 가장 많이 잃는다. 이 나라에서는 성인 1인당 1,130달러의 도박을 하는 것으로 추산된다. 원래 국민 성향상 도박을 즐기는 데다 도박할 장소도 많기 때문이다. 오스트레일리아인은 '포키'나 비디오 포커 머신에서 손실액의 상당 금액을 날린다. 오스트레일리아는 한 사람이 시간당 1,500달러 이상 잃을 수 있는 이런 머신들이 세

도박 현황
2014년 집계 자료

성인 인구 1인당 가장 많이 도박을 하고 돈을 잃는 국가들, 달러 단위

■ 사행성 게임(카지노 외)　　■ 카지노&베팅　　■ 복권, 인터랙티브*, 기타

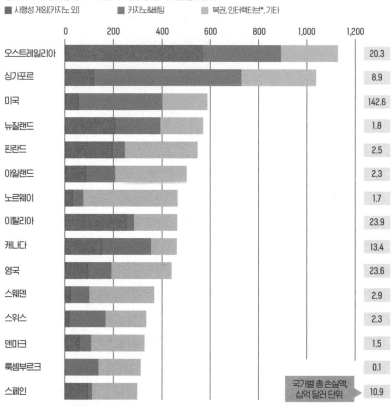

국가	총 손실액
오스트레일리아	20.3
싱가포르	8.9
미국	142.6
뉴질랜드	1.8
핀란드	2.5
아일랜드	2.3
노르웨이	1.7
이탈리아	23.9
캐나다	13.4
영국	23.6
스웨덴	2.9
스위스	2.3
덴마크	1.5
룩셈부르크	0.1
스페인	국가별 총 손실액, 십억 달러 단위 / 10.9

국가별 최대 손실액, 십억 달러 단위

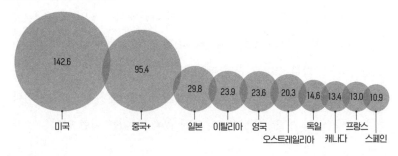

출처 : H2 갬블링 캐피털(H2 Gambling Capital),
톰슨 로이터(Thomson Reuters)

* 컴퓨터, 휴대전화, 인터랙티브 TV
\+특별행정구 포함

계에서 가장 많이 밀집된 지역이지만 최근에는 규제가 강화되면서 절대적 수치로 따진 손실액이 6위 규모로 떨어졌다. 인터랙티브 도박(휴대전화, 컴퓨터 등에서 하는 스포츠 베팅이나 기타 게임)을 관장하는 낡은 규제 방안에 대한 검토도 진행 중이다. 2001년에 제정된 법은 너무 모호하여, 일부 사업자들은 스포츠 이벤트가 벌어지는 동안 베팅을 할 때는 반드시 온라인 대신 전화나 직접 대면 방식만을 이용해야 한다는 규제를 우회하기 위해 기발한 묘안을 짜 내었다. 베팅자들에게 베팅 중에 휴대전화의 마이크를 켜 놓게 하여 온라인 베팅을 전화상의 베팅으로 변환시키는 것이다.

그 밖에 미국이나 싱가포르의 고액 도박꾼들은 카지노에 막대한 돈을 탕진한다. 핀란드, 아일랜드, 노르웨이처럼 기술력이 앞서고 개방적인 시장에서는 인터랙티브 베팅이 가장 인기를 끈다. 미국은 세계 최대의 시장으로 남아 있지만 세계 도박에서 차지하는 비중은 꾸준히 감소하는 추세인데, 대부분의 인터랙티브 도박을 금지시킨 탓이 크다. 중국은 2014년부터 마카오를 단속하고 있음에도 여전히 성장하는 시장으로서 마카오와 홍콩 지역을 포함한 국가의 도박 손실액이 950억 달러에 달하면서 10년 만에 10위권에서 2위 규모로 급증했다.

중국에서 '민주주의'란
무슨 의미일까

—

2014년에 당시 오스트레일리아 총리 토니 애벗Tony Abbott은 중국이 점점 '민주화되고' 있다는 중국 국가주석 시진핑習近平의 발언에 냉정하지 못한 반응을 보여 입장이 조금 난처해졌다. 분명히 시진핑은 중국이 21세기 중반까지 '부강하고 민주적이며 문화적으로 앞서가고 조화를 이룬 현대 사회주의 국가'가 되려는 목표를 지향한다고 말했다. 애벗 총리는 앞으로 2050년까지 완전한 민주주의를 약속하는 중국 지도자의 말은 그때껏 들어 본 적이 없다며 놀랍다고 반응했다. 그는 중국 지도자가 말하는 '민주주의'의 의미에 대해 설명이 필요했을 수도 있다. 시진핑이 말한 '민주주의'는 실제로 어떤 의미였을까?

중국의 공식 문건은 서방 자유주의자의 귀에 진보적으로 들릴 법한 정치 용어로 가득 차 있다. 중국 정부는 오래전부터 '인권'을 보호한다고 주장해 왔다. 중국인이 '발언, 언론, 회합의 자유'를 누린다고 명시한 서구권과 유사한 헌법도 있다. 2014년 10월에 중국 공산당 중앙 위원회는 '법치'에 관한 총회를 개최하고 헌법을 완전히 승인했다. 그러나 중국에서 '인권'의 정의는 경제적 권리라는 협의에 가깝고, 이렇게 천명된 어떤 자유나 헌법 자체의 권위도 공산당의 통치에 도전하는 사람을 보호할 정도의 힘은 없다. 위구르족 대학 교수인 일함 토티 Ilham Tohti는 2014년에 공산당의 소수 민족 정책을 비판했다는 이유로 종신형을 선고받았다.

'민주주의minzhu'라는 용어는 중국어에서 비교적 새로운 개념으로, 100년도 더 지난 일본의 메이지 유신 때 일본 작가들이 ('자유(ziyou)'라는 단어와 함께) 들여 온 말이다. 1900년대 초반만 해도 중국에서 '민주주의'는 서방과 동일한 의미로 사용되었고 청 왕조가 무너진 후 1912~1913년에는 중국에서 실제 선거까지 치렀다. 그러나 중국에서 민주주의는 뿌리내리지 못했다. 이 선거에서 승리한 쑹자오런宋教仁은 총리가 되기도 전에 암살당했고, 그 후 수십 년간의 혼돈과 내전이 이어졌다. 공산당이 집권하는 과정에서 마오쩌둥은 국민의 지지를 얻기 위해 '민주주의'란 용어를 당 어록에 포함시켰다. 그러나 마오쩌둥이 1949년에 실제로 의미했던 바는 중국이 '인민민주독재'의 지배를 받는다는 그의 선언에서 명확해졌다.

헌법의 첫 줄에 나오는 이 문구는 오늘날에도 아주 흔하게 사용된다. 또 헌법에서는 중국의 입법자들이 '민주 선거'를 통해 선출되고 국영 기업들은 '노동자와 임원의 협의체를 통해 민주적 관리를 실천한다'고 명시한다. 이것은 공산당이 스스로 인민을 대표한다고 믿는 의미에서의 사회주의 민주주의다. 중국의 이 체제는 서구의 민주주의나 제도와는 아무런 공통점이 없다. 시진핑 주석도 서양식 민주주의는 중국에 해당 사항이 없다고 단언했고 그의 지도하에 중국 당국은 헌법과 민주주의의 권리를 요구하는 법률가와 지식인들을 엄중히 탄압해 왔다. 독립적인 정당 활동도 금지시켰다. 그렇지만 미래의 '민주적인' 중국이 오늘날의 모습과 달라질 가능성은 존재한다. 공산당은 수시로 민주적인 개념들을 이리저리 매만져 변형시키고, 이런 실험은 이론적으로는 국민 선거가 실시되지만 하나의 당이 지배하는 싱가포르식의 정부를 탄생시킬 수도 있다. 2050년쯤 되면 어쩌면 미래 공산당 지도자의 은총으로 중국에서 진정한 민주주의가 꽃피울지도 모른다. 그러나 현재 시진핑 주석이 구상하는 '민주적인' 중국은 서방에서 이해하는 민주주의 체제와는 완전히 딴판인 것이 사실이다.

인도의 일부 카스트들이
더 낮은 신분을
요구하는 이유

—

2016년 2월 말에 인도의 수도 델리 시민들은 델리 지역의 3면을 둘러싸고 있는 하리아나 주의 자트Jats 계층이 품은 불만을 고통스럽게 깨닫게 되었다. 자트는 파키스탄부터 북인도 상당 지역에 흩어져 있는 카스트 성격의 공동체다. 그들은 특히 하리아나 주에서 주민의 4분의 1을 이루며 강성한 세력을 유지한다. 그러나 하리아나 주의 자트 계층은 화가 나 있다. 그들은 세력이 약한 하층 계급이 정부의 보조를 받는 데 질투하며, 똑같은 혜택을 받을 수 있는 계급으로 분류되기를 바란다. 평화롭게 시작된 시위는 곧 폭도들이 약탈과 강간을 저지르고 델리의 물 절반을 공급하는 수로와 도로, 철도 등을 차단하면서 폭력적으로 변했다. 인도 다른 지역의 다른 카스트들도 지난해에 유사한 시위를 벌였고, 그중 몇 차례는 폭력적으로 번졌다. 왜 그들은 계급이 낮게 재분류되기를 그렇게 절실히 원할까?

인도가 독립한 이래로 인도 정부는 카스트 제도에서 가장 탄압받는 최하층 계급인 달리트Dalits의 사기를 북돋기 위한 제도를 마련했다. 가장 많이 쓰는 방법은 주 정부의 '정원 할당 정책'으로, 일정한 일자리와 대학 정원을 가장 혜택을 누리기 힘든 사람들에게 배당하는 정책이었다. 예로부터 '불가촉천민'으로 알려진 달리트들이 폭동을 벌인 적은 한 번도 없었다. 누구를 달리트로 분류할지가 비교적 명확했고 벽지의 부족민들을 포함하여 인도 인구의 4분의 1이 혜택을 받을 자격을 얻었다. 그러나 1990년부터 인도 정부는 달리트만큼 차별받지 않는 집단에도 만약 그들이 '기타 후진 계급'에 속한다는 것은 입증한 수만 있다면 유사한 혜택을 받도록 허가했다. 기타 후진 계급으로 분류되려면 11가지 형식적인 기준에 부합해야 하지만, 그 기준은 해석의 여지가 열려 있었다. 달리트와 기타 후진 계급은 합쳐서 해당 주에 할당된 정원의 무려 50%를 채우고 있다. 하리아나 주의 자트는 구자라트Gujarat 주의 파티다르Patidars, 안드라프라데시Andhra Pradesh 주의 카푸Kapus와 마찬가지로 모두 기타 후진 계급으로 분류되어 더 낮은 카스트가 누리는 사회 복지 혜택의 일부를 받기를 희망한다.

　현재 기타 후진 계급이 되기를 열망하는 집단의 문제점은 그들이 이미 사회학자들이 '지배적인 카스트'로 정의한 집단이란 점이다. 그들은 태어날 때부터 많은 토지를 소유하고 그에 따른 정치적, 경제적 세력도 지니고 있다. 마라타Marathas 계층은 심지어 그들이 거주하는 마하라슈트라Maharashtra 주에 그들의 명칭이 반영되었을 정도인데도, 이제는 기타 후진 계급으로 봐 주기를 바라고 있다. 일부 경우에 그들의 지도자는 자기네가 정부의 지원을 받을 자격이 충분한 집단이 아니라는 사실을 잘 안다. 그러나 그들은 하위 50%로 분류됨으로써 얻을 수 있는 혜택을 놓치지 않으려 하고 그들 나름대로 주장을 뒷받침할 수치도 확보하고 있다. 솔직히 말해서 파티다르의 지도자들은 혜택에서 배제되느니 차라리 정원 할당 정책 자체가 폐지되기를 바라는 입장임을 인정했다. 그러나 그들은 정책이 폐지될 리는 없으니 그들 같은 계층에 주어지는 혜택의 일부분을 챙기려는, 보다 온건한 목표를 추구한다고 주장한다.

이런 왜곡된 논리는 이제 1990년 정책 결정의 불가피한 결과처럼 보인다. 그러나 하리아나 주의 자트 같은 전통적인 공동체 농민들이 당면한 직접적인 문제는 경제적 위기다. 물론 그들은 인도에서 가장 잘 사는 신분 중 하나다. 그러나 농사는 더 이상 짭짤한 수입을 올리기에 좋은 방법이 아니고, 그들의 자식들은 대부분 나날이 도시화되는 사회에서 일자리를 얻는 데 필요한 교육이 부족한 형편이다. 이런 현실은 일부 지역에서 카스트의 재분류를 통해 기술 교육이나 정부 일자리의 안정성을 필사적으로 추구하도록 부추겼다. 하리아나 주의 자트는 폭동을 일으켰을 때 공인된 기타 후진 계급 사니Sainis를 공격했지만, 또 하리아나 주부터 델리까지 연결되는 일련의 공장들을 포위하여 마루티 스즈키 자동차 공장의 생산을 중단시켰다. 그들은 교육과 일자리를 원한다. 다만 인도 카스트 제도의 기이한 구조 때문에 뒤틀린 방법으로 요구할 수밖에 없는 것이다.

아시아인들은 서로를
어떻게 생각할까

—

아시아 국가들 간에 뿌리박힌 오랜 원한은 여간해서 쉽게 사라지지 않는다. 퓨리서치센터에서 발표한 아시아·태평양 지역 국가들의 대중 인식에 관한 보고서는 이 사실을 입증한다. 역사적인 원한은 특히 동아시아 국가들(중국·일본·한국)의 다른 국가들에 대한 입장에 여전히 영향을 미치고 있다. 일본이 제2차 세계대전에서 항복하고 점령하던 중국 영토 대부분에서 철수한 지 70년이 지났는데도, 일본인을 우호적인 시선으로 바라보는 중국인은 거의 드물다. 한편 중국이 점점 센카쿠-댜오위다오 제도를 둘러싼 일본과의 영토 분쟁에 공격적으로 나서다 보니, 중국을 긍정적으로 생각하는 일본인 수도 비슷한 수준으로 감소했다.

제2차 세계대전의 종전은 한반도에서도 일본의 식민 지배를 종식시켰다. 많은 한국인이 중국인처럼 여전히 일본이 군국주의적인 식민

지배의 과거에 대해 충분히 사과하지 않았다고 믿는다. 오늘날 한국인 중 25%만이 일본을 우호적으로 생각한다. 그러나 아시아의 다른 많은 국가들은 일본에게 공격을 당했음에도 불구하고, 대부분 지역에서는 일본을 대체로 긍정적으로 바라본다. 예를 들면 말레이시아도 전쟁 중에 일본에 점령당했지만 설문에 참여한 말레이시아인의 84%가 일본인이 친절하다고 믿었다. 또 남아시아에서도 인도와 파키스탄 사람들은 일본에 대해 우호적인 시각을 갖고 있다(대신 그들은 서로에 대해 여전히 뿌리 깊은 적개심을 품고 있다).

　　한편으로 중국은 '전천후 우방국'인 파키스탄에서 대단히 높은 인기를 유지하고 있다. 그리고 전반적으로 이 설문 응답자의 과반수(57%)가 아시아 최강국인 중국에 호의적인 입장을 보였다. 그러나 일부 국가, 특히 남중국해 주변 국가들은 중국에 훨씬 더 경계심을 보인다. 이들 국가들은 바다의 암석과 암초를 군사적으로 이용 가능한 인공 섬으로 바꾸는 중국의 광적인 공사 사업에 경각심을 늦추지 않고 있다. 중국의 반복적인 자국 영토 주장에 대한 질문에, 분쟁이 가장 첨예한 지역인 필리핀과 베트남의 대부분 응답자는 '매우 또는 다소 우려하고 있다'고 대답했다. 또 제각기 중국과의 영토 분쟁 중인 인도 · 일본 · 한국 사람들도 대다수가 걱정된다고 대답했다.

아시아의 의견
2015년 4~5월

해당 국가에 우호적인 입장의 응답자 ■ 일본 ■ 중국

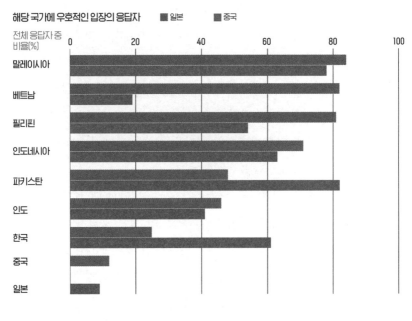

전체 응답자 중
비율(%)

중국과의 지역 분쟁에 대한 의견 ■ 우려한다 ■ 우려하지 않는다 ▨ 모른다/무응답

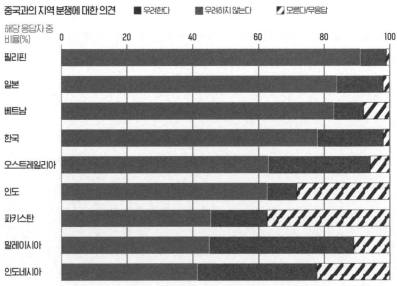

해당 응답자 중
비율(%)

출처 : 퓨리서치센터

사우디아라비아 사람들은
왜 그렇게
소셜 미디어를 좋아할까

—

수많은 통계 자료에서 보여 주듯 세계에서 스마트폰 보급률이 가장 높은 곳은 페르시아만(걸프만, 아라비아만으로도 알려져 있는 아라비아반도 지역 북동쪽에 위치한 만·옮긴이) 지역이다. 왓츠앱, 페이스북, 트위터 등이 이미 세계 곳곳에서 커뮤니케이션의 표준 방식으로 자리 잡았지만, 세계 어디에서도 이런 현상이 사우디아라비아보다 더하지는 않다. 2013년의 여러 설문 조사 결과 사우디아라비아가 인터넷 사용자 수 대비 트위터 이용자 비율이 세계에서 가장 높은 것으로 밝혀졌다. 유튜브 이용자 비율도 역시 마찬가지다. 사우디아라비아인 사람들은 다른 어느 나라 사람들보다 온라인상에서 많은 시간을 보낸다. 이런 사실은 의외로 느껴질 수 있다. 사우디아라비아는 코란에서 직접 유래한 헌법을 수호하고 여자들의 운전조차 허용하지 않을 만큼 보수적인 나라이기 때문이다. 왜 사우디아라비아 사람들은 소셜 미디어를 그렇게 좋아할까?

외부 관측자들은 보통 인구 3,000만 명의 사우디아라비아가 다른 나라들에 비해 훨씬 후진적이라고 본다. 현대 국가로서의 사우디아라비아는 1932년이 되어서야 수립되었고, 그 후로 줄곧 알 사우드Al Saud 왕가와 과격한 이슬람 원리주의를 전파하는 와하브파 성직자들 사이의 기존 협약에 기반을 두고 있다. 이 나라는 분명히 전통적인 지역이고, 수도 리야드Riyadh 주변은 특히 그렇다. 그러나 사우디아라비아는 막대한 오일 자원을 발견한 후로 급격히 현대화되고 있다. 이 나라의 1인당 GDP는 거의 2만 6,000달러에 달한다. 오늘날 수천 명의 사우디아라비아 젊은이들이 해외 유학을 다녀오고 영어를 구사하며 다른 국가의 또래 청년들 못지않게 글로벌화되어 있다. 사우디아라비아 인구의 75%가 30세 미만인데, 그들은 커피 주문부터 TV 시청까지 모든 일을 온라인상에서 하는 것이 당연하다고 생각하며 성장했다.

이런 요인이 사우디아라비아의 사회적 특수성과 결합되어 각종 온라인 이용 순위에서 이 나라가 수위를 차지하는 현상을 설명해 준다. 사우디아라비아 젊은이들에게는 쇼핑몰이 유일한 즐길 거리인 경우가 많다. 종교 지도자들이 영화관과 술집을 질색하기 때문이다. 그래서 그들에게는 소셜 미디어상에서 친구들과 어울리는 행위가 대단히 매력적이다. 특히 친족 관계가 아닌 남녀가 사적으로 친밀하게 지내는 것이 불법인 상황에서, 페이스북은 그들에게 데이트 상대를 고르는 요긴한 수단이 되고 있다(과거에는 많은 젊은이들이 블루투스를 켜 놓고 무작정 주변에서 네트워크가 연결되는 사람들을 찾아다녔다). 또 좌절한 사우디아라비아 국민들이 트위터상에서 익명으로 정부에 대한 불만을 터

뜨리기도 한다. 그러나 이 나라에서 소셜 미디어가 단지 음성적인 용도로만 사용되는 것은 아니다. 사우디아라비아에서 가장 인기 있는 트위터 계정은 팔로워 수가 1,400만 명이 넘는 성직자 무함마드 알-아레페Muhammad al-Arefe의 계정으로, 특별히 자유분방한 성격의 계정이 결코 아니다.

사우디아라비아의 통치자들은 때때로 소셜 미디어를 폐쇄하거나 온라인상에서 회자되는 일들을 불법화하여 혹독한 처벌을 가하려 든다. 또 살라피스트Salafist(이슬람 근본주의자-옮긴이)와 지하디스트를 비롯한 성직자들은 인터넷과 소셜 미디어 앱을 이용하여 독실하고 그들의 사상을 수용할 가능성이 높은, 그 방대한 영토의 국민에게 그들의 메시지를 전파하고자 한다. 그러나 온라인상에서 벌어지는 모든 일에 대한 열정을 가로막기란 불가능하다. 전반적으로 대부분의 관측자들은 소셜 미디어가 자유화를 추구하는 세력에 가깝다고 본다. 그리고 소셜 미디어에 대한 욕구가 줄어드는 기미도 전혀 보이지 않는다. 사우디아라비아는 소셜 미디어 콘텐츠 및 서비스의 생산자인 동시에 소비자로 자리 잡고 있다. 사우디아라비아의 기업들은 특히 규제가 완화된 홍해 연안의 도시 제다Jeddah에서 앱과 유튜브 채널들을 출시하는 중이다. 이처럼 사우디아라비아인들은 현실 세계에서 어떤 위치이든 간에, 가상의 세계에서는 충분히 통합되어 있다.

유럽인들은 서로를
어떻게 생각할까

—

유럽인들은 서로를 어떻게 생각할까? 퓨리서치센터에서 2013년에 유럽 8개국 사람들을 대상으로 서로에 대한 입장을 설문 조사한 결과, 각국에 대한 고정 관념과 역사적인 불신, 경제력에 대한 현대적인 분노 등이 여전히 남아 있는 것으로 드러났다. 이 조사는 또 2012년에 실시된 퓨리서치의 유사한 설문 조사에서 발견된 당혹스런 사실을 재확인하기도 한다. 그리스인의 스스로에 대한 인식이 다른 국가 사람들의 인식과 일치하지 않는다는 사실이다.

아래 표에서 보듯이, 가장 신뢰하는 나라를 묻는 질문에 그리스인을 제외한 모든 국가 사람들이 독일이라고 대답했다. 반면에 그리스인은 그 영예를 자신들에게 돌리면서, 독일은 가장 오만하고 인정머리 없는 나라라고 대답했다. (2012년 여론 조사에서도 그리스인은 자기들이 가장 열심히 일하는 국민이라고 대답해서 많은 사람들을 당황시켰다.) 그리스인의 이런 독일에 대한 반감은 이해할 만하다. EU의 주요 재무 담당국인 독일은 그리스에 구제 금융을 제공하는 대가로 엄격한 긴축 조치를 실시한 장본인인 것이다. 긴축 정책을 실시한 결과 그리스는 경제 성장률이 하락하고 내수가 부진해져 한층 더 경제적 곤란에 빠지는 악순환을 겪었다. 실제로 이런 독일의 경제적 지배력은 독일이 가장 오만하고 인정머리 없는 나라라는 몇몇 국가들의 지적에 반영되어 있다.

또 다른 두드러진 특징은 한 국가 내에서도 여론이 양분되는 현상이다. 폴란드인은 독일을 가장 신뢰하는 동시에 가장 신뢰하지 못할 나라로 꼽았는데, 이것은 전쟁의 기억을 가진 나이 든 세대와 독일이 신중하다는 평판을 믿는 젊은 세대 간의 분열로 볼 수 있다. 프랑스인

어느 나라의 이미지가 제일 좋을까?
다른 국가에서 최고 순위로 가장 많이 언급된 EU 회원국

	신뢰한다		오만하다		자상하다	
	최고	최소	최고	최소	최고	최소
영국	독일	프랑스	프랑스	영국	영국	독일
프랑스	독일	그리스	프랑스	프랑스	프랑스	영국
독일	독일	그리스/이탈리아	프랑스	독일	독일	영국
이탈리아	독일	이탈리아	독일	스페인	이탈리아	독일
스페인	독일	이탈리아	독일	스페인	스페인	독일
그리스	그리스	독일	독일	그리스	그리스	독일
폴란드	독일	독일	독일	폴란드	폴란드	독일
체코 공화국	독일	그리스	독일	슬로바키아	체코공화국	독일

출처 : 퓨리서치센터

역시 본인들의 오만함에 대해 의견이 갈라지는 것으로 보인다. 물론 영국인들은 스스로 오만하다는 사실을 전혀 의심하지 않지만 말이다. 한편 이탈리아인은 가장 신뢰하지 못할 나라로 자국을 꼽았는데, 아마도 이탈리아가 국제 부패 지수에서 형편없는 순위임을 자각하기 때문일 것이다. 슬로바키아인은 (조용히) 자랑스러워할지 다소 발끈할지 모르겠지만, 주변 국가들과 한때 한 나라였던 체코에서 가장 겸손한 국가로 꼽혔다.

몰타어는 어디에서
유래했을까

—

아랍어의 방언이 EU의 공용어라는 사실은 놀랍게 느껴질지도 모른다. 그러나 이탈리아의 시칠리아에서 남쪽으로 90킬로미터 떨어진 EU의 가장 작은 나라 몰타의 언어는 분명히 공용어가 맞다. 45만 명가량의 원주민이 사용하는 몰타어는 몰타가 EU에 가입한 이후 2004년에 공용어의 지위를 인정받았다. 몰타는 또 영국을 포함, 과거 영국의 53개 식민지 국가로 구성된 국제기구인 영국연방의 일원이기도 하다. 몰타어는 중세에 스페인과 시칠리아에서 사용되던 아랍어 방언 중에 유일하게 살아남았고, 로마자로 표기되는 유일한 셈어족이다. 몰타어를 말할 때는 영어 구절이 드문드문 섞인 기묘한 발음의 아랍어처럼 들린다. 그러나 글로 써 보면 몇몇 특이한 기호가 섞여 있는 이탈리아어처럼 보인다. 그렇다면 현대의 몰타어는 어디에서 유래했을까?

몰타 사회와 마찬가지로 몰타어는 수세기 동안 여러 문화가 뒤섞인 결과로 형성되었다. 일찌감치 9세기부터 1964년에 독립을 얻을 때까지 줄곧 이어진 외부 세력의 침략은 건축과 예술부터 다채로운 섬 요리까지 몰타인의 생활 전 영역에 각각의 자취를 남겼다. 언어가 큰 변화를 겪은 것은 1050년경으로 당시 몰타를 지배하던 아랍 세력이 기존의 공동체를 흡수하고 다수의 힘으로 밀어붙여 현지어를 자신들의 언어로 교체한 시점이다. 뒤를 이어 시칠리아인과 몰타 기사단Knights of Malta이 전례를 따랐다. 그 후 수세기 동안 시칠리아 방언, 라틴어, 이탈리아어가 높은 지위를 누렸고, 이탈리아어는 훗날 이 나라의 공용어로 지정되었지만 아랍어도 끝끝내 살아남았다. 1800년에 몰타는 영국의 식민지가 되었고, 기존의 혼란스러운 언어 구성에 영어가 추가되어 점점 다른 경쟁 언어들보다 우세해졌다.

몰타어는 몰타를 지배하는 세력의 성격에 따라 변해 가며, 새로운 요소를 흡수하여 단순한 아랍어 구조에 맞게 변형시켰다. 영국이 1934년에 몰타어를 공용어로 지정한 후에도 몰타어는 외세의 요소에 계속 영향을 받았다. 몰타어와 함께 영어도 몰타의 두 가지 공용어로 (지금까지) 남아 있는데, 또 1959년까지는 TV에서 이탈리아어만 사용하기도 했다. 그 결과로 여러 언어가 뒤섞인 문화는 몰타의 현대 사회의 중심적인 특징이다. 유로바로미터Eurobarometer의 2012년 설문 조사에 따르면, 몰타섬의 인구 중 약 90%가 영어를 구사한다. 또 36%는 이탈리아어를 할 줄 안다. 몰타의 학교 수업 중 절반과 거의 모든 대학 강의가 영어로 진행된다. 상점의 표지판과 메뉴는 영어와 이탈리아어로 표기하고, 신문은 영어와 몰타어를 사용한다.

정체성과 언어는 밀접하게 얽혀 있지만 몰타는 이중 국어의 상용화 수준이 높아 대화 도중에 언어를 전환하는 일이 비일비재하다. 격식 없는 구어에서 영어의 사용이 점차 증가하고 있고, 일부 영어 단어는 이탈리아어 형태로 차용되어 새로운 생명력을 부여받기도 한다. 일각에서는 이런 언어의 침투로 몰타어가 훼손될 수 있다고 우려하지만, 다른 쪽에서는 그런 우려가 부적절하다고 일축한다. 몰타 대학에서 언어학을 가르치는 조셉 브린캣Joseph Brincat 교수는 몰타어가 과연 살아남을지 여부를 판단하기에는 아직 시기상조라고 말한다. 그러나 몰타어는 불가피하게 여러 언어와의 혼성을 거치며 살아남았기 때문에 더 이상 외세의 변화에도 취약하지 않다. 급속도로 발전하는 몰타의 경제처럼, 몰타어의 진화도 현재 그 언어를 사용하는 사람들에게 달려 있을 것이다.

일본인이 점점
아이를
안 낳는 이유

—

2014년에 일본 아이치 현의 공직자 오사다 토모나가는 대담한 의견을 내놓았다. 당국이 젊은 부부들에게 몰래 구멍 뚫린 콘돔을 배포하면 출산율을 높일 수 있으리라고 제안한 것이다. 이 상식에 어긋나는 제안은 거의 환영받지 못했지만, 심각한 인구 문제에 대해 근심이 깊어 가는 일본의 현실을 반영한다. 2014년에 일본에서는 100만 명이 겨우 넘는 신생아가 태어났는데 이것은 현재 인구를 유지하기에도 턱없이 부족한 수준이어서, 일본 인구는 1억 2,700만 명에서 2060년에는 8,700만 명으로 크게 감소할 전망이다. 일본의 젊은이들은 왜 그렇게 아이 낳기를 꺼려할까?

가임기 여성이 줄어들면서 인구 감소 추세도 점점 가속화되고 있다. 젊은 여성들이 더 큰 도시로 이주하면서 2040년에 이르면 일본 전역에서 500여 개 마을이 사라질 것으로 예상된다. 노동 인구 역시 급격히 감소하며 미래의 성장을 위협하고 있다. 근래 몇 년간 일본 지방 정부들은 젊은 여성에게 본인의 가임률이 가장 높은 시기와 낮은 시기를 알려 주는 '여성 핸드북' 배포와 정부 주최의 맞선 이벤트 등을 통해 출산을 장려하기 위한 다양한 정책을 시행 중이다.

출산율이 떨어지는 주된 원인은 결혼이 감소하기 때문이다. 결혼을 선택하는 사람이 점점 줄어들고, 결혼을 하는 시기도 점점 늦어지고 있다. 젊은 여성의 3분의 1 이상이 전업 주부가 되기를 희망하지만, 그런 전통적인 가정을 부양할 능력이 있는 남편을 찾는 데 어려움을 겪는다. 경제가 더 좋았을 때는 남성 구혼자들이 일본의 '평생 고용' 시스템에 소속되어 평생직장을 갖고 있었다. 그러나 이제는 많은 남자들이 계약직이나 파트타임 일자리에 의존해서 살아간다. 또 다른 여성들은 결혼과 출산을 기피하는데, 일본의 구식 기업 문화와 보육 시설의 심각한 부족이 맞물려 일단 아기를 갖게 되면 커리어를 포기할 수밖에 없기 때문이다. 끝으로 많은 일본 젊은이들이 엄격한 사회적 규범에 얽매여 있다. 혼외 출산으로 태어난 아이가 약 2%에 불과하고 (대부분의 선진국에서 이 비율은 30~50% 수준이다), 이는 결혼이 줄어들면 출산도 급격히 줄어든다는 의미가 된다. 그리고 가정을 꾸리려는 젊은이들조차 높아지는 양육비 때문에 사실상 한 자녀 정책을 강요받는 경우가 많다.

침실에서의 가임률을 높이기 위해 정부가 직접적으로 관여할 방법은 거의 전무하다. 하지만 노동 시장이 개편된다면 장기적으로 출산율에 변화를 가져올 수는 있다. 기업들이 다른 직원들이 받는 혜택을 줄이고 젊은 신입 직원들을 조금 더 보호한다면, 젊은 연인들이 결혼

해서 가정을 이룰 수 있는 보다 안정적인 기반이 마련될 것이다. 아베 신조安倍晋三 총리의 정부는 이런 조치에 관해 많은 논의를 해 왔지만, 정작 실행에 이르지는 못했다. 대신 아베 총리는 여성들이 경력 관리와 육아를 함께 해 나갈 수 있도록 지원하고 있다. 많은 인구 학자들이 여성 1명당 자녀가 1.41명꼴인 현재의 일본 출산율을 올리기에는 이미 너무 늦었다고 판단한다. 그들은 최종적인 해법으로 피임을 몰래 훼방 놓는 것보다 일본 사회에 훨씬 더 큰 충격을 몰고 올 방법을 제시한다. 바로 대량 이민을 받아들이는 것이다.

세계에서 가장
혁신적인 국가들

—

세계에서 가장 혁신적인 국가는 어디일까? 이 질문의 답을 찾는 것이 코넬 대학, 국제 경영 대학원 인시아드INSEAD, 세계 지적 재산권 기구 World Intellectual Property Organization에서 발표하는 관련 보고서와 연간 세계 혁신 지수Global Innovation Index의 목표다. 79개 지표를 이용하여 점수를 매긴 세계 140개 국가와 경제의 혁신 순위를 살펴보면 놀라울 것이 없다. 스위스·영국·스웨덴·네덜란드·미국이 혁신을 주도하는 국가들인 것이다. 하지만 연구자들은 이 자료를 다른 각도에서도 검토하면서, 예를 들면 각국의 경제 발전과 혁신 품질에 어떤 관계가 있는지 등을 분석한다(대학 순위, GDP 단위당 특허 출원 건수, 발표된 논문 대비 인용된 논문 건수 등의 지표 측정). 이 보고서는 중국을 위시한 중진국들이 혁신 품질 측면에서 여전히 선진국에 뒤처지고 있지만 주로 고등 교육 기관의 질이 개선된 덕분에 격차를 좁혀 가고 있음을 발견

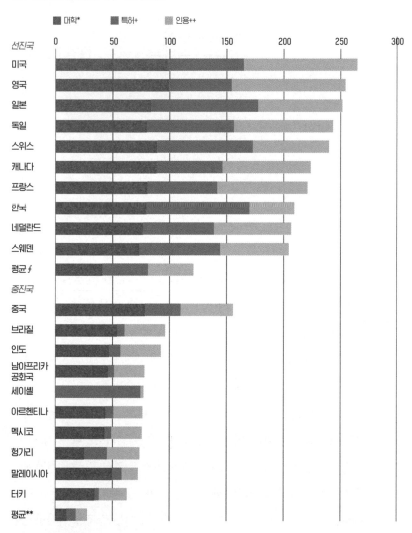

국가의 혁신 품질

300=최고의 품질, 대학*, 특허+, 인용++

■ 대학* ■ 특허+ ■ 인용++

선진국

| | 0 | 50 | 100 | 150 | 200 | 250 | 300 |

미국
영국
일본
독일
스위스
캐나다
프랑스
한국
네덜란드
스웨덴
평균 ʄ

중진국

중국
브라질
인도
남아프리카
공화국
세이셸
아르헨티나
멕시코
헝가리
말레이시아
터키
평균**

출처 : 세계혁신지수, 2015년• 자가진단
* 최고 3개 대학의 평균 순위

+GDP 단위당 특허 출원 건수
++발표된 논문 중에 인용된 논문 비율(%)
ʄ 48개국
**72개국

했다. 인도는 꾸준히 혁신 품질 점수를 개선해 가는 반면, 중국은 대단히 빠른 속도로 발전을 거듭하고 있다. 중국은 다른 중진국들을 앞질러 가면서 선진국들과의 차이를 줄여 나가는 중이다. 중진국들이 혁신 품질에서 높은 순위를 차지하는 데 자국의 대학 순위에 크게 의존하고 있는 점이 주목할 만하다. 중진국들이 계속해서 혁신을 촉진하고자 한다면, 학술 출판 수준에 더 많은 관심을 기울이고 가장 취약한 분야인 국제 특허 출원 건수를 늘려야 할 것이다.

중국에서 돼지가
중요한 이유

—

중국에서는 모든 고기 종류 가운데 돼지고기를 압도적으로 많이 소비한다. 수요를 따라가기 위해 중국에서는 전 세계 돼지 소비량의 절반이 넘는 수준인 연간 5억 마리가량의 돼지를 키우고 잡아먹는다. 그러나 돼지는 중국에서 식재료 이상의 깊은 의미가 있다. 돼지는 수천 년동안 중국 문화, 요리, 가족 문화의 중심이었다. 대체 중국에서는 돼지가 왜 그렇게 중요할까?

역사적으로 중국에서는 결혼식, 장례식, 축제 등 모든 종류의 기념행사에 제물로 바치는 돼지가 빠지지 않았다. 한자의 '家(집 가)' 자는 지붕 아래 돼지 한 마리가 있는 모습이다. 그렇지만 불과 얼마 전까지만 해도 중국에서는 돼지고기가 비싸고 귀했다. 대부분의 중국인이 돼지고기를 1년에 몇 번만 먹을 수 있었다. 그러나 지난 30년간 중국이 부강해지면서 고기는 부의 상징이 되었고 중국의 고기 소비량, 특히 돼지고기 소비량은 급격히 증가했다. 돼지고기는 오늘날 중국에서 소비하는 모든 육류의 70%를 차지한다. 정부가 1970년대 말에 농업을 자율화한 이래로, 중국의 돼지 소비량은 7배 이상 증가했다.

중국 정부는 돼지 사육을 장려하고 돼지고기를 싼 값에 많이 소비하도록 하는 정책을 일관되게 추진하여 중국인과 중국 문화의 돼지고기 사랑을 지원해 왔다. 중국 공산당은 돼지고기를 알맞은 가격에 충분히 공급하는 것을 사회 안정성을 유지하기 위한 주요 과제로 삼는다. 중국인들이 돼지고기를 워낙 많이 먹어서 돼지고기 가격이 오르면 물가 전체가 상승하기 때문이다. 그래서 중국 정부는 돼지 농장들에 막대한 보조금을 지원한다. 중국은 돼지고기 가격을 안정적으로 유지하기 위해 돼지 생고기와 냉동고기 비축량을 전략적으로 관리하는 세계 유일의 국가이다.

뿐만 아니라 돼지고기 수요는 중국의 해외 투자를 주도하는 요인이기도 하다. 어느 자료에 따르면 중국 기업들은 외국에서 돼지 농장을 비롯한 식량 생산용 부지를 500만 헥타르나 구입했는데, 거의 포르투갈 영토의 절반이 넘는 규모다. 2013년에 중국 최대의 돈육 생산 기업은 세계 최대의 양돈 기업이자 돈육 가공 업체인 미국 스미스필드푸드Smithfield Food를 인수했다. 이것은 당시에 중국 기업이 미국 기업을 인수한 최대 규모의 거래였다. 중국에서 돼지의 영향력은 앞으로도 점점 늘어만 갈 것이다. 중국의 1인당 육류 소비량은 오스트레일리아나 미국 같은 육식성 국가들에 비하면 여전히 훨씬 적은 수준이기 때문이다.

일본에는 왜 그렇게
성인 입양이 많을까

—

미국과 일본은 입양율이 가장 높은 국가로 1, 2위를 다투지만 한 가지 큰 차이가 있다. 미국의 입양자는 대다수가 아이들인 반면에, 일본에서는 입양자 중 아이들이 겨우 2%에 불과하다는 사실이다. 나머지 98%는 20대와 30대 남자들이 주를 이루고, 2008년에는 이런 입양자가 거의 9만 명에 달했다(2000년도의 8만 명 미만 수준에서 더 증가했다). 일본에는 왜 이렇게 성인 입양이 많을까?

그것은 일본인이 관대해서가 아니라 상업적인 목적 때문이다. 사업적 수완과 실무 능력은 꼭 유전적이지 않다. 그래서 대부분의 가업이 창업자가 사망하면 기울고 만다. 적어도 200년이 넘었고 여전히 가족 구성원들이 운영하는 세계 기업들의 친목 모임인 레 제노키앙Les Henokiens에는 단 37개 기업이 속해 있다. 그중에서도 세계에서 가장 오래된 가족 기업이란 타이틀을 놓고 다투는 두 곳은 781년에 세워진

여관 호시Hoshi와 578년부터 불교 사원을 지어 온 곤고구미Kongo Gumi
인데 둘 다 일본 기업이다.

제2차 세계대전 이전에 일본 민법에는 가족의 재산을 남성 계보로
상속해야 한다고 정해져 있었고, 전통적으로는 장남에게 재산을 물려
주어야 했다. 그래서 딸만 있는 집안에서는 가문의 이름과 가업을 이
어나갈 양자가 절실히 필요했다(만일 생물학적 아들이 후계자로서 부적합
하다고 여기면, 아들을 제치고 양자를 들이기도 했다). 반대로 아들이 많은 가
문에서는 작은 아들들을 다른 집으로 입양 보냈다. 법적 입양의 대부
분이 입양 가족의 딸과의 중매결혼 형태를 띠지만, 데릴사위인 동시
에 아들인 이런 '무쿠요시婿養子'는 성씨를 처가 쪽 성으로 바꾼다. 오
늘날 수많은 결혼 정보 회사와 결혼 컨설턴트들이 일본 기업들을 위
해 입양 지원자를 모집한다.

일본의 전후 민법은 더 이상 장자 상속권을 고수하지 않지만, 가족
기업들은 기존의 관습을 쉽게 버리지 못한다. 또 일본의 출산율이 계
속 감소하는 추세라 많은 기업들이 남자 후계자를 확보할 가능성은
한층 더 제한된다. 그래서 가업 사장들은 보통 가장 전도유망한 최고
관리자들 가운데서 양자를 선택한다. 자동차 회사인 도요타와 스즈키,
전자 제품 회사인 캐논, 건설 회사인 가지마Kajima의 가업 소유주들이
모두 입양한 아들에게 회사 경영을 맡겼다. 장래의 양자들에게는 인
센티브도 많이 제공된다. 그들의 친부모는 때때로 수백만 엔을 선물
로 받기도 한다. 데릴사위로 간택된다는 것은 고위직 임원의 명예를
수여받는다는 의미다. 이런 관습은 임원들 사이에 치열한 경쟁을 부
추겨, 가족 기업들이 일반 기업의 전문 경영인만큼이나 훌륭한 인재

풀을 확보하는 원동력이 된다. 실제로 연구자들은 입양된 후계자가 이끄는 기업이 혈연 상속인이 물려받은 기업보다 성과가 더 좋다는 사실을 밝혀냈다. 물론 외부에서 입양된 아들에게 밀려날지 모른다는 우려가 친아들들이 본격적으로 가업에 뛰어드는 계기로 작용할 수도 있겠지만 말이다.

4장

빅데이터의 관점

숫자와 그래프로 보는 글로벌 경제의 물밑

의료서비스 지출:
미국의 수명 차이

—

가장 부유한 34개국이 속한 경제 협력 개발 기구OECD에서 2015년 11월에 발표한 보고서에 따르면 미국은 여전히 의료 서비스에 가장 많은 돈을 쏟아붓는 국가이다. 2013년에 미국은 국민 1인당 평균 의료비로 8,713달러를 지출했는데, 이것은 OECD 국가 평균의 2.5배에 달하는 금액이다. 그러나 미국인의 평균 수명은 OECD 시민의 평균에 비해 1.7년 짧다. 이런 수명 차이는 2003년 이래로 1년 더 늘어났다. 미국은 칠레에 비해 1인당 의료비 지출이 5배 이상 많은데도, 미국인은 칠레인과 기대 수명이 동일하다. 만약 의료비 지출이 기대 수명을 연장하는 데 목적이 있다면, 미국은 지출에 걸맞은 성과를 얻지 못하고 있는 셈이다.

국가 간 기대 수명
의료서비스 지출과 출생 시점의 기대 수명
OECD 회원국

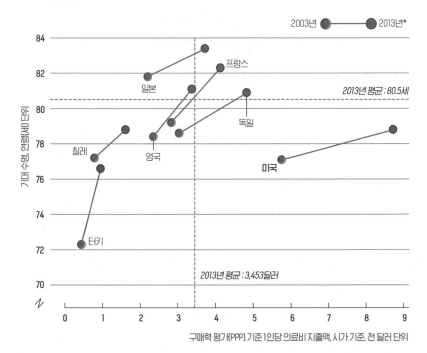

출처 : OECD

*또는 가장 최근 수치

레즈비언이 이성애자 여성보다 돈을 더 잘 버는 이유

—

노동 시장이 공정하지 않다는 사실은 누구나 안다. 이유가 피부색이든 성별이든 그 밖의 특징이든 간에 소수자 집단은 적어도 평균적으로는 '편한' 삶의 기반을 갖춘 한 집단, 즉 고학력 백인 남성에 비해 차별적인 대우를 받는 경향이 있다. 미국에서 풀타임으로 일하는 비非히스패닉계 백인 남성이 1달러를 벌 때 백인 여성은 평균 78센트를 벌고, 히스패닉계 여성은 평균 56센트를 버는 데 그친다. 게이 남성도 예외는 아니다. 학력과 경력 같은 요인의 영향을 감안하더라도, 그들은 이성애자 남성보다 평균적으로 적은 돈을 번다. 프랑스와 영국에서는 소득이 약 5% 적고 캐나다와 미국에서는 12~16% 적다. 그런데 유독 한 소수자 집단, 즉 레즈비언만은 다른 소수자 집단에 비해 더 많은 돈을 번다. 왜 그럴까?

이 문제를 조사하는 작업은 상당히 까다롭다. 적절한 데이터를 구하기 어렵고, 응답자에게 성적 취향을 밝히라고 요구하기는 더욱 어렵기 때문이다. 그러나 캐나다·미국·독일·영국·네덜란드 등 여러 국가의 연구 결과 공통적인 현상이 드러난다. 동성애자 남성은 소득의 불이익을 겪지만, 동성애자 여성은 이성애자보다 돈을 더 잘 버는 경향을 보이는 것이다. 2015년 1월에 발표된 29개 연구 분석 결과에서 워싱턴 대학의 마리에카 클라비터Marieka Klawitter는 게이 남성이 이성애자 남성에 비해 평균 소득이 11% 적은 반면 레즈비언은 이성애자 여성에 비해 평균 소득이 9% 많다는 사실을 발견했다.

왜 이런 소득 차이가 발생하는지를 확실히 설명하기는 아마 불가능하겠지만, 여러 가지 가설이 제기되었다. 그중 하나는 레즈비언이 이성애자 여성 동료보다 더 경쟁력 있고 업무에 헌신적일 것이라는 고용주들의 선입견 때문에 레즈비언들이 우대를 받을 여지가 있다는 것이다. 어느 연구에 따르면 (비교적 규제가 적은) 민간 분야에서 게이 남성의 소득 불이익이 더 심하고 레즈비언의 소득 우대가 더 커지는 현상이 나타났는데, 이 결과는 위의 가설에 부합한다. 또 다른 의견은 레즈비언이 파트너의 성별에 맞춰 행동하는 경우가 많다는 것이다. 그들은 일반적으로 소득이 더 높은 남성 파트너가 없으므로 가계 소득을 늘리려면 더 열심히 일해야 할 것이다. 혹은 동성 커플을 이룬 '여성'들의 경우 육아나 집안일 대부분을 도맡아야 하는 부담에서 벗어나기가 더 쉽기 때문이라는 가설도 있다. 동성 커플은 자녀가 있더라도 맞벌이인 경우가 더 많고 이성 커플에 비해 더 공평하게 가사를 분담하는 경향을 보인다.

만약 이 마지막 가설이 옳다면, 레즈비언이 실은 노동 시장에서 차별을 받고 있지만 이성애자 여성만큼 심한 수준은 아니라서 상대적으로 임금을 많이 받는 결과로 나타난다는 의미가 된다. 물론 레즈비언이 특혜를 받는 집단은 아니다. 정성적인 연구 결과는 레즈비언이 채용 과정에서 이성애자 여성에 비해 차별을 겪는다는 사실을 발견했다. 또 레즈비언이 이성애자 여성보다 돈을 더 많이 번다고 해도, 여전히 남성에 비하면 적게 번다. 레즈비언 커플의 빈곤율은 7.9%로, 이성애 커플의 빈곤율 6.6%와 비교된다. 다른 많은 분야에서 그렇듯이 소득을 올리는 일에서도 백인 이성애자 기혼남을 이길 조건은 없는 것이다.

세계 인구는 2050년에
어떻게 변해 있을까

—

국제연합UN, United Nation의 인구 예측에 따르면 2050년에는 세계 질서가 재편될 것이다. 세계 인구는 73억 명에서 2050년에는 97억 명으로 증가하여, UN에서 2013년에 발표한 이전 보고서보다 1억 명 더 많은 수치로 추정된다. 이렇게 증가한 인구의 절반 이상은 아프리카 인구로, 2050년에 아프리카 인구는 두 배로 늘어나 25억 명에 달할 것이다. 나이지리아는 인구가 4억 1,300만 명에 이르러 미국을 제치고 세계에서 세 번째로 인구가 많은 국가가 될 것이다. 콩고와 에티오피아는 인구가 각각 1억 9,500만 명과 1억 8,800만 명으로 급증하여 현재 인구의 2배가 넘을 전망이다.

인도는 기존 예상보다 6년 빠른 2022년에 중국을 앞질러 세계에서 가장 인구가 많은 나라가 될 것이다. 중국 인구는 2028년에 14억 명으로 정점을 찍고, 인도 인구는 40년 후에 17억 5,000명으로 최고치에

세계 인구
지역별 인구 변화율, 2015~2050년 예측

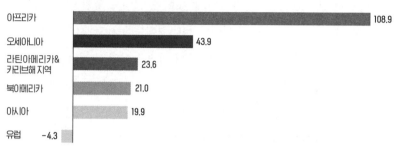

아프리카	108.9
오세아니아	43.9
라틴아메리카&카리브해 지역	23.6
북아메리카	21.0
아시아	19.9
유럽	−4.3

총 인구, 10억 명 단위

라틴아메리카&카리브해 지역 북아메리카 오세아니아

2015년
아시아 아프리카 유럽 7.3

2050년 예측
9.7

최대 인구 국가들, 10억 명 단위

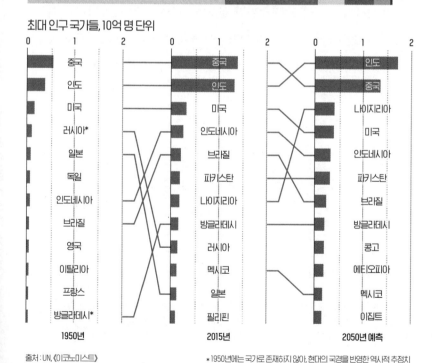

1950년	2015년	2050년 예측
중국	중국	인도
인도	인도	중국
미국	미국	나이지리아
러시아*	인도네시아	미국
일본	브라질	인도네시아
독일	파키스탄	파키스탄
인도네시아	나이지리아	브라질
브라질	방글라데시	방글라데시
영국	러시아	콩고
이탈리아	멕시코	에티오피아
프랑스	일본	멕시코
방글라데시*	필리핀	이집트

출처 : UN, 《이코노미스트》

*1950년에는 국가로 존재하지 않아, 현대의 국경을 반영한 역사적 추정치

도달할 전망이다. 출산율의 변화로 장기적인 예측이 어렵지만, 2100년에 세계 인구는 112억 명을 넘어설 것이다. 그리고 훨씬 더 노령화될 것이다. 현재 30세인 중위 연령이 2050년에는 36세로, 2100년에는 42세로 높아질 것이다. 사실 유럽의 중위 연령은 이미 42세이고, 유럽 인구의 25%는 이미 60세 이상으로, 2050년에는 사망자가 출생자보다 3,200만 명 더 많을 것이다. UN에서도 유럽 인구의 급속한 감소를 막을 방법은 이민뿐이라고 경고한 바 있다.

반면에 유럽 외의 다른 지역에서는 젊은 층 인구의 증가로 생산 가능 인구 비율이 승가하면서 경제 성장률도 높아지는 인구 배당 효과를 볼 기회가 생기고 있다. 아프리카에는 인구의 41%가 15세 미만이고, 60%가 24세 미만이다. 라틴아메리카와 아시아에서는 출산율이 점점 낮아지기는 해도 24세 미만 인구의 비중이 각각 43%와 40%이다. 이런 인구 구성은 정책 입안자들이 충분한 의료 서비스, 교육, 일자리를 제공하는 과제만 해결할 수 있다면 좋은 경제적 기회를 제공한다.

고액권 지폐의 인기가
점점 떨어지는 이유

—

고액지폐는 계속 언론의 수없는 악평에 시달려 왔다. 2016년 2월에 유럽 중앙 은행European Central Bank은 500유로(549달러) 지폐의 사용 경로를 수사하겠다고 발표했다. 곧이어 하버드 대학의 피터 샌즈Peter Sands는 이 지폐와 더불어 1,000스위스프랑(1,000달러) 지폐, 심지어 100달러 지폐 같은 고액권을 폐지해야 한다고 주장하는 보고서를 발표했다. 왜 고액권들의 인기가 이렇게 떨어지고 있을까?

대다수의 사람들에게 고액지폐는 자산이기보다 골칫거리에 더 가깝다. 취리히 중심가의 호화로운 상점들은 고급 만년필 하나를 팔면서도 고액권을 받아서 특수 장비를 이용해 그것이 위조지폐가 아닌지를 확인한다. 그러나 우리가 택시를 타거나 초코바를 사면서 고액지폐를 내밀면 기껏해야 장난 취급을 받거나 최악의 경우에는 단칼에 거부당할 것이다. 대부분의 장소에서는 고액지폐를 받지 않기 때문에,

대다수의 유럽인은 500유로짜리 지폐를 구경할 기회조차 드물다. 그럼에도 불구하고 중앙은행 통계에 따르면 500유로 지폐는 이상하리만치 많이 유통된다. 현재 스위스프랑 통화량의 60%가 1,000스위스프랑 지폐이고, 현금 유로화의 30%가 500유로짜리 지폐다. 일각에서는 최고액권의 대부분이 은행을 못 믿는 저축가가 아니라 범죄자들의 수중에 있다고 추측한다.

정확히 누가 현금을 손에 쥐고 있는지 파악하기란 까다로운 일이다. 바로 이런 점이 범법자들에게 고액권이 갖는 매력 중 하나인 것이다. 그러나 법 집행자들은 고액권이 작은 무피로 숨기기 쉽기 때문에 범죄자들이 애용하는 화폐라고 확신한다. 최근 들어서는 테러 집단의 자금 조달 과정에 고액권이 이용된다는 우려가 높아졌다. 2014년에 터키로 여행하던 중에 붙잡힌 지하디스트 운반책은 속옷 안에 500유로 지폐 40장(2만 유로)을 넣고 있었는데, 만약 100유로짜리 지폐로 같은 액수를 운반하려 했다면 훨씬 더 큰 속바지를 입어야 했을 것이다. 그러나 금융 시스템을 악용하는 범죄자를 막기 위해 공조하는 국제기구인 국제 자금 세탁 방지 기구Financial Action Task Force의 데이비드 루이스David Lewis는 고액권이 주로 마약 밀수와 인신 매매, 자금 세탁, 갈취 사건 등에 동원된다고 설명한다. 피터 샌즈는 또 고액권을 폐지하면 탈세 목적의 현금 거래가 한층 더 어려워져 국고를 채우는 데도 유용하다고 주장한다.

고액권을 폐지하면 또 범죄를 미연에 예방할 수도 있다. 두툼한 현금 다발은 더 쉽게 눈에 띄기 때문이다. 그러나 고액권을 폐지하는 과정은 그리 간단하지 않다. 또 시간을 두고 서서히 진행되어야 한다. 중앙은행들은 현금에 유효 기간을 정하면 통화 가치가 떨어질 수 있다고 우려한다. 그렇게 되면 고액권을 폐지하여 당국이 범죄자를 더 쉽게 적발하려는 사람들을 실망시킬 것이다. 정치권의 저항 또한 만만치 않다. 일부 정치인은 고액권의 폐지가 모든 지폐의 폐지로 나아가는 첫걸음이라고 걱정한다. 그리고 모든 고액권 지폐를 일거에 폐지할 수 없다면, 이 조치는 효과가 크게 줄어들 것이다. 스위스 당국은 1,000스위스프랑 지폐를 폐지할 계획이 전혀 없다. 하지만 고액권에 반대하는 사람들은 일단 어떤 작은 노력이라도 하면, 범죄자들을 힘들게 할 수 있다고 주장한다.

성매매 여성들이
서비스 가격을 낮추는 이유

—

《이코노미스트》는 고객들이 후기를 올리는 웹사이트에 게시된 여성 성매매 종사자 19만 명의 프로필을 분석했다. 12개국 84개 도시를 아우르는 이 데이터에는 미국의 성매매 종사자들이 가장 많이 포함되고 나머지 대부분은 부유한 국가들의 대도시에 거주한다. 분석 결과에 따르면 여성 성매매 종사자의 1시간 서비스 가격은 최근 들어 계속해서 떨어지고 있다. 2006년에는 평균 가격이 340달러 정도였지만, 2014년에는 260달러 정도로 낮아졌다.

성매매 여성의 시간당 수당은 제공하는 서비스와 신체적인 매력 등 다양한 요소에 따라 결정된다. 전형적인 서양 미인에 가장 가까운, 즉 늘씬하고 긴 금발머리에 가슴이 큰 여자들이 가장 돈을 많이 번다. 또 틈새 서비스를 제공하는 경우, 이를테면 두 명의 고객을 동시에 받는 성매매 여성들도 할증 가격을 받는다. 서비스 지역 역시 중요하다. 생계비가 높은 샌프란시스코의 성매매 여성들은 프라하처럼 물가가 싼 도시의 매춘부들보다 더 많은 돈을 받는다.

서비스 가격이 떨어진 현상에는 부분적으로 2007~2008년 금융 위기의 여파도 있다. 런던처럼 최악의 결과는 피한 지역에서도 큰 타격을 입었다. 2010년에 실업률이 12.5%까지 치솟은 오하이오 주 클리블랜드 같은 도시에서는 서비스 가격이 곤두박질쳤다. 이민 역시 가격을 끌어내리는 요소다. 런던 같은 부유한 대도시에는 가난한 이민자들이 꾸준히 유입되고, 그들은 현지인보다 더 낮은 임금에 어떤 일이든 할 준비가 되어있다. 현지의 성매매 종사자들이 가격을 표준화하려고 시도하던 노르웨이 같은 곳에서는 이민자 성매매 여성들이 점점 늘어나면서 그런 비공식적인 가격 통제를 관철시키기가 어려워졌다. 익명성을 유지하기 더 쉬운 온라인상에서 성을 파는 사람들이 증가한 것도 현지의 공급을 증가시킨 요인이다. 반면에 전반적인 사회적 변화로 매춘에 대한 수요는 감소했다. 일회성 성관계와 간통이 과거보다 적발되기 쉬워졌기 때문이다. 또 과거에 비해 혼전 성관계가 용인되는 분위기이고 이혼이 쉬워지면서, 욕구불만인 독신과 유부남들이 성매매 업소를 찾는 일이 줄어들었다. 그 결과 서비스 가격은 한층 더 떨어지게 되었다.

여성 성매매 종사자들은 과거보다 돈을 더 못 번다고 불평한다. 그러나 그들의 소득이 서비스 가격의 하락 폭만큼 가파르게 감소한 것은 아니다. 온라인상에서 성매매를 광고하고 고객을 모집하게 되면서 성매매 여성들은 이제 윤락가와 중개소, 포주와 뚜쟁이 같은 성매매 알선업자들에게 의지하는 비중이 줄어들었다. 그 결과 이들은 벌어들인 수입의 더 많은 부분을 가져갈 수 있게 되었다. 그러나 온라인상의 성매매는 새로운 일거리를 낳았다. 성매매 종사자들이 웹사이트, 이메일, 페이스북, 트위터 등을 통해 고객들과 접촉하게 된 것이다. 일부 웹사이트를 이용하면 성매매 종사자들이 현재 손님을 받을 수 있는지 여부를 고객들에게 직접 알릴 수 있지만, 그러자면 수시로 온라인에 접속하여 자신의 상태를 업데이트해야 한다. 그런 일에는 시간이 들기 때문에, 그들은 결국 그런 일을 대신해 주는 사람을 고용하게 된다. 누구나 그렇듯이 성매매 종사자들에게도 결국은 시간이 돈이기 때문이다.

파니니 축구 스티커의
경제학

—

이탈리아 기업인 파니니Panini는 1970년 멕시코 월드컵부터 매 월드 컵 때마다 스티커 앨범을 판매해 왔다. 2014년에는 640장의 스티커를 모아야 앨범 한 권이 완성되었다. 그러나 이 스티커 시장은 비단 아이들의 놀이만을 위한 곳이 아니다. 작은 경제학자들을 위한 교육의 장이기도 한 것이다. 앨범의 모든 공란을 하나씩 채우다 보면 확률, 통계 검정, 수요·공급의 법칙, 유동성의 중요성에 대한 조기 교육이 이루어진다.

처음 앨범을 채우기 시작할 때, (5개짜리 세트에 들어 있는) 첫 번째 스티커는 수집가가 이미 갖고 있지 않은 스티커일 확률이 640분의 640이다. 그러나 스티커를 채워 갈수록 세트를 개봉하여 수집가가 찾는 스티커가 나올 확률은 점점 낮아진다. 제네바 대학의 두 수학자 실뱅 사디Sylvain Sardy와 이반 베레니크Yvan Velenik에 따르면, 무작위로 세트를 하나씩 사서 앨범 한 권을 채우기 위해 구매해야 할 총 스티커 세트 수는 평균 899개다. 여기에는 시장에 공급 충격이 없다는 전제가 깔려 있다. 일례로 2014년 4월에 브라질에서는 도둑들이 30만 장의 스티커를 훔쳐 달아나 많은 수집가들이 파니니에도 스티커가 부족할지 모른다는 두려움에 휩싸였던 것이다.

또 시장이 조작되지 않는다는 가정도 필요하다. 파니니는 각각의 스티커를 동일한 양만큼 찍어 내어 무작위로 배포한다고 주장한다. 그러나 많은 수집가들이 한 가지 스티커만 계속 나와서 골머리를 앓는다. 2010년 연구에서 사디와 베레니크는 스위스에서 판매된 2010년 월드컵 스티커 660장짜리 앨범용 스티커의 분포를 점검하는 일종의 '규제 기관' 역할을 수행했다. 두 사람은 샘플로 뽑은 스티커 6,000장 중에서 각 스티커가 평균 9.09장(6,000/660) 나올 것으로 예상했다. 그들은 실제 각 스티커가 나오는 횟수와 이런 예상 스티커 분포가 정말 일치하는지를 시험한 결과 그렇다는 사실을 확인했다. 금융 시장에서 가격 담합과 반경쟁 행위를 적발하는 데에도 점차 이런 통계 검정 방법이 적용되고 있다.

그렇지만 시장이 공정하더라도 개개인이 세트를 하나하나 구매해 앨범을 채우는 것은 비효율적이다(부모에게 엄청난 부담을 안길 것은 말할 필요도 없고). 결국 해결책은 수집가들이 불필요한 스티커를 교환하는 시장을 형성하는 것이다. 동네 놀이터는 이런 시장의 일종으로, 많은 아이들이 탐내는 스티커를 가진 아이가 단번에 제한된 공급의 힘을 배우는 장이 되기도 한다. 스티커 페어sticker fair는 또 다른 시장이다. 어떤 시장이나 그렇듯이 유동성이 최고의 관건이다. 중복된 스티커를 갖고 시장을 찾는 수집가가 많아질수록, 그들이 원하는 스티커를 얻을 확률도 높아진다. 사디와 베레니크는 스티커를 효율적으로 교환하고 마지막 남은 50개의 스티커는 주문으로 구매할 수 있는 파니니의 정책을 최대한 이용하는 10명이 모이면 총 1,435세트만 구매해도 10권의 앨범을 모두 완성할 수 있다고 결론 내렸다. 잠재적으로 무한히 많은 사람들이 스티커를 교환할 수 있는 인터넷 포럼이 있다면 구매해야 할 세트는 더욱더 줄어든다. 이처럼 완전히 효율적인 시장의 개념은 판매되는 세트 수를 더욱 감소시켜 파니니를 가슴 철렁하게 만들 것이다. 다행히도 모든 시장이 그렇듯이 매매 행위는 철저히 이성적이지 않다. 부모와 경제학자들이 아무리 당부해도, 어린 축구 팬들은 언제든 리오넬 메시Lionel Messi 스티커를 얻기 위해 그동안 모아 온 스티커를 왕창 떼어 줄 준비가 되어 있는 것이다.

임대료 통제 정책이
효과가 있을까

—

집주인이 정하는 임대료를 정부가 제한할 수 있다는 발상은 많은 사람들에게 주택 시장의 문제를 해결할 합리적인 방법으로 여겨진다. 뉴욕 시 시장 빌 드 블라지오Bill de Blasio는 임대료 안정화 아파트의 집세를 동결시키는 캠페인을 맹렬히 벌여 왔다. 런던에서도 시장 자리를 노리는 정치인들이 임대료 통제 제도를 도입하는 각종 방안을 제기해 왔다. 임대료 통제 제도는 왜 이렇게 인기가 많을까? 그리고 과연 효과가 있을까?

임대료 규제는 임대료 통제(임대료로 청구할 수 있는 액수에 상한선을 두는 것)와 임대료 안정화(일정 기간의 임대료 인상 폭에 한도를 두는 것) 등 다양한 방식을 취할 수 있다. 지지자들은 임대료를 통제하면 중·저소득층이 집값이 치솟는 도시에서 쫓겨나지 않도록 보호받을 수 있다고 주장한다. 급속히 발전하는 많은 도시에서는 경제 성장의 결과로 집값이 계속 인상되면서 시간이 지날수록 더 높은 임대료를 감당할 수 있는 사람들로 이웃의 구성원이 바뀐다. 임대료 통제 정책의 지지자들은 종종 비슷한 수준의 주변 건물보다 임대료를 20% 이상 비싸게 책정하면 불법으로 간주하는 독일을 근거로 든다. (독일 국민의 약 50%가, 특히 베를린 시민의 90% 가량이 집을 임대해서 살고, 대부분은 넓고 잘 관리된 쾌적한 아파트에 거주한다.) 영국에서는 2014년까지 주택을 임대해 사는 25~34세 국민 비율이 22%에서 44%로 10년 만에 22%가 높아졌다. 미국 시애틀은 2010~2013년 사이에 침실 한 개짜리 아파트의 임대료가 11% 가까이 올랐다. 임대료 통제 제도는 세입자에게 장기적으로 안정된 주거 생활을 보장하고, 세력 균형이 임대인보다 세입자에게 유리한 쪽으로 기울게 한다는 주장이 제기된다. 일각에서는 그렇게 되면 주택 시장이 한결 공정해져서, 이웃을 고급 주택지로 바꾸려는 집주인들이 저소득층 가정을 쉽게 내쫓지 못하게 될 것으로 기대한다.

그러나 경제학자들은 좌·우파를 막론하고 이 정책에 반대하는 입장을 보인다. 폴 크루그먼Paul Krugman이 2000년에 《뉴욕 타임스New York Times》에 기고했듯이, 임대료 통제는 '경제학의 모든 이슈 가운데 가장 확실히 이해되고 또 적어도 경제학자들 사이에는 가장 논란이 없는 의제 중 하나'다. 경제학자들은 가격의 상한선을 정해 놓으면 시장에 매물의 공급이 감소한다고 주장한다. 가격 인상이 제한되면 집주인들이 지하층을 개조하여 임대하거나 임대용 건물을 새로 지을 동기가 줄어든다는 것이다. 그 결과 공급의 증가세가 둔화되면 가격 압박이 더욱 심해진다. 그리고 건물을 임대 중인 집주인들도 군이 성가

시게 건물을 관리하려 들지 않을 것이다. 시장에서 임대료 통제로 매물 공급과 주택 거래가 제한되면, 집주인들이 세입자를 유치하려고 경쟁할 이유가 사라지기 때문이다. 또 임대료를 통제하면 집주인들이 세입자를 고르는 데 한층 더 까다로워질 수 있고, 입주자들도 적정 수준 이상으로 한 건물에 오래 머무는 일이 발생할 수 있다. 그리고 일부 자료에 따르면, 뉴욕 시의 임대료 통제 아파트에 사는 사람들이 주변 시세에 따른 임대 아파트 주민들보다 오히려 중위 소득(전체 가구에서 소득을 기준으로 50%에 해당하는 가구의 소득 · 옮긴이)이 높은 경우가 많다. 이런 현상은 부유한 가구들이 임대료 안정화 건물을 찾아내어 확보하기에 더 유리한 입장이라 나타날 것이다. 독일의 사례 역시 적절한 근거로만 보기는 힘들다. 독일의 많은 도시에서 지난 20년간 인구가 줄고 집값이 하락하거나 폭락했기 때문이다. 비록 일부 도시에서는 이제 집값의 상황이 바뀌고 있지만 말이다.

런던, 뉴욕, 시애틀처럼 도심 주택의 수요가 증가하는 도시에서는 그냥 주택을 많이 건설하는 것이 더 효과적인 정책이다. 영국에서 매년 신축되는 주택 수는 1968년에 35만 2,540가구로 최고점을 찍었다. 2008년 이래로는 특히 불황이 심해졌고 런던의 교외 주변에 제한적인 '그린벨트'가 지정되어 주택 건설이 가로막혔다. 그러는 동안 많은 개발 업자들이 땅을 그냥 깔고 앉아서 땅값이 오르는 것을 지켜보았다. 맥킨지McKinsey 보고서에 따르면, 런던에서는 개발 예정이던 토지의 45%가량이 놀고 있다고 한다. 독일의 주택 건설 속도는 더욱 느리다고 런던 경제 대학의 캐스 스캔런Kath Scanlon은 말한다. (역시 임대료 통제 제도를 시행 중인) 샌프란시스코 같은 도시의 통제도 현행보다 완화될 여지가 있다. 비록 현지 주민들은 반기지 않겠지만 주택 보급률을 적정 수준으로 유지하려면, 집주인들 뿐 아니라 정치가들도 '님비 NIMBY, Not In My Back Yard' 입장을 취해야 한다.

최저임금에 반대하는
경제학계의 주장

—

선진국의 노동자 임금은 지난 10년간 호황기나 불황기를 막론하고 거의 정체되어 있었다. 미국 · 영국 · 독일 정부는 최저임금액을 높이는 방식으로 이 사태에 대처하고 있다. 법정 최저임금을 인상하는 것은 노동자들의 경제 사정을 개선시킬 간단하고 합리적인 방법처럼 보인다. 그러나 많은 경제학자들이 최저임금 인상안에 반대한다. 일례로 독일의 대표적인 경제학 연구소들은 앙겔라 메르켈Angela Merkel 총리에게 최저임금 인상 요구를 물리치라고 촉구해 왔다. 왜 경제학자들은 이렇게 최저임금에 반대할까?

역사적으로 경제학자들의 회의론은 최저임금이 정해지면 고용이 감소한다는 우려에 뿌리를 둔다. 일반적으로 생각하기에 기업들은 직종별 임금으로 사람을 고용하는 것이 합리적이라고 판단될 때 모든 노동자를 고용하므로, 기업들이 기존 직원에게 더 많은 임금을 지급하도록 강제하는 최저임금제는 기존 고용의 경제성을 떨어뜨려 인원 감축으로 이어지게 마련이라는 것이다. 그러나 1990년대 초에 미국 국립 경제 연구소의 데이비드 카드David Card와 앨런 크루거Alan Krueger 가 과거의 최저임금 인상이 고용에 예상된 악영향을 미치지 않았다는 근거 자료를 제시하면서 경제학자들은 기존의 견해를 재검토할 수밖에 없게 되었다. 두 연구자는 뉴저지 주에서 최저임금을 인상한 후에도 이웃의 펜실베이니아 주에 비해 패스트푸드 음식점들의 고용이 감소하지 않았다는 사실을 밝혀냈다. 이에 대해 일부 경제학자들이 찾아낸 한 가지 근거는 기존 노동자들이 이직의 부담 때문에 더 높은 보수의 일자리를 찾아 선뜻 옮기지 못하다 보니 기업들이 지급 여력에 비해 적은 임금을 노동자들에게 지급해 왔다는 것이다. 그렇다면 임금이 강제로 인상되더라도, 기업들이 직원을 해고하지 않고 추가적인 비용 부담을 흡수할 수 있을 터였다.

경제학계에서는 최저임금 때문에 일자리가 정말 사라지는지에 대한 연구를 계속해 왔다. 2013년에 시카고 대학의 경제학자들이 진행한 설문 조사에서 응답자의 과반수는 미국의 최저임금이 시간당 9달러로 인상되면 가난한 노동자들이 일자리를 찾기가 '눈에 띄게 힘들어질 것'이라고 믿는다고 대답했다. 하지만 그럼에도 불구하고 일자리를 구할 수 있는 노동자에게 돌아갈 혜택을 생각하면 최저임금 인상이 분명히 가치 있다고 생각하는 응답자도 과반수에 달했다. 경제학자들이 특정한 최저임금 인상에 반대하는 까닭은 때때로 정치가들이 무분별하게 최저임금액을 높여서 기업들이 직원을 해고하지 않고는 추가 인건비를 감당할 수 없는 경우를 우려하기 때문이다. 일부 경제학자들은 임금 보조금이라는 더 나은 대안이 있어, 정부가 비용을 지원함으로써 고용을 감소시키지 않을 방안이 있다고 주장한다.

근래의 최저임금제 논쟁은 오늘날의 전례 없는 거시 경제 상황으로 인해 더욱 복잡해졌다. 2007~2008년 금융 위기 이래 대부분의 부유한 국가들이 그랬듯이 경제가 내수 부진에 시달리면서, 기업들은 최저임금에 한층 더 민감해졌다(일각에서는 기업의 재무 건전성이 좋으면 임금 인상을 감당할 여력이 충분하다는 의미라고 주장한다). 신기술 역시 임금 인상이 고용에 미치는 효과를 증폭시키는 요인이다. 업무 자동화의 기회가 확대되면서, 기업들이 최저임금제를 구실로 삼아 생산 구조를 재편하고 고용을 감소시킬 여지가 생긴 것이다. 그러나 최저임금제에 대해 경제학자들의 의견은 여전히 분분하고 연구 결과들도 서로 모순된다. 최근에는 대부분의 최저임금 인상이 비교적 소폭으로 이루어졌기 때문이다. 결국 최저임금에 대한 논쟁은 당분간 계속될 전망이다.

'평해튼'의 평양인은
누구인가

—

북한의 젊은 지도자 김정은은 2011년 12월에 부친이 사망하면서 권좌에 오른 이래로 건설 사업에 열성을 보이는 한편 여가 생활을 강조했다. 정권 초창기부터 번영과 더불어 여유로운 삶을 백성들에게 약속했던 것이다. 김정은은 곧바로 수도 평양의 주요 유원지 두 곳을 개축하라고 지시했다. 새로운 워터파크, 4D 시네마, 돌고래 수족관, 강변 공원, 주거용 초고층 빌딩, 새로운 공항 터미널 등의 건설이 뒤를 이었다. 그리고 평양에는 새로운 소수 계층인 부유한 평양인을 겨냥한 지하 쇼핑센터가 건설되고 있다.

이 집단의 중심에는 '돈주donju'가 자리 잡고 있다. 돈주는 평양의 얼굴을 변화시키기 시작한 소매업과 건설업 붐을 부추기는 투자를 맡고 있는 돈 많은 상인들이다. 새로운 고층 아파트 단지가 건설되면서 현지 외교관들이 소위 '평해튼Pyonghattan'이라고 부르는 지구가 형성

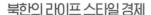

북한의 라이프 스타일 경제

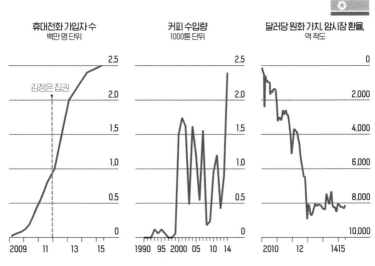

| 휴대전화 가입자 수 | 커피 수입량 | 달러당 원화 가치, 암시장 환율, |
| 백만 명 단위 | 1000톤 단위 | 역 척도 |

출처 : 오라스콤(Orascom), 국제커피협회(International Coffee Organization), 데일리NK(Daily NK)

되었다. 성공한 돈주들은 평양의 번화가에서 외제차를 몇 대씩 끌고 다닌다. 다른 돈주들은 점점 증가하는 추세인 택시를 타고 다닌다. 대부분의 돈주들은 스마트폰을 사용한다. 이런 인구 계층이 증가하는 추세는 이미 젊은 여자들이 촌스럽고 단조로운 복장을 버리고 몸에 꼭 맞는 재킷과 과감한 색상의 의상, 선글라스를 선호하는 평양의 거리에서도 확인된다. 안감에 은은한 버버리 문양이 찍힌 코트가 인기를 끌고 있고, 표범 무늬나 은색 구두를 비롯한 하이힐이 등장했다. 북한에서 시장 경제에 대한 인식이 확대되면서, 이런 제품을 구하기도 점점 더 쉬워지고 있다. 심지어 보고서에 따르면 일부 노동자들은 암시장 환율로 보수를 받기 시작했다.

그러나 평양의 이 모든 변화에도 불구하고 이런 라이프 스타일은 오로지 선택된 소수만이 누릴 수 있는 범위로 한정된다. '평해튼'에 거주하는 사람들과 평양의 가장 낙후된 지역 주민들 사이의 소득 불평등은 점점 급속도로 확대되는 듯 보인다. 외제차를 여러 대 소유한 사람들과 스마트폰 한 대도 살 수 없는 사람들 사이의 간극 말이다. 그렇지만 '평해튼'과 더욱 극명히 대조되는 곳은 평양 외의 북한 지역, 즉 남자들은 황소를 끌며 밭을 갈고 여자들은 흐르는 냇물에서 빨래를 하는 시골 지역이다. 이런 지역의 수백만 주민들에게 새로운 번영과 여가의 시대를 보장하는 김정은의 약속은 여전히 공허하게만 들릴 것이다.

네덜란드에는
왜 파트타임 근무자가
그렇게 많을까

—

네덜란드인은 전반적으로 대단히 만족스러운 삶을 사는 사람들이다. 네덜란드는 꾸준히 세계에서 가장 살기 좋은 나라 중 하나로 꼽히고 있다. 유니세프Unicef에 따르면 네덜란드 아이들은 세계에서 가장 행복한 아이들이다. 일각에서는 높은 삶의 질과 대체로 온순한 성품 때문에 네덜란드인의 노동 관념이 다소 태평하다고 분석한다. 네덜란드에서는 파트타임 근무자가 노동 인구의 절반 이상을 차지하는데, 이것은 다른 부유한 국가들에 비해 훨씬 높은 비중이다. 평균적으로 EU 회원국의 생산 가능 인구 중에 20%만이 파트타임제로 근무한다(남성의 8.7%와 여성의 32.2%). 그런데 네덜란드에서는 남성의 26.8%와 여성의 76.6%가 1주당 36시간 미만만 일한다. 왜 그럴까?

한 가지 이유는 네덜란드 여성이 비교적 노동 시장에 뒤늦게 참여했기 때문이다. 다른 국가들과 비교할 때, 네덜란드에서는 20세기 세계대전에 참전하기 위해 떠나야 했던 남자들이 적은 편이라 여성들이 미국과 영국 여성들처럼 공장 노동에 팔 걷고 나설 필요가 없었다. 또 네덜란드는 부유했기 때문에 편안한 생활을 영위하기 위해 맞벌이가 꼭 필요하지도 않았다. 그리고 네덜란드 정치는 1980년대까지도 기독교적 가치관이 지배했고, 그 핵심은 주로 양육비 명목의 국가 지원금(재무 시스템상의 암묵적 보조금)을 지급하여 여성들이 집에서 아이들과 함께 머물 수 있게 하는 데 있었다.

이런 분위기는 1980년대 말에 정부가 여성 인력을 노동 시장에 동원하는 것이 바람직하다는 사실을 깨달으면서 변화하기 시작했다. 그러나 여전히 가족의 티타임 때는 어머니가 집을 지켜야 한다는 문화적인 인식이 지배적이라, 정부는 신규 파트타임 일자리들이 동일 업종의 풀타임 일자리와 유사한 법적 지위를 보장받을 수 있도록 고용주들과 긴밀한 협의를 거쳤다. 이런 노력은 상당한 수준까지 지속되어 2000년에는 여자든 남자든 파트타임 일자리를 요구할 권리가 법으로 제정되었다. 그러나 틸버그 대학의 노동 경제학자 로널드 데커Ronald Dekker는 이 법이 오로지 특정한 '구식 산업'에만 필요한 기존 관행을 확인하는 셈이라 어디까지나 상징적일 뿐이라고 생각한다. 대신 그는 네덜란드에 파트타임 일자리의 비중이 높은 이유는 무엇보다 급여 조건이 좋은 양질의 '일류' 파트타임 일자리를 쉽게 구할 수 있기 때문이라고 주장한다. 다른 많은 나라에서 파트타임 일자리를 종종 열등하게 취급하는 풍조와는 다르게 말이다.

파트타임 근무가 여성 해방에 도움이 되는지는 의문의 여지가 있다. 오늘날에는 파트타임 근무가 표준이 되다시피 하면서 네덜란드 여성의 노동 참여율이 비교적 높아졌다. 그러나 네덜란드에서 여성이 한 기업의 최고위직에 오른 사례는 극히 드문데, 여성의 파트타임 근무가 압도적으로 많은 현실이 그 주된 원인으로 지적된다. CBS(네덜란드의 주요 통계 기관)에 따르면, 파트타임 근무자를 제외하고는 여성들이 남성들과 거의 같은 비율로 (최고위직을 제외한) 관리직에 오르고 있다. 네덜란드 정부는 조만간 이사회 구성원의 30%가 여성 임원으로 채워질 것이라고 장담했지만, 이것은 대단히 낙관적인 전망으로 드러났다. 틸버그 대학의 민치 루커라스Mijntje Luckerath 교수에 따르면, 2015년의 여성 임원 비율은 6%에 불과하고 역시 구식의 등용 절차가 주요 원인으로 지적된다. 그리고 모든 파트타임 근무자가 자신의 상황에 만족하는 것은 아니다. 금융 위기 전에는 네덜란드의 파트타임 근무자 중에 풀타임 근무를 원하는 사람이 10%도 안 되었으나 이제는 거의 25%로 증가했다. 이 수치는 다른 EU 회원국에 비하면 여전히 많이 낮은 수준이지만, 그래도 놀라운 상승치인 것은 분명하다.

여성주의 경제학의
기본적인 생각

—

정책 입안자, TV 출연자, 《이코노미스트》의 총애를 받는 경제학이란 학문은 세상을 바라보는 객관적인 방식을 제공하려는 목적으로 등장했다. 그러나 일각에서는 현재의 경제학만으로 충분하지 않다고 우려를 표한다. 여성주의 경제학 지지자들은 경제학이 방법론과 주안점 측면에서 모두 지나치게 남성의 세계에 치우쳐 있다고 믿는다. 단순히 경제학 분야에서 여성이 차지하는 비중이 상대적으로 미약하기 때문만은 아니다. 2014년 현재 미국 경제학 교수들 중 여성은 12%에 불과하고, 현재까지도 경제학 분야에서 노벨상을 받은 여성은 엘리너 오스트롬Elinor Ostrom 한 명뿐이니 말이다. 그들은 보다 중요한 문제점으로 경제학이 잘못된 질문을 제기함으로써 성 불평등을 해소하기보다 오히려 고착화시키고 있다고 주장한다. 여성주의 경제학자들은 경제학을 어떻게 바꾸고 싶은 걸까?

경제학의 창시자 알프레드 마셜Alfred Marshall에 따르면, 경제학은 '평범한 일상생활 속에서 살아가고 생각하며 움직이는 사람(men)을 연구하는 학문'이다. 마셜이 무심코 언급한 'men'이란 표현은 여성주의 경제학자들이 경제학의 첫 번째 큰 문제점으로 지적하는 바를 반영한다. 바로 여성을 무시하는 습관 말이다. 그들은 경제가 흔히 돈, 기계, 남자들의 세계로 여겨진다고 주장한다. 이런 성향은 국내 총생산GDP를 측정하는 방식에서도 드러난다. GDP에 임금 노동은 포함되지만 무임금 가사 노동은 포함되지 않는 것이다. 여성주의 경제학자들은 이런 접근 방식이 지나치게 근시안적이라고 비판한다. 마릴린 워링Marilyn Waring은 1988년에 발표한 저서 《만약 여성이 계산된다면If Women Counted》에서 GDP를 계산하는 방식은 여성들이 '제자리를' 지키도록 남성들이 고안한 것이라고 주장했다. 현행의 GDP 측정 방식은 자의적일 뿐 아니라(보살핌 노동이 시장에서 거래될 경우에는 '생산'에 포함되지만 가정 내에서 제공될 경우에는 '생산'에서 제외된다), 전 세계적으로 보살핌 노동은 대부분 여성이 제공하므로 여성의 사회에 대한 기여를 체계적으로 평가 절하한다는 것이다. 이에 워링 박사는 잘 보살핌을 받은 아이의 '생산'도 자동차나 곡식의 생산만큼 중요하다는 사실을 반영하려면 무보수의 보살핌 노동도 GDP에 포함시켜야 한다고 주장한다.

공공 정책에 관해서도 여성주의 경제학자들은 양성 평등이 성장을 촉진하는 수단일 뿐 아니라 그 자체로서 가치 있다고 믿는다. 그들은 또 공공 정책이 여성에게 미치는 영향도 고려한다. 공공 서비스가 축소될 때, 기존의 단순 분석 방식에서는 공무원 채용에 소요되는 예산의 변화를 요약할 뿐이다. 그러나 여성주의 경제학자들은 공공 서비스의 축소로 생긴 틈새를 채우는 것이 여성일 가능성이 높은 상황에서는 이런 정책조차 성 불평등을 악화시킬 수 있다고 분석한다. 그리고 여성주의 경제학은 학부생에게 가르치는 표준 모형에서 채택한 방법론도 성 불평등의 근본적인 동인들을 간과한다는 이유로 비판한다. 간단한 경제학 모형을 예로 들어 보면, 여기에서는 여성이 '소비'와 '여가'를 선호하는 취향 때문에 육아 책임의 상당 부분을 떠맡게 된다고 설명한다. 여성주의 경제학자들은 만약 여성의 선호 취향이 '여자는 어떠해야 한다'는 확고한 고정관념을 지닌 사회에 의해 형성된다면, 여성의 선택이 자유롭다는 표현에는 분명히 어폐가 있다고 지적한다. 그런 경제학 모형은 여성에 대한 잠재적 차별을 무시함으로써 성차별주의에 대한 도전을 원천 봉쇄한다는 논지다.

여성주의 경제학의 주창자들은 많은 영역에서 결실을 거두었다. GDP에는 여전히 무급의 보살핌 노동이 포함되지 않지만, UN 같은 국제기구들은 점차 현금 소득보다 건강과 웰빙을 포함하는 보다 광범위한 척도를 진보의 기준으로 삼는다. 여성주의 경제학자인 줄리 넬슨Julie Nelson은 《경제 전망 저널Journal of Economic Perspectives》에서 이런 말을 했다. "많은 독자들이 이미 스스로 어떤 식으로든 '여성주의 경제학'을 실천에 옮기고 있다는 사실을 발견할 것이다. 물론 그들은 그저 '좋은 경제학'을 실천에 옮긴다고 생각하는 편을 선호하겠지만." 실제로 여성주의 경제학자들은 '여성주의'라는 꼬리표가 더 이상 필요 없는 세상에서 살기를 희망한다.

스웨덴 아빠들이
육아 휴가를
많이 쓰는 이유

—

스웨덴은 다른 북유럽 국가들과 함께 대부분의 양성 평등 순위에서 최상위권을 차지한다. 세계 경제 포럼World Economic Forum은 스웨덴을 세계에서 양성 간 격차가 가장 적은 국가라고 평가한다. 그러나 스웨덴은 비단 여성에게만 좋은 나라가 아니라 이제 막 아빠가 된 남성들에게도 이상적인 나라인 듯하다. 스웨덴에서는 거의 90%에 가까운 아빠들이 육아 휴직을 택한다. 2013년에는 약 34만 명의 아빠가 총 1,200만 일에 달하는 육아 휴가를 썼는데, 이는 평균 1인당 약 7주에 해당한다. 물론 엄마들이 자녀와 시간을 보내는 데 더 긴 육아 휴가를 쓰지만, 그 차이는 점차 줄어들고 있다. 왜 스웨덴 아빠들은 자녀 양육에 그토록 많은 시간을 쓰는 것일까?

스웨덴은 40년 전에 세계 최초로 남녀 구분 없는 육아 휴직 급여 제도를 도입했다. 이 제도는 부모가 육아 휴직을 할 경우 아이 1명당

180일 동안 급여의 90%를 지급하여, 부모들은 원하는 방식으로 자유롭게 휴가 일수를 서로 나누어 사용할 수 있었다. 그러나 이 정책은 아빠들에게 거의 영향을 미치지 못하여, 시행 첫해에는 전체 육아 휴가 중 0.5%만을 아빠들이 사용했다.

이제는 아빠들의 참여 비율이 전체 휴가 일수의 25%로 높아졌다. 이렇게 변한 한 가지 이유는 육아 휴직 제도가 더욱 후해져서, 첫 아이를 돌보기 위한 육아 휴가가 총 180일에서 480일로 크게 늘어났기 때문이다. 그러나 이 제도는 부모가 보다 균등하게 휴가 일수를 나누어 쓰도록 권장하는 방향으로 바뀌었다. 1995년에 이른바 '아빠의 달 (daddy month)' 제도가 최초로 시행된 것이다. 이 변경된 제도하에서는 부모가 둘 다 적어도 한 달씩 육아 휴가를 쓰는 가족은 전체 육아 휴가 일수에 1개월을 더 추가해서 쉴 수 있었다. 이 정책은 2002년에 확대 시행되어 만약 엄마와 아빠가 모두 두 달 이상씩 육아 휴가를 쓰면 그 가족의 총 육아 휴직 기간은 2개월 더 늘어나게 되었다. 이제 일부 정치가들은 가정 단위로 육아 휴가일을 공유하는 현행 제도를 각 개인별로 육아 휴가일을 부여하는 방식으로 변경해야 한다고 제안하고 있다. 그래야 엄마가 가족의 전체 휴가 중 절반만 사용하고 나머지 육아 휴가는 아빠의 몫이 된다는 것이다.

스웨덴의 '아빠의 달'과 유사한 제도가 다른 국가들에서도 도입되었다. 독일은 2007년에 기존 육아 휴직 정책을 스웨덴과 유사하게 변경하여, 제도를 시행한 지 2년 만에 유급 휴가 일수에서 아빠들이 차지하는 비중이 3%에서 20%로 높아졌다. 육아 휴가를 엄마와 아빠가 보다 동등하게 나누어 써야 한다는 주장의 가장 강력한 근거는 그럴 경우에 여성에게 바람직한 파급 효과를 유발한다는 것이다. 스웨덴 남성들이 육아에서 더 많은 책임을 맡기 시작하면서, 스웨덴 여성의 소득과 스스로 느끼는 행복 수준이 모두 상승했다. 다시 말해 기저귀를 갈고 놀이터에서 함께 놀아 주는 아빠들에게 혜택을 주면 결과적으로 가족 전체에 유익하다는 뜻이다.

어떤 나라 국민이
돈 관리를
가장 잘할까

—

연이율이 10%인 보통 예금에 100달러를 저축한다고 가정해 보자. 5년이 지나면 얼마를 돌려받게 될까? 이것은 신용 평가 기관 Standard & Poors가 출제한 (그리고 144개국에서 15만 명이 참여한) 객관식 퀴즈의 한 질문이다. 답으로 미리 제시된 항목은 '150$ 미만' '150$' '150$ 이상' 등이었다. 출제 의도는 응답자들이 복리 개념과 기초적인 수학을 이해하는지 알아보려는 것이었다(정확한 답은 161달러다). 그런데 아쉽게도 많은 응답자가 정답을 맞추지 못했다. 응답자 가운데 이런 금융 지식에 관한 객관식 5문항 중에 3개 이상을 맞춘 사람은 3분의 1에 불과했다. 스칸디나비아인들이 가장 금융 지식 수준이 높아서, 응답자의 70%가 3개의 질문에 정확하게 대답했다. 반면에 앙골라와 알바니아에서 3개 이상 맞춘 응답자는 15%에 그쳤다. 이런 금융 문맹률을 결정하는 데는 교육이 큰 역할을 하지만, 1인당 GDP와의 상관관계도 주목할 만큼 높았다.

이전의 조사에서는 어린 아이들에게 금융 지식을 가르치기가 어려울 수 있다는 결과가 나왔다. 금융 지식은 경험을 통해 얻어지는 일종의 노하우인 것이다. 선진국에서는 금융 문맹률이 U자형 곡선을 그려, 중년의 성인층이 청년층이나 노년층보다 금융 지식을 묻는 설문에서 더 좋은 결과를 보였다(노인들은 인지 기능 장애와 교육 부족으로 결과가 가장 나빴다). 개발 도상국에서는 청년층의 금융 지식이 제일 높은 수준인데, 보통 더 많은 교육을 받기 때문일 것이다.

이와 유사한 최대의 설문 조사 결과는 금융 문맹률의 놀라운 성별 격차를 보여 준다. 93개 국가에서 3문항의 정답을 맞춘 남녀의 격차는 5퍼센트포인트(%p) 이상이었다. 캐나다에서는 남성의 77%가 3개 질문에 올바로 대답한 반면, 여성의 해당 수치는 60%에 그쳤다. 여성의 금융 지식 부족은 아내들이 보통 경제적 의사 결정을 남편에게 맡긴다는 이유로도 설명할 수 있다. 그러나 우려스럽게도 금융 지식의 성별 격차는 고학력 독신 여성들에게도 나타난다. 경제적 의사 결정에 관한 한, 많은 국가들이 1960년대 수준에서 크게 나아진 바가 없어 보인다.

남성의 세계
GDP와 금융 지식 수준

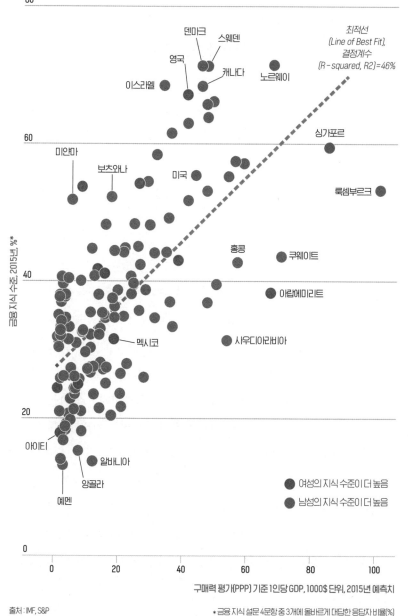

최적선
(Line of Best Fit),
결정계수
(R - squared, R2)=46%

80

덴마크   스웨덴

영국   캐나다

이스라엘   노르웨이

60   싱가포르

미얀마

보츠와나   미국   룩셈부르크

홍콩   쿠웨이트

40   아랍에미리트

사우디아라비아

멕시코

20

아이티

알바니아

앙골라   ● 여성의 지식 수준이 더 높음

예멘   ● 남성의 지식 수준이 더 높음

금융지식 수준, 2015년, %*

0

0   20   40   60   80   100

구매력 평가(PPP) 기준 1인당 GDP, 1000$ 단위, 2015년 예측치

출처 : IMF, S&P

*금융 지식 설문 4문항 중 3개에 올바르게 대답한 응답자 비율(%)

UN이 인턴들에게 보수를
지급하지 않는 이유

—

UN의 무급 인턴이 제네바에서 텐트를 치고 살고 있다는 소식은 확실히 UN에 대한 좋지 않은 인상을 심어 준다. 해맑은 얼굴의 22세 뉴질랜드 청년 데이비드 하이드David Hyde는 UN에서 무급 인턴으로 일하는 동안 스위스의 살인적인 집세를 감당할 수 없어 제네바 호수Lake Geneva 연안에 텐트를 치고 살게 되었다고 설명했다. 이 소식은 대중의 공분과 하이드의 인턴 동료들의 공감을 샀다. 제네바에서 일하는 수많은 UN 인턴들이 2015년 8월 14일에 하이드의 딱한 처지를 시위하기 위해 한시적인 파업을 벌였다. 같은 날 '인턴의 권리'를 보호하는 각종 단체가 반기문 당시 UN 사무총장에게 공개 서한을 보내어, 무급 인턴십의 관행이 UN의 세계인권선언문 23조에 위배된다고 지적했다 ("모든 근로자는 자신과 가족에게 인간의 존엄성에 합당한 생활을 보장하는 정당하고 유리한 보수를 받을 권리를 가진다"). 그렇다면 왜 UN은 인턴들에게 보수를 지급하지 않는 걸까?

UN은 인턴에게 보수를 지급하고 싶어도, 1997년에 비정규 직원에게 일체의 보상 지급을 금지시킨 결의안에 발목이 붙잡혀 있다고 주장한다. 그러나 무급 인턴십은 그 이전에도 수십 년간 존재해 왔다. 현재 UN의 고위급 자문 위원도 1970년에 뉴욕에서 무급 인턴십을 마쳤다고 회상한다. 1997년의 결의안은 사실 오래된 암묵적 관행을 공식화했을 뿐이다. 그러나 그 결의안 이후로 UN의 연간 고용 인턴 수는 1996년에 131명에서 2014년에 4,018명까지 불어났다. 예산을 확대하여 새로운 직원을 채용하지 못하게 된 UN 산하 조직들이 점점 2개월에서 길게는 6개월까지 무급으로 일하겠다고 자원하는 젊은 대학 졸업생 부대의 노동력에 의지하게 된 것이다. 인턴들은 시위를 벌이면서도 UN 인턴십이 제공하는 인맥, 경력, 목적의식과 그들의 이력서에서 UN이란 브랜드가 갖는 가치를 명확히 인식하고 있다.

만약 UN이 인턴에게 보수를 지급해야 한다면 그 예산을 마련하는 데 어려움을 겪을 것이다. 인턴 4,000명의 보수는 연간 1,450만 달러에 이를 텐데, 현재 UN은 예산이 삭감되어 기존 직원마저 해고하고 있는 실정이다. 미국이 UN에 13억 달러의 분담금을 미납한 상태라는 사실도 큰 도움은 되지 않는다. UN 직원들과 조합 차원의 내부 저항 역시 또 하나의 문제다. 그들은 유급 인턴 제도가 직원 채용의 비공식 채널이 되어 낮은 직급의 탐나는 '전문직'을 차지하려는 경쟁이 치열해질 것이라고 우려한다. 일각에서는 유급 인턴 제도가 학연과 지연에도 취약할 수 있다고 지적한다. 인턴 채용은 UN 헌장에 따르는 정직원 채용만큼 엄격하고 투명한 절차를 거치지 않기 때문이다. 유급 인턴 제도의 또 다른 장애물은 UN 직원의 출신지 구성이라는 더 큰 차원의 문제다. UN 회원국들은 자국 출신 직원 수를 최대한 늘리고 이에 반하는 조치를 거부하여 UN 내에서 자국의 영향력을 키우고 싶어 한다. 많은 개발 도상국이 인구에 비해 과도하게 선진국 출신의 비율이 높은 UN 인턴들에게 보수까지 지급하는 것은 정의의 실현이 아닌 부정부패의 만연이라고 주장한다(2007년에 UN 인턴의 67%가 선진국 출신이었으나 선진국 인구는 세계 인구의 15%에 불과했다). 개발 도상국은 이 문제를 바로잡기 위해 인턴들도 출신지별 인원을 제한하자고 제안하겠지만, 그러면 또 선진국 측에서 반대할 것이다.

UN도 무급 인턴 정책으로 얻는 혜택이 있겠지만 대신 잃는 것도 있다. 고위 간부들은 최고의 젊은 인재들을 놓치고 있다고 비공식적으로 불평한다. 가장 유능한 인재들은 다른 곳에서 유급직을 제안받거나 뉴욕이나 제네바처럼 화려한 도시의 물가를 감당하지 못해 옮겨 가는 경우가 잦기 때문이다. 이런 생활을 감당할 수 있는 인턴들은 주로 대도시 출신의 부유한 가정의 자녀들이므로, UN이 추구하는 조직 내의 다양성을 확보하기도 힘들어진다. 다시 제네바의 이야기로 돌아가면, 하이드는 그 후 텐트 생활이 무급 노동자들의 힘겨운 삶에 세간의 관심을 주목시키기 위한 퍼포먼스였음을 인정하고, 텐트를 접고 인턴십을 그만두었다. 하이드가 빠진 상태에서 변화를 촉구하는 UN 인턴들은 유관 기구인 국제 노동 기구ILO가 무급 인턴 한 명이 사무실 건물 지하에 숨어 살다가 발견된 후로 10년 전부터 인턴에게 급여를 지급하기 시작했다는 사실에서 위안을 찾을 만하다. 유급 인턴직을 찾는 사람들은 UN 외에도 《이코노미스트》를 포함하여) 인턴에게 적절한 급여를 지급하는 조직도 많다는 사실을 유념해야 한다.

네 단락으로 요약한
토마 피케티의
《21세기 자본》

—

경제서 한 권이 세계적으로 돌풍을 일으켰다. 프랑스 경제학자 토마 피케티Thomas Piketty가 쓴 《21세기 자본Capital in the Twenty-First Century》은 2013년에 프랑스어로 출간되었고 2014년 3월에 영어로 출간되었다. 영문판은 순식간에 예상치 못한 베스트셀러가 되었고, 이 책의 주제인 세계의 불평등 전망에 대해 광범위하고 열띤 논쟁을 불러 일으켰다. 일각에서는 이 책이 경제 정책에 초점을 맞추어 분배 문제의 확연한 변화를 예고하는 동시에 직접 촉발한다고 믿는다. 《이코노미스트》는 피케티 교수를 '현대의 마르크스(당연히 카를 마르크스Karl Marx)'라고 표현했다. 그렇다면 그의 책은 어떤 이야기를 담고 있을까?

《21세기 자본》은 피케티와 몇몇 다른 경제학자들의 10년이 넘는 연구에 기반을 두고, 소득과 부의 집중 상태가 역사적으로 어떻게 변해왔는지를 상세히 설명한다. 피케티는 이렇게 축적된 자료를 바탕으로 산업 혁명이 시작된 이래 불평등의 변천사를 개관해 나간다. 18세기와 19세기에 서유럽 사회는 대단히 불공평했다. 국가 소득에 비해 개인들의 재산이 턱없이 많았고, 비교적 견고한 계층 구조의 상층부를 차지한 부유한 가문들에 부가 집중되었다. 이런 구조는 산업화를 계기로 노동자들의 임금이 서서히 상승하는 동안에도 공고히 유지되었다. 제 1, 2차 세계대전과 대공황의 혼란이 휩쓸고 간 후에야 이런 체계가 붕괴되었다. 높은 세금, 인플레이션, 은행 파산, 복지 국가의 성장 등으로 부가 급격히 줄어들면서, 소득과 부가 비교적 평등주의적으로 분배되는 시기에 접어든 것이다. 그러나 20세기 초반의 충격이 사그라들면서 부가 이제 다시 존재를 과시하고 있다. 피케티에 따르면, 많은 기준으로 볼 때 현대 경제에서 부의 중요성은 제1차 세계대전 이전에 마지막으로 목격한 수준에 도달하고 있다.

이런 역사로부터 피케티는 자본과 불평등에 관한 거대 담론을 도출한다. 그는 일반적으로 부가 경제 생산량보다 더 빨리 증가한다고 설명하면서 'r > g'라는 식으로 표현한다('r'은 부의 수익률이고 'g'는 경제성장률이다). 다른 요소들이 동일할 경우, 경제 성장률이 빨라지면 사회에서 부의 중요성은 감소하지만, 경제 성장이 느려지면 부의 중요성도 커진다(그리고 인구 통계학적인 변화로 세계의 성장이 느려지면서 자본의 지배력은 더욱 확대될 것이다). 그러나 지속적인 부의 집중을 막아 낼 자정 능력은 없다. 오로지 (기술적 진보나 인구의 증가로) 폭발적인 성장이 계속되거나 정부의 개입만이 카를 마르크스가 우려했던 '세습 자본주의 patrimonial capitalism'로 경제가 복귀하지 못하게 막을 수 있다. 피케티는 앞으로 경제적, 정치적 불안을 부추기는 불평등이 더욱 심화되지 않도록 이제 전 세계에서 부유세를 도입하여 정부들이 개입하고 나서야 한다는 권유로 책을 끝맺는다.

놀랍지 않게도 이 책은 무수한 비판을 이끌어냈다. 일각에서는 미래가 과거와 비슷할 것이라는 피케티의 생각이 과연 옳은지 의문을 제기한다. 이론가들은 자산이 더 많아질수록 좋은 수익률을 얻기는 점점 더 힘들어진다고 주장한다. 그리고 오늘날의 대부호(빌 게이츠Bill Gates나 마크 저커버그Mark Zuckerberg를 생각해 보라)는 대부분 세습보다는 자신의 일을 통해 부를 축적했다. 또 다른 사람들은 피케티의 정책 제안이 경제적이기보다는 이데올로기적으로 도출된 것으로, 도움이 되기보다는 해를 미치기 쉽다고 반박한다. 그럼에도 불구하고 많은 회의론자들이 데이터와 분석의 관점에서 이 책이 기여한 바에 호평을 아끼지 않고 있다. 피케티 교수가 정책을 바꾸는 데 성공하든 실패하든 간에, 그는 수천 명의 독자들과 수많은 경제학자들이 이 이슈를 생각하는 방식에 영향을 미칠 것이다.

항공사가 비용을
절감하는 방법

—

1980년대에 아메리칸 항공의 한 승무원은 승객들이 기내식 저녁 샐러드를 맛있게 먹으면서도 75%에 가까운 승객이 샐러드에 으레 들어가는 올리브를 그냥 남기는 현상을 목격했다. 당시 이 항공사의 CEO 로버트 크렌달Robert Crandall은 이 이야기를 듣고 바로 샐러드에서 올리브를 빼 버렸다. 당시 항공사는 샐러드 재료의 가짓수에 따라 기내식 제공 업체에 비용을 지불하여 재료가 네 가지면 60센트, 다섯 가지면 80센트를 지불했다. 올리브는 다섯 번째 품목이었다. 이 결정으로 연간 4만 달러 이상이 절감되었다. 1994년에 사우스웨스트 항공은 한 승무원의 제안으로 쓰레기봉투에서 자사 로고를 없애 버려, 연간 인쇄비 30만 달러를 절약할 수 있었다. 까다로운 고객들을 상대하면서 낮은 이윤율로 운영해야 하는 항공업계에서 현대 항공사들은 어떻게 원칙을 무시하지 않으면서 비용을 절감하고 있을까?

항공사들은 조금이라도 살이 찔까 봐 노심초사하며 체중을 소수점 둘째 자리까지 관리하는 슈퍼모델들을 흉내 내기 시작했다. 두꺼운 기내 잡지를 버리고 바닥에 더 얇은 양탄자를 깔았으며 기내식을 담는 용기를 가벼운 종이 상자로 교체했다. 일부 항공사들은 바다나 호수 위를 지나지 않는 비행기에서 비상 수상 착륙용 안전 장비까지 치워 버렸다. 비행기 좌석도 점점 더 가벼워지고 있다. 프랑스 항공사 에어 메디터라네는 에어버스 A321 기종에서 좌석당 12킬로그램 무게의 이코노미 좌석 220석을 4킬로그램 정도 무게의 티타늄 같은 가벼운 재질의 더 얇은 좌석으로 교체했다. 인도의 저가 항공사 고에어는 여성이 남성보다 평균 10~15킬로그램 가볍다는 이유로 오로지 여성 승무원들만 채용한다. 이런 극단적인 중량 절감 노력은 실제로 효과가 있다. 항공사의 비용에서는 연료비가 약 3분의 1 비중을 차지하고, 1킬로그램을 줄일 때마다 항공사의 연간 연료비가 100달러씩 절약된다.

옛날 비행기처럼 연비가 낮지 않은 현대 비행기들은 디자인을 조금만 변경해도 도움이 된다. 사우스웨스트 항공은 항력을 줄이기 위해 윙렛이나 뒤집힌 윙팁을 설치하고 나서 연간 연료 사용량이 5,400만 갤런 감소했다. 유럽의 저가항공사 이지젯은 비행기 동체에 특수 페인트를 칠하여 미세하게 울퉁불퉁하던 부분을 제거함으로써 더 쉽게 대기를 통과하게 되었고 그 결과 연료비가 감소했다고 주장한다. 국제적으로 조종사들은 최대 추력으로 이륙하지 말고 이륙 후 가급적 빨리 순항고도(공기가 희박하여 항력이 적은 고도)로 진입하도록 지시받는다. 긴 활주로에 착륙할 때도 조종사들은 비행기 엔진의 역추력 장치를 이용하지 말고 최소 역추력 상태에서 자체적으로 속도를 늦추어야 한다. 또 인도의 스파이스젯 같은 일부 저가 항공사는 자사의 비행기들을 공격적으로 풀가동시키는 법을 터득했다. 스파이스젯의 봄바디어Bombardier Q400 터보프롭 항공기 조종사들은 작은 도시들을 운항할 때 비행 시간의 앞뒤에 몇 분씩을 줄이기 위해 더 빠른 속도로 비행기를 몰아서 항공사가 매일 추가 항공편을 편성할 수 있게 한다. 운항 속도가 빨라지면 연료비도 증가하지만 추가 항공편의 수입으로 충분히 보상하고도 남는다는 것이다.

그러나 항공사들의 이런 비용 절감 노력에도 불구하고, 지연 운항으로 유럽에서만 연간 10억 달러 가까운 비용이 발생한다. 항공기 제작 회사 에어버스는 여기에도 해결책이 있다고 믿는다. 비행기의 좌석 배치를 본뜬 이동식 객실에 특허를 인정받은 것이다. 그들의 계획에 따르면, 이 객실 모듈을 공항 게이트에 연결하여 승객들과 수하물을 싣고 나서 마치 성냥갑 속으로 미끄러져 들어가는 상자를 밀어 넣듯이 텅 비어 있는 비행기 동체 안에 끼워 넣는다. 그런 다음에 비행기는 목적지를 향해 날아가서 착륙하고 이 객실을 분리시킨 후에 이미 그곳에서 이륙 준비를 마친 새로운 승객들을 태운 또 다른 객실 모듈로 교체하여 바로 출발하는 것이다. 이런 초현대적인 설계는 제작하는 데만 수십억 달러와 수년이 걸릴 것이고, 결코 시작까지의 과정도 순조롭지만은 않을 것이다. 그때까지 항공사들은 계속해서 불필요한 올리브를 찾아 제거해 나갈 것이다.

영국에서 사립 학교
학생이 감소하는 이유

—

영국의 사립 학교들이 학생들을 유치하는 데 고전하고 있다. 학령기 아동 수는 2008년 이래로 증가했지만, 사립 학교 학생 수는 거의 변동이 없었다. 그 결과 사립 학교 학생의 비율이 7.2%에서 6.9%로 하락했고, 부유한 잉글랜드 동남부를 제외한 모든 지역에서 절대적인 학생 수가 감소하고 있다. 왜 열성적이기로 유명한 영국 부모들이 자녀 교육에 돈을 쓰는 데 주저하게 된 것일까?

가장 큰 이유는 결국 학비다. 한 조사에 따르면, 사립 학교 학비는 2010년부터 2015년 사이에 20% 가까이 인상되었다. 그 결과 기숙 학교의 한해 평균 학비가 이제는 3만 파운드(4만 5,000달러)도 넘는다. 기숙사 생활을 하지 않고 학교에서 수업만 받아도 그 절반 정도의 학비가 든다. 물론 요즘 기숙 학교들은 더 이상 예의 스파르타식 교육을 고집하지 않는다(어떤 학교는 심지어 학생들 방에 TV와 게임 콘솔까지 제공한다). 그러나 이런 변화 때문에도 사립 학교 학비는 많은 전문직 부모들의 수입 이상으로 올랐고, 특히 자녀가 2명 이상인 부모들에게 과도한 부담을 떠안겼다. 반면에 공립 학교는 차츰 교육 여건이 개선되고 상류층의 우월 의식이 줄어들면서 점점 더 매력적인 대안으로 떠오르고 있다.

그러나 학생 수가 감소하는 문제는 주로 하위권 사립 학교들에 국한된다. 데이비드 터너David Turner는 저서 《올드 보이즈: 사립 학교의 몰락과 부상The Old Boys: The Decline and Rise of the Public School》에서 영국의 가장 훌륭한 사립 학교들에는 지금이 과거 어느 때보다 관리, 시

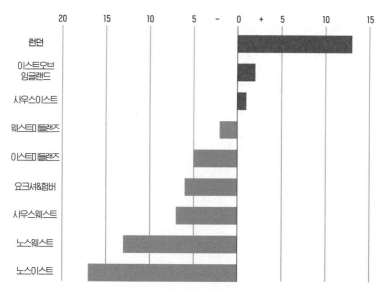

아쉬운 성적
사립학교 학생 수, 영국, 2008~2015년*, % 변화

설, 교육 수준이 우수한 최고 황금기라고 주장한다. 그 결과 영국의 명문 사립 학교들은 전 세계 학생들을 유치할 수 있게 되었다. 나아가 일부 사립 학교는 카자흐스탄과 카타르 같이 멀리 떨어진 국가에 분교를 설립하기도 한다. 그러나 지방의 작은 사립 학교들, 특히 런던의 공항권에서 벗어나 있는 학교들은 외국 학생들에게 별로 인기가 없다. 그래서 일부 사립 학교는 폐교하고, 일부는 통폐합하며 대다수의 학교들은 그냥 점점 줄어드는 학생들에게 더 많은 학비를 받고 가르치는 데 주력한다. 흥미롭게도 공공 부문의 아카데미로 편입한 사립 학교도 최소 19곳이나 된다(아카데미는 일반 공립 학교보다 정부 규제로부터 자유롭기는 해도 역시 무료 교육을 실시한다).

사립 학교의 학생 수가 감소하는 것이 비단 영국만의 현상은 아니다. 미국 부모들 역시 학비 부담이 있는 학교들에 등을 돌리고 있다. 그 결과는 양국에서 모두 정부의 재정 부담을 가중시키고 있다. 그리고 사립 학교 학생이 줄어드는 것은 부유층이 정부 지출에서 차지하는 몫이 점점 늘어나는 원인 중 하나이기도 하다. 좌파 세력이 오랫동안 염원해 오던 사립 학교의 몰락이 오히려 까다롭고도 달갑지 않은 결과를 초래할 수 있는 것이다.

5장

문화 경제학
즐거운 소비 생활과 이면의 흐름

기네스가 생각만큼
아일랜드 맥주가 아닌 이유

—

3월 17일의 세인트 패트릭 데이St Patrick's day는 아일랜드적인 모든 것을 기념하는 연례행사인데, 한 가지를 특별히 더 기념한다. 아일랜드 전역에서 그리고 전 세계에서 사람들은 아일랜드의 비공식 국민 맥주인 기네스를 한두 잔(또는 서너 잔)씩 들고 이날을 기념한다. 술집 주인들은 세인트 패트릭 데이를 손꼽아 기다리고, 너무 그렇다 보니 때로는 이날이 아일랜드 문화를 기념한다기보다는 기네스 제조사인 디아지오Diageo의 마케팅 이벤트처럼 느껴질 정도다. 이제 120개국 이상으로 수출되는 이 흑맥주는 아일랜드의 대표적인 상징이 되어 가고 있다. 그런데 정말 기네스가 아일랜드 맥주일까?

1759년 더블린에 맥주 양조장을 세운 아서 기네스Arthur Guinness는 그의 맥주가 훗날 이렇게 강력한 국가적 상징이 된 것을 알면 아마 놀랄 것이다. 그는 아일랜드 민족주의에 반대하고 영국과 아일랜드의 통일을 주장했던 통합주의자로서, 1798년 아일랜드 반란 이전에는 영국 정부의 스파이로 고발당한 적도 있었다. 회사를 물려받은 후손들도 통일주의를 열정적으로 지지했고, 1913년에는 아일랜드의 자치 법안을 저지하려는 준군사 작전을 후원하기 위해 얼스터 의용군에게 1만 파운드(오늘날의 가치로는 약 100만 파운드, 또는 140만 달러)를 기부했다. 이 회사는 또 1916년 부활절 봉기 때는 아일랜드 반란군 진압을 돕기 위해 영국군에게 군인과 군사 장비를 지원했고, 나중에는 아일랜드 민족주의에 동조한다고 판단되는 직원들을 해고한 것으로 알려졌다.

기네스를 가장 유명하게 만든 맥주인 포터 스타우트Porter Stout는 런던 코벤트 가든과 빌링스게이트 어시장의 거리 짐꾼들이 즐겨마시던 런던 에일에서 비롯된 술이다. 기네스는 1886년에 런던 증권 거래소에 상장했고, 1932년에 본사를 런던으로 옮겨 줄곧 그곳에 기반을 두고 있다(1997년에 그랜드메트로폴리탄Grand Metropolitan과 합병하여 디아지오로 사명을 변경했다). 1980년대에는 심지어 아일랜드의 유산이란 이미지를 버리는 방안까지 고려했다. 북아일랜드 분쟁(1960년대 말부터 1990년대 말까지 북아일랜드 독립을 요구해 온 소수파 가톨릭 북아일랜드 공화국군IRA과 영국의 유혈 대립 · 옮긴이) 중에는 아일랜드 공화국군의 테러 활동이 맥주 판매에 미칠 악영향을 염려하여 1982년에는 런던 서부에서 양조되는 영국 맥주로 브랜드를 재정립할 계획을 세우기도 했다. 그러나 1990년대에 북아일랜드의 사태가 진정되면서 이 회사의 마케팅 전략은 다시 아일랜드 맥주로 포지셔닝하여 아일랜드의 관광객과 전 세계에 흩어져 있는 약 7,000만 명의 아일랜드계 후손을 공략하는 쪽으로 선회했다. 이제는 2000년에 원조 더블린 공장의 일부를 관광 명소로 개조한 기네스 스토어하우스에서 관광객들에게 기네스를 또 다시 아일랜드 맥주라고 홍보하고 있다.

　매출을 늘리기 위해 출신 국가를 감추거나 조작하는 기업은 비단 기네스뿐이 아니다. 제이콥스Jacob's 비스킷도 본래는 워터포드 Waterford 출신의 아일랜드 기업이지만 일부 상점들은 영국 기업이라고 마케팅한다. 립톤Liption도 100여개 국가에서 전통 영국 기업의 이미지를 내세워 홍차를 판매하지만, 정작 영국 내에서는 그다지 인기가 없다. 다국적 기업이 전 세계 식품 공급망의 상당 부분을 통제하는 요즘 세상에서는 국가 정체성이 적어도 브랜딩 차원에서는 과거 어느 때 못지않게 중요한 것이다.

섹스어필보다
액션이 중요해진
제임스 본드

—

아, 친애하는 그가 다시 돌아왔다. 007 시리즈의 스물네 번째 작품 〈007 스펙터Spectre〉가 2015년 10월에 드디어 개봉했다. 이 영화의 미션은 새로 리부트된 프랜차이즈에 더 많은 팬을 끌어들이는 것이다. 직전 작품인 〈007 스카이폴Skyfall〉은 현재까지 〈007 선더볼 작전Thunderball〉(1965)을 넘어서는 가장 성공적인 본드 영화로 평가받는다. 오랜 세월이 지나도 나비넥타이, 바카라부터 애스턴 마틴Aston Martin 자동차, 월터 PPK 권총까지 많은 아이템들이 그대로 남아 있고, 마티니 역시 마찬가지다. 그러나 수치를 분석해 보면 최근의 제임스 본드들은 섹스보다는 살인을 훨씬 강조하고 초기 작품의 성차별주의를 완화함으로써 성공을 거두고 있다. 이 영화 시리즈의 여섯 번째 본드인 다니엘 크레이그Daniel Craig가 가장 성공적이어서, 그의 영화는 박스오피스에서 평균 12억 달러(8,000만 파운드)의 흥행 수익을 거두었다(비록 최초의 본드 영화 3편은 제작비의 30배 이상의 수익을 올린 반면, 최근작 3편은 겨우 4배의 수익에 그쳤지만 말이다). 그러나 크레이그가 이제 살인 면허를 반납하고 하차한다고 하니, 이 시리즈는 어떻게 될까? 제작자들은 그의 대타를 찾는 동안 데이터를 잘 살펴봐야 한다. 요즘 관객들은 침실에서의 애정 행각보다 현장에서의 액션을 더 선호하는 듯하다. 그러니 제임스 본드가 또 다른 액션 히어로인 제이슨 본Jason Bourne의 방향으로 나아가더라도 놀라운 일은 아닐 것이다. 물론 본드는 여전히 나비넥타이를 매겠지만 말이다.

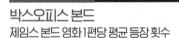

박스오피스 본드
제임스 본드 영화 1편당 평균 등장 횟수

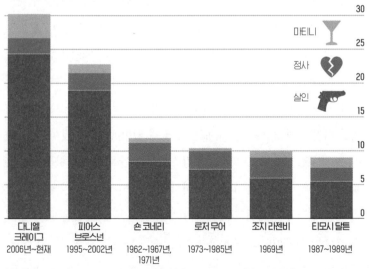

출처 : 본드무비즈닷컴(Bondmovies.com), 제임스본드위키닷컴(jamesbondwiki.com), 《이코노미스트》

사람들이 불경기 때
피자를 좋아하는 이유

—

패스트푸드 산업이 호황을 누리던 시절이 있었다. 맥도날드는 2014 년에 세계 연간 매출이 12년 만에 처음으로 하락하여, 상황을 전환하기 위해 새로운 최고 경영자를 영입하기도 했다. 소비자들이 점점 건강에 대한 의식이 높아지면서 싸구려 패스트푸드는 매력을 잃어 가고 있다. 하지만 이런 하락 추세 속에서도 두드러지게 눈에 띄는 예외가 하나 있다. 사람들이 테이크 아웃 햄버거는 점점 적게 먹어도 피자는 개인 피자 가게든 피자 체인이든 가릴 것 없이 점점 더 많이 먹는 것이다. 일례로 맥도날드의 매출이 감소하는 동안, 도미노피자의 매출은 계속 늘어났다. 2016년 3월에 도미노피자는 2015년 4분기에 미국 국내 매출이 크게 증가했고 국제 사업부의 동일 매장 매출은 88분기 연속 성장을 기록했다고 발표했다. 왜 피자의 인기는 점점 더 높아지는 것일까?

피자는 18세기부터 사람들이 가끔씩 원판 모양의 빵 위에 토마토를 올려 먹기 시작했던 이탈리아에서 오랫동안 비싸지 않은 패스트푸드로 사랑받았다. 20세기 초에는 이탈리아 이민자들이 미국에서 피자를 대중화시켰다. 제2차 세계대전이 끝나고 이탈리아에서 피자 맛에 길들여진 미국 병사들이 돌아오면서 미국에서 피자 수요가 급증했다.

오늘날 피자는 건강한 요리를 추구하는 트렌드의 덕을 보고 있다. 피자가 정말 건강한 요리로 대접받을 만한지는 확실하지 않지만 말이다. 사람들은 채소를 비롯해 신선한 토핑을 얹은 피자가 햄버거보다는 더 건강한 음식이라고 믿는다(실은 미디엄 사이즈의 채식주의 피자도 빅맥 같은 고칼로리 햄버거보다 칼로리가 4배는 더 높다). 또 소비자들이 금융위기 이후 소비를 줄이는 추세도 피자 매출에 도움이 되었다. 배달 피자를 주문하는 것이 외식 비용보다 더 싸게 들기 때문에 지출을 줄이려는 사람들이 일반 식당 대신 피자 가게로 몰린 것이다. 그리고 금융위기 이후 경제가 회복된 후에도 여전히 가계 예산은 긴축 상태라 테이크 아웃의 인기가 줄어들지 않고 있다.

하지만 소비자들을 계속 피자에 붙잡아 두는 비결은 바로 꾸준한 메뉴 개발이다. 피자 체인들은 소비자들의 관심과 충성도를 유지하기 위해 끊임없이 새롭고 다양한 제품들로 소비자들을 유혹한다(그리고 때로는 비위 상하게 만든다). 베이컨과 치즈를 가득 넣은 크러스트 피자, 테두리에서 치즈를 넣은 마늘빵을 떼어 낼 수 있는 피자, 심지어 끄트머리에 작은 치즈버거가 달린 피자도 있다. 점점 더 영리해지는 이런 참신한 피자들은 집에서 요리해 먹기도 어렵다. 피자가 패스트푸드 소비에서 점점 더 큰 비중을 차지하는 것도 놀라운 일은 아니다.

여성 스포츠가
인기 없는 이유

—

2014년 7월 27일에 남자들의 투르 드 프랑스Tour de France(프랑스 전역을 일주하는 사이클 대회 · 옮긴이) 팀이 파리에 입성하기 몇 시간 전에한 무리의 여자 사이클리스트들이 샹젤리제를 향해 전속력으로 질주했다. 이것은 투르 드 프랑스 주최 측이 조직한 일일 행사인 라 코스La Course의 원년 레이스로, 남자 대회의 여자 버전을 만들려는 새로운 시도였다. 그전까지의 노력은 전부 스폰서와 관중의 관심 부족으로 실패로 돌아갔다. 여성판 투르 드 프랑스를 개최하는 데 따른 어려움은한 가지 일반적인 현상을 드러낸다. 몇몇 예외를 제외하면, 대부분의프로 여성 스포츠가 동일 종목 남성 스포츠에 비해 훨씬 인기가 적다는 것이다. 왜 그럴까?

일각에서는 만약 협찬과 언론 보도가 늘어나면 여성 스포츠가 더 인기를 얻을 것이라고 말한다. 한편 언론 매체와 스폰서들은 여성 스포츠가 더 많은 관심을 끌어야 더 많은 돈과 시간을 투자할 수 있다고 반박한다. 모든 관계자들이 스포츠가 성공하는 데 필요한 요인에는 동의한다. 관중, 언론 및 기업의 관심이 균형을 이루어야 한다는 것이다.

스폰서들은 많이 노출되지 않는 개인이나 팀에 후원하기를 꺼리는데, 여성 선수들이 많이 노출되는 경우는 드물다. 여성 스포츠 피트니스재단WSFF, Women's Sport and Fitness Foundation이 조사한 바에 따르면, 2013년에 전체 스포츠 보도 중에 여성 스포츠의 비중은 7%였고, 총 기업 협찬 중에 여성 스포츠의 비중은 0.4%였다. 이것은 악순환이다. 시청자들은 가장 수준 높은 프로 경기를 보기 원하고, 스폰서들은 최고의 선수를 후원하고 싶어 하기 때문이다. 스폰서가 부족해서 많은 여자 선수들이, 심지어 자국을 대표하는 선수들도 실업 팀에 속해 훈련받는 길을 택하게 된다. 보수를 받는 여자 선수들도 보통 동료 남자 선수보다 적게 받는다. 예를 들어 미국 프로골프 협회Professional Golfers' Association, PGA는 2억 5,600만 달러의 상금을 지급하지만 여성 협회는 5,000만 달러만 지급한다. 이런 불균형은 여성 팀의 코치들 연봉에도 똑같이 적용된다.

물론 상황은 변하고 있다. 영국의 여성 크리켓 팀은 애쉬즈Ashes(오스트레일리아와 영국의 크리켓 라이벌전 · 옮긴이)에서 연이어 우승한 후 2014년에 기아자동차와 2년 후원 계약을 맺으며 프로 팀으로 전향했다. 세계 최고의 역사를 자랑하는 윔블던Wimbledon 테니스 대회는 2007년에 여자 선수에게 남자와 같은 액수의 상금을 주기 시작했고, 라 코스의 우승자 상금은 투르 드 프랑스의 스테이지 우승자와 동일하다. 다른 스포츠들도 이런 전례를 따라가는 추세다. 더 주목할 만한 것은 스포츠 팬들의 의견도 변화를 보이고 있다는 점이다. WSFF에서 설문 조사한 결과 61%의 팬이 최고 여자 운동선수는 남자 선수들 못지않게 실력이 좋다고 믿었고, 절반 이상이 여성 스포츠도 남성 스포츠만큼 관람하는 재미가 있다고 응답했다.

이 문제는 최근에 나타나는 경향처럼 정규 스포츠 분야에 뛰어드는 여성들이 많아져 잠재적인 프로 선수들이 증가할수록 더욱 부각될 것이다. 영국에서 2012년 올림픽 이후에 75만 명의 성인들이 팀 스포츠를 시작했고 그중 50만 명이 여성이었다. 여성 스포츠 인구와 시청자들이 많아지면 스폰서와 언론에서도 남녀 성비의 균형을 맞추려고 노력할 수밖에 없다. 그때까지 선수들은 마리 마빙Marie Marving을 본받는 방안을 생각해 볼 수 있다. 마리는 1908년에 여자라는 이유로 투르 드 프랑스에 참여할 권리를 거부당하자, 규칙을 무시하고 남자들보다 15분 후에 무작정 레이스로 뛰어들었다. 그해에 4,488킬로미터 레이스를 출발한 115명 가운데 37명만이 경기를 완주했는데, 그중 한 명은 바로 여자였다.

왜 곤충을 먹는 것이
바람직할까

—

21세기가 끝날 무렵에 세계 인구는 110억 명에 도달할 것으로 추정된다. 그 많은 인구를 먹여 살리는 일이 중대 과제가 될 것이고, 기후 변화가 농업에 미치는 영향 때문에 상황은 더욱 심각해질 것이다. 그래서 일각에서는 식량 공급을 늘리고 지속 가능하게 사람들을 먹여 살릴 색다른 방법을 주장한다. 고기 소비량을 줄이고 곤충을 더 많이 먹자는 것이다.

약 20억 명의 인구가 이미 곤충을 먹는다. 멕시코 사람들은 칠리를 넣어 튀긴 메뚜기를 즐겨 먹는다. 태국인은 볶음 요리에 귀뚜라미를 집어넣고, 가나인은 흰 개미를 간식 삼아 집어먹는다. 서양에서는 곤충이 조금씩 진기한 별미로 메뉴에 등장하고 있지만, 대부분의 사람들은 여전히 꺼려 한다. 하지만 곤충을 먹는 것이 말이 되는 이유가 세 가지 있다.

첫 번째로 곤충은 육류보다 건강에 좋다. 세상에는 식용 곤충이 거의 2,000종이나 되고, 그중 상당수는 단백질·칼슘·섬유소·철·아연 성분이 풍부하다. 조그만 접시로 1인분의 메뚜기에는 같은 접시에 담긴 소고기만큼의 단백질이 들어 있지만 지방과 칼로리는 훨씬 적다.

두 번째로 곤충을 양식하는 비용은 저렴하거나 무료다. 곤충을 공급하는 데는 거의 기술이나 투자가 필요 없다. 곤충 양식은 세계에서 가장 가난한 사람들에게 생계 수단을 제공할 수도 있다. 마지막으로 곤충은 가축보다 훨씬 더 지속 가능한 식량원이다. 가축 사육으로 발생하는 온실가스는 전체 온실가스 방출량의 거의 5분의 1을 차지한다. 교통에서 발생하는 온실가스보다도 많은 것이다. 반면에 곤충은 거의 온실가스를 유발하지 않고, 곤충을 키우는 데는 땅과 물도 훨씬 적게 든다. 그리고 곤충은 거의 아무거나 다 먹는다.

이 모든 장점에도 불구하고, 대부분의 서구인들은 곤충을 집어삼키는 것을 끔찍해한다. 한 가지 해결책은 곤충에서 추출한 단백질을 인스턴트식품과 파스타 소스 등의 다른 제품으로 섭취하는 것이다. 곤충을 눈으로 볼 필요도 없고 환경에 미치는 혜택은 커질 테니, 곤충을 먹는다는 생각을 좀 더 입맛 당기게 만들 최선책일 것이다.

그림으로 보는
디즈니 영화의 역사

—

월트 디즈니Walt Disney는 전형적인 팔방미인으로, 혁신가 · 사업가 · 만화가 · 성우 · 애니메이터 · 스튜디오 사장 · 테마파크 기획가 · 소유주이자 영화 프로듀서였다. 그가 1923년에 형 로이Roy와 함께 설립한 만화 스튜디오에서 출발한 회사는 자신의 여러 가지 이질적인 재능을 반영하려는 그의 야심과 함께 무럭무럭 성장했다. 무엇보다도 타고난 애니메이터였던 월트는 그의 첫 캐릭터 '운 좋은 토끼 오스왈드 Oswald the Lucky Rabbit'의 판권을 빼앗기고 나서 '모티머 마우스Mortimer Mouse(미키 마우스의 전신)'를 창조하여 소유권을 확보했다. 미키 마우스는 단편 애니메이션 시리즈에 출연했고, 월트 자신이 성우를 맡은 최초의 유성 애니메이션 〈증기선 윌리Steamboat Willie〉에도 나왔다. 뒤이어 다른 인기 캐릭터들과 1930년에 세계 최초의 컬러 광고 만화가 등장했고, 그 후 월트 디즈니 회사는 보다 야심찬 장편 애니메이션 분야로 진출했다. 1937년에 〈백설 공주와 일곱 난쟁이Snow White and the Seven Dwarfs〉(1937)를 필두로 믿기 힘든 다작 시기가 시작되면서 〈피노키오Pinocchio〉와 〈판타지아Fantasia〉(1940), 〈덤보Dumbo〉(1941), 〈밤비Bambi〉(1942) 등의 클래식 영화들이 쏟아져 나왔다. 이 회사는 1950년대에 사업을 더욱 다각화하여 캘리포니아 주에 원조 디즈니랜드라는 테마파크를 열었다.

1957년에 월트가 직접 그린 복잡한 작업 구상도를 보면 이 회사의 사업 구성과 전략이 우아하게 제시되어 있는데, 영화 사업을 중심으로 테마파크, 캐릭터 상품, 음악, 출판과 TV 사업이 둘러싸고 있다. 이 구상도는 각 사업 부문이 어떻게 콘텐츠를 제공하고 다른 부문의 매출을 끌어올리는지를 보여 준다. 그러나 월트가 1966년에 65세로 사망한 뒤에, 이 회사는 그의 원조 사업 모델에서 벗어나기 시작했다. 디즈니의 애니메이션 신작들이 주춤한 사이에 실사 영화들이 훨씬 더 많아졌고(1960년대부터 1980년대 말까지 겨우 12편의 장편 애니메이션이 제작되었다), 디즈니는 1980년대에 〈신데렐라Cinderella〉와 〈레이디와 트램프Lady and the Tramp〉 같은 과거의 성공작을 재개봉하여 공백을 메웠다. 그러나 디즈니의 정체기는 오래가지 않았고, TV 채널(디즈니 채널, ABC/ESPN)과 캐릭터 상점(디즈니는 처음부터 캐릭터 상품 판매의 가치를 확실히 알고 있었다)으로 1980~1990년대에 제국을 확대해 갔다. 그러나 2000년대에 이르자 과거에 명성이 자자했던 디즈니의 혁신 능력이 사라져 버린 듯했다. 디즈니의 애니메이션 사업부는 1994년에 영화사 사장이던 제프리 카젠버그Jeffrey Katzenberg를 해고하고 나서 침체기를 맞았다. 디즈니가 이 시기에 발표한 가장 성공적인 애니메이션 작품은 픽사Pixar와 함께 만든 컴퓨터 제작 애니메이션으로, 1995년의 〈토이 스토리〉였다. 한편 카젠버그가 공동 설립한 드림웍스 SKG 역시 블록버스터 〈슈렉〉 프랜차이즈를 비롯해 컴퓨터 애니메이션 영화를 제작하기 시작해 대성공을 거두었다. 2위 역할에는 만족할 수 없던 디즈니는 2005년에 강력한 비전을 지닌 밥 아이거Bob Iger를 새로운 CEO로 임명했다. 그는 창립자인 월트 디즈니의 원조 사업방침을 더 야심찬 규모로 부활시키는 작업에 착수하여, 영화를 다시 중심 사업으로 되돌렸다. 아이거가 취임한 후로 일련의 발 빠른 인수 합병이 이어졌다. 그는 2006년에 픽사를 인수하고 2009년에는 〈어벤져스〉 프랜차이즈(〈아이언 맨〉, 〈헐크〉 등)가 소속된 마블 엔터테인먼트Marvel Entertainment를 인수하여 디즈니 소유의 영화 제작 브랜드에 새로운 활력을 불어넣었다.

그 후 2012년에 디즈니는 41억 달러에 루카스필름Lucasfilm을 인수하여 수익성 높은 〈스타워즈〉 프랜차이즈를 손에 넣게 되었다(그에 따라오는 각종 캐릭터 상품 판매와 부가적인 장난감 판매는 덤이었다). 2015년의 〈스타워즈: 깨어난 포스〉 개봉은 단순히 사랑받던 SF 시리즈의 부활 이상을 의미했다. 그것은 디즈니가 지난 10년 동안 엔터테인먼트 업계에서 번창하며 선망의 대상으로 떠오르게 된 방식의 단적인 사례였다. 디즈니의 수익은 지난 5년간 84억 달러로 2배 이상이 되었고, 주가는 지난 10년간 거의 5배 상승하여 경쟁사인 컴캐스트Comcast, 21세기 폭스21st Century Fox, 타임 워너Time Warner, 비아콤Viacom 등을 가볍게 따돌렸다. 디즈니는 수많은 기업들 중에서도 숱한 히트작을 보유한 1,860억 달러 상당의 가장 가치 있는 기업이다.

〈판타지아〉에서 〈겨울왕국〉까지
월트 디즈니사의 역사와 주가

◆ 해당 작품 개봉　🔥 디즈니 공원 개장

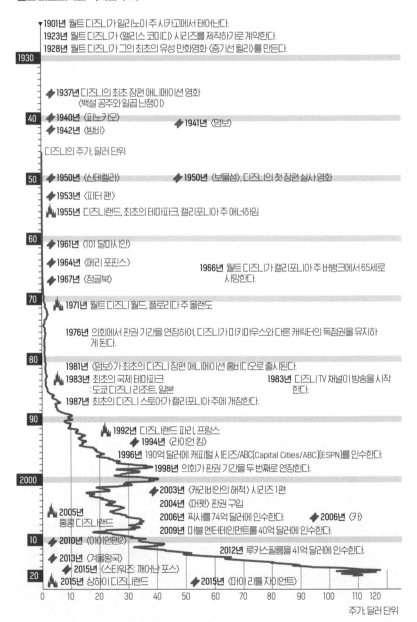

1901년 월트 디즈니가 일리노이 주 시카고에서 태어난다.
1923년 월트 디즈니가 〈앨리스 코미디〉 시리즈를 제작하기로 계약한다.
1928년 월트 디즈니가 그의 최초의 유성 만화영화 〈증기선 윌리〉를 만든다.

1930

◆ 1937년 디즈니의 최초 장편 애니메이션 영화
　 〈백설 공주와 일곱 난쟁이〉

40
◆ 1940년 〈피노키오〉　　　　◆ 1941년 〈덤보〉
◆ 1942년 〈밤비〉

디즈니의 주가, 달러 단위

50
◆ 1950년 〈신데렐라〉　　　◆ 1950년 〈보물섬〉, 디즈니의 첫 장편 실사 영화
◆ 1953년 〈피터 팬〉
🔥 1955년 디즈니랜드, 최초의 테마파크, 캘리포니아 주 애너하임

60
◆ 1961년 〈101 달마시안〉
◆ 1964년 〈메리 포핀스〉
　　　　　　　　　　　　1966년 월트 디즈니가 캘리포니아 주 버뱅크에서 65세로
◆ 1967년 〈정글북〉　　　　　사망한다.

70
🔥 1971년 월트 디즈니 월드, 플로리다 주 올랜도

1976년 의회에서 판권 기간을 연장하여, 디즈니가 미키마우스와 다른 캐릭터의 독점권을 유지하
게 된다.

80
1981년 〈덤보〉가 최초의 디즈니 장편 애니메이션 홈비디오로 출시된다.
🔥 1983년 최초의 국제 테마파크　　　　　1983년 디즈니 TV 채널이 방송을 시작
　 : 도쿄 디즈니 리조트, 일본　　　　　　한다.
1987년 최초의 디즈니 스토어가 캘리포니아 주에 개장한다.

90
　　　　　🔥 1992년 디즈니랜드 파리, 프랑스
　　　　　◆ 1994년 〈라이언 킹〉
　　　　　1996년 190억 달러에 캐피털 시티즈/ABC(Capital Cities/ABC)(ESPN)를 인수한다.
　　　　　1998년 의회가 판권 기간을 두 번째로 연장한다.

2000
　　　　　◆ 2003년 〈캐리비안의 해적〉 시리즈 1편
　　　　　2004년 〈머펫〉 판권 구입
🔥 2005년　　2006년 픽사를 74억 달러에 인수한다.　　　◆ 2006년 〈카〉
홍콩 디즈니랜드　2009년 마블 엔터테인먼트를 40억 달러에 인수한다.

10
◆ 2010년 〈아이언맨2〉
◆ 2013년 〈겨울왕국〉　　　　2012년 루카스필름을 41억 달러에 인수한다.
◆ 2015년 〈스타워즈: 깨어난 포스〉
20
🔥 2015년 상하이 디즈니랜드　　◆ 2015년 〈마이 리틀 자이언트〉

0　　10　　20　　30　　40　　50　　60　　70　　80　　90　　100　　110　　120
　　　　　　　　　　　　　　　　　　　　　　　　　　　　　　주가, 달러 단위

출처 : 글로벌 파이낸셜 데이터(Global Financial Data), 사내 보고서, 《이코노미스트》

인디아 페일 에일은
어떻게 세계를 정복했을까

—

인디아 페일 에일IPA, India Pale Ale은 라거가 세계 술꾼들을 사로잡기 전까지 한때는 최초의 글로벌 맥주라고 주장할 만했다. 이제 IPA는 알코올 도수가 높고 홉이 많이 든 호박색 맥주로서 다시 전 세계인의 발길을 붙들고 있다. IPA의 기원과 역사에 관해서는 수많은 의견이 분분하다. 영국령 인도 아대륙은 일반적으로 맥주를 양조하기에 너무 덥다. 그래서 200년 전에는 동인도 회사 직원과 육군 장교들이 현지의 지독한 화주를 마시지 못하도록, 영국으로부터 맥주를 수입했다. 그 전에도 IPA 성격의 맥주가 이미 존재했었는지, 아니면 이런 목적으로 개발되었는지는 맥주 역사학자들 사이에서도 격렬한 논쟁이 오가는 사안이다. 하나 분명한 것은 향료뿐 아니라 방부제 역할도 하는 홉을 다량의 알코올과 섞어서 도수를 높이면 맥주가 인도까지 가는 오랜 항해 기간에도 상하지 않고 유지될 수 있다는 사실이었다. 오히

려 배 위의 술통 안에서 몇 달간 이리저리 출렁이다 보면 풍미가 더해
지는 효과도 있었다. 양조 맥주가 영국 내수 시장으로 파고들면서 이
런 스타일이 가정에서 인기를 끌었다.

IPA의 인기는 양조 산업이 변하면서 수그러들었다. 제2차 세계대
전 이후에 영국과 미국의 거대 양조장들은 소규모 경쟁사들을 인수하
여 시장에 특징 없는 대량 판매용 맥주를 대거 공급하면서, 기존의 스
타일을 버리고 누구나 적당히 마실 만한 파인트 맥주를 제공했다. 그
러나 1980년대에 양조업계가 다시 변하기 시작했다. 미국에서 시작된
크래프트 맥주 혁명은 이런 풍미 없고 천편일률적인 맥주가 지배하던
시장에 반기를 들었다. 세금 우대 조치와 뭔가 특색 있는 맥주를 찾는
소비자 욕구에서 힘을 얻은 소규모 양조장들은 보다 차별화된 에일
을 소단위로 생산하기 시작했다. 이런 맥주의 맛이 인기를 끌었다. 그
결과 미국은 1970년대에 약 50곳에 불과하던 양조장이 이제는 2,500
곳 이상으로 늘어났다. 돈 많은 술꾼들이 이제 와인과 양주로 옮겨 가
면서 맥주 소비량은 전반적으로 감소하는 추세지만, 크래프트 맥주는
빠르게 성장하고 있다. 소비자들이 점점 더 비싸면서도 흔하지 않은
맥주 맛을 즐기면서 대량 생산 맥주에는 등을 돌리게 된 것이다.

크래프트 맥주 양조업자들이 가장 즐겨 만드는 맥주가 IPA다. 미국
의 소규모 양조업체들은 영국의 오래된 조리법을 적용하여 IPA를 만
들다가, 점차 독자적인 맛의 맥주를 양조하기 시작했다. 홉을 많이 사
용하면 다양한 풍미를 혼합하는 자신만의 기술력을 발휘할 수 있다.
미국의 일부 지역은 영국처럼 최고급 홉을 수확하기에 훌륭한 기후
조건을 자랑한다. 새로운 풍미와 다량의 알코올을 함유시키면 독특한

스타일과 대담한 맛을 지닌 맥주가 탄생하고, 그러면서도 많은 미묘한 차이를 낼 수 있다. 미국 크래프트 맥주에서 홉에 대한 열정은 일종의 군비 경쟁의 성격을 띤다. 양조업자들이 서로 남들보다 홉 맛을 더 진하게 내려고 피터지게 경쟁하기 때문이다. (이제 많은 맥주병에 해당 맥주의 쓴맛을 나타내는 단위인 IBUInternational Bitterness Unit 수치가 일종의 자부심의 상징으로 표기된다.)

만약 미국의 양조업체들이 IPA를 만들 기회를 포기할 수 없다면, 다른 어디에서도 마찬가지일 것이다. 크래프트 맥주 혁명이 미국 너머로 전파되었듯이, IPA의 맛도 그렇다. 영국은 지방 양조장과 수공업 방식을 기반으로 식도락 혁명과 더불어 양조 맥주가 부활하고 있다. 전 세계의 다른 부유한 국가들에서도 마찬가지 현상이 나타나고 있어 크래프트 맥주를 제조하려는 양조업자들이 우후죽순처럼 생겨나고 있다. 실제로 IPA는 다시 원점으로 돌아왔다. 많은 영국 크래프트 맥주 양조업자들이 미국에서 수입된 새로운 IPA 레시피를 도입했지만 다시 현지인의 입맛에 맞게 레시피를 조정하고 있다. IPA는 아직 전 세계인의 술인 라거 맥주를 대체하지 못했지만, 적어도 바에서는 주류 맥주들과 경쟁을 벌이고 있다. 누가 이런 상황을 마다하겠는가?

스포츠에서 도핑을
잡아내기가 힘든 이유

—

20년 넘게 투르 드 프랑스에서 '50'은 사이클리스트에게 일종의 마법의 숫자였다. 50은 인간 혈액에서 외부 도움 없이 산소를 운반하는 적혈구가 차지할 수 있는 적혈구 용적률의 최대치다. 책《비밀의 레이스 The Secret Race》에서 전직 미국 대표 팀 사이클 선수인 저자 타일러 해밀튼Tyler Hamilton은 이 수치를 개개인의 주가에 비유했다('당신은 43입니다'라고 의사가 그에게 말했다). 영국의 데이비드 밀러David Millar는 이 수치를 '사이클리스트의 성배'라고 불렀다. '50' 기준을 위반하면 적혈구 생성을 촉진하는 에리스로포이에틴EPO, erythropoietin을 복용하고 있다는 합리적인 의심을 받게 되지만, 더 낮은 수치로 경주에 나가면 순위가 뒤쳐질 위험이 있다. 1998년부터 2013년까지 투르 드 프랑스의 최종 10위권에 든 모든 선수 중에서 38%가 EPO를 복용한 것으로 밝혀졌다. 육상 선수 1만 2,000명의 유출된 혈액 검사 결과에 대해 2014

년에 발표된 또 다른 분석에서는 그중 6%인 800명이 '도핑 가능성이 대단히 높다'고 지적했다. 그렇지만 매해 모든 테스트 중에서 1~2%만이 걸려서 처벌을 받는다. 왜 스포츠에서 도핑을 잡아내기가 그렇게 힘들까?

스포츠만큼이나 오랜 역사를 자랑하는 도핑은 고대 그리스에서 사용하던 아편 흥분제인 '도프doop'라는 네덜란드어에서 유래한 말이다. 이 약에 취한 선수들이 서로에게 달려드는 그레코로만 레슬링을 보기 위해 시끌벅적한 군중들이 몰려들었을 것이다. 이 약을 복용하면 선수들의 흥분 상태는 오래 지속되고 점점 강해졌을 것이다. 1889년에 미국 야구선수 제임스 '퍼드' 갤빈James Pud Galvin은('퍼드'는 상대 타자를 모두 푸딩처럼 묵사발 만든다는 의미에서 붙은 별명·옮긴이) 원숭이 고환으로 만든 혼합제에 잔뜩 취한 채로 꿈의 경기를 펼쳐,《워싱턴포스트Washington Post》는 이것이 지금껏 '새로운 약물의 가치를 입증해 준 최고의 증거'라고 극찬했다. 20세기가 시작할 무렵에는 코카인, 에테르, 암페타민 같은 화학제가 운동선수들 사이에서 인기를 끌었다. 이런 약물 대부분은 뇌를 자극하여 피로감을 줄였고, 나중에 스테로이드와 코르티코이드는 근육 만드는 것을 도와줬다. 약물 사용이 전면적인 위기를 맞이한 것은 냉전 중이던 1970년대였다. 데이비드 엡스타인David Epstein의 책《스포츠 유전자The Sport Gene》에 따르면, 바르샤바 조약 기구Warsaw Pact 회원국들은 '종종 선수 본인들도 모르게' 여자 선수들의 '체계적인 도핑을' 권장했다고 한다. 그 결과 전 시대를 통틀어 최고의 여자 투포환 선수 80명 중에 75명이 1970년대 중반부터 1990년 사이에 나왔다. 이 시기에 육상 경기에서는 여자 선수들이 급속도로 남자들 기록에 가까워졌는데, 의사들이 여자 선수들에게 간단히 테스토스테론만 주입하면 그들의 기량을 끌어올릴 수 있다는 사실을 발견했던 것이다.

약물 주입은 선수들의 건강에도 결코 좋지 않지만, 오늘날 그런 식의 도핑은 바로 적발되어 자격을 박탈당할 위험이 더욱 커졌다. 그래서 오늘날 선호되는 방법은 '극소량 투여법'이다. 에리스로포이에틴을 피하 조직에 투여하면 약물 주입 후에 양성 반응이 나와서 적발될 수 있는 시간이 길어지므로, 운동선수들은 직접 정맥에 더 적은 양을 투입하는 법을 터득했다. 근소한 차이가 중요하다. 100m 단거리에서 1등과 2등의 차이는 불과 0.01초 정도로, 눈 한 번 깜빡이는 시간보다도 짧다. 일부 운동선수들이 경쟁 선수들보다 합법적인 우위를 점할 수 있는 선천적인 유전적 돌연변이를 갖고 있더라도 도움이 되지 않는다. 이런 생물학적 특이성은 의도치 않게 약물 투입 선수들에게도 유리한 기회를 제공하기 때문이다. 가장 일반적인 도핑 테스트는 'T/E 비율'로, 'T'는 테스토스테론을, 'E'는 에피토스테론이라는 스테로이드를 의미한다. 인체는 보통 혈액에 흐르는 'T'와 'E'의 양이 동일하다. 하지만 세계 반도핑 기구WADA, World Anti-Doping Agency는 타고난 유전적 차이가 있는 소수 집단의 인구를 고려해서 'T/E 비율'을 4:1까지 높게 허용한다. 그 결과 일반적인 혈액을 가진 선수들도 적어도 T/E가 4:1에 이르기 직전까지는 약물을 투입할 여지가 생긴다.

이런 일부 문제점을 바로잡기 위해 2009년에 선수 생체 여권ABP, Athlete Biological Passport 제도가 도입되었다. 이 여권은 혈액 프로파일의 기준치를 정하기 위해 한 선수의 필수적인 생체 지표를 모두 기록

한다. 시간이 지나면 테스트 담당관들이 과거 데이터의 추이를 참고로 예를 들면 적혈구를 생성하거나 젖산을 소모하는 해당 신체의 자연적 능력에 비교해 갑자기 수치가 높아지거나 부자연스러운 변화가 생긴 경우를 찾아낼 수 있다. 지금까지 이 방법은 억제책의 역할을 해 온 듯 보인다. 최근까지는 '혈액 도핑'을 적발하는 테스트가 없었다. 혈액 도핑이란 적혈구 수를 늘리기 위해 자신의 피를 미리 뽑아 저장해 뒀다가 대회 직전에 다시 수혈하는 방법이다. 그러나 선수 생체 여권은 그런 이상 상태도 충분히 포착해 낼 만큼 스마트하다. 이 제도가 시행된 이래로, 적혈구 수가 이상하게 급증한 기미를 보인 테스트의 비율은 절반으로 줄었다. 작지만 의미 있는 변화의 첫걸음을 내디딘 셈이다. 교묘해지는 약물과 더욱 교묘해지는 약물 투여 방법은 반도핑 기구들이 더 많은 지원을 확보하고(WADA의 예산은 겨우 3,000만 달러다) 부정부패가 줄어들 때까지(무작위 테스트 전에 선수들에게 귀띔해 주는 일이 비일비재하다) 계속해서 테스트 담당관의 눈을 피해 다닐 것이다. 도핑에 관한 무기 개발 경쟁은 냉전 때보다 더 급속도로 진행되고 있다.

오리지널 〈스타워즈〉
출연진의 커리어

—

오래전에 영화 〈스타워즈Star Wars〉 오리지널 3부작에서 '인간' 주인공 캐릭터를 맡았던 세 배우, 마크 해밀Mark Hamill (루크 스카이워커 역), 해리슨 포드Harrison Ford (한 솔로 역), 캐리 피셔Carrie Fisher (레아 공주 역)는 비교적 무명으로 캐스팅되어 슈퍼스타로 급부상했다. 그 후로 영화에 함께 출연한 적이 없는 세 배우가 월트 디즈니 스튜디오에서 2015년에 이 프랜차이즈를 부활시킨 작품 〈스타워즈: 깨어난 포스The Force Awakens〉로 다시 뭉쳤다.

  오리지널 시리즈가 나온 후 수십 년 동안, 세 스타의 커리어는 극과 극을 달렸다. 마크 해밀과 캐리 피셔는 그동안 성공한 출연작이 거의 없었다. 물론 캐리 피셔는 최고로 잘나가는 작가 겸 할리우드 각색 전문가로서 경력을 쌓았다. 반면에 마크 해밀은 몇몇 주목할 만한 실패작에 출연했고, 그중 하나인 〈워처스 리본Watchers Reborn〉(1998)은 정부의 비밀 실험, 돌연변이 짐승 같은 살인자, IQ 140의 개가 등장하는 영화였는데 비디오 시장으로 직행하고 말았다. 〈스타워즈〉의 다른 스타들도 이 시리즈의 어마어마한 인기와 영웅적인 캐릭터들의 무게에 짓눌려, 팬들이 그들을 다른 역할로 받아들이지 못하는 결과를 낳았다. 시리즈 첫 작품에 세 스타와 함께 출연했던 베테랑 연극 겸 영화배우인 알렉 기네스Alec Guinness경은 팬들이 자꾸 그의 배역인 오비완 케노비Obi-Wan Kenobi와 연결시키는 데 극도로 분노하여 모든 팬레터를 뜯어보지도 않은 채 바로 쓰레기통에 버렸다.

포스(스타워즈 세계관의 핵심인 우주에 흐르는 신비한 기운 또는 우주의 의지·옮긴이)를 보여 주지 못한 주요 캐릭터들 중에 유일하게 한 사람만이 자기 카리스마의 위력을 십분 발휘했다. 해리슨 포드는 한 솔로를 연기한 후에 〈레이더스〉(1981)에서 역시 영웅적인 주인공 인디아나 존스 역을 맡았고, 그 다음에는 〈블레이드 러너〉(1982)에서 복제인간, 리플리컨트를 추적하는 반영웅 릭 데커드를 연기했다. 고정된 배역으로 완전히 이미지가 굳어지기 전에 다른 가상의 세계에 등장해 눈도장을 찍은 것이 도움이 되었을 것이다. 그는 〈스타워즈〉 시리즈가 진행되는 사이에 처음 인디아나 존스와 릭 데커드로 출연했던 것이다. 그렇지만 해리슨 포드의 성공조차도 이 모든 시리즈의 출발점인 1977년 〈스타워즈: 새로운 희망〉의 박스오피스 수입에 비하면 절반에도 미치지 못했다.

또 다시 새로운 희망?

오리지널 〈스타워즈〉 3부작 주인공들의 영화 커리어, 1977~2015년

미국 박스오피스 수익, 십억 달러 단위* 0.5 ○ ◯ ◯ 1 ◯   ● 데이터 없음

IV 〈스타워즈 에피소드4 _새로운 희망〉   **V** 〈스타워즈 에피소드5 _제국의 역습〉   **VI** 〈스타워즈 에피소드6 _제이다이의 귀환〉   **VII** 〈스타워즈: 깨어난 포스〉

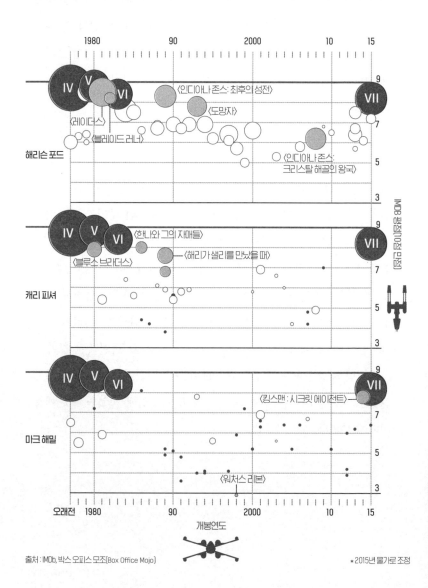

해리슨 포드

〈인디아나 존스: 최후의 성전〉
〈도망자〉
〈레이더스〉
〈블레이드 러너〉
〈인디아나 존스: 크리스탈 해골의 왕국〉

캐리 피셔

〈한나와 그의 자매들〉
〈블루스 브라더스〉
〈해리가 샐리를 만났을 때〉

마크 해밀

〈킹스맨: 시크릿 에이전트〉
〈워처스 리본〉

IMDB 평점(10점 만점)

개봉연도

출처 : IMDb, 박스 오피스 모조(Box Office Mojo)

*2015년 물가로 조정

프로 운동선수들이
라마단을 지키는 법

—

2014년 라마단Ramadan(이슬람력상 성월聖月인 아홉 번째 달에 해가 떠 있는 동안은 식사와 담배, 물, 성관계를 금지하는 기간 · 옮긴이)은 6월 28일에 시작했는데, 그때 마침 브라질 월드컵의 16강 경기가 한창 진행 중이었다. 1986년 이래로 월드컵 토너먼트와 이슬람교의 금식 성월이 겹친 적은 처음이었다. 그래서 일부 무슬림 축구 선수들은 딜레마에 빠졌다. 라마단 기간에 관습을 지키는 무슬림은 일출부터 일몰 때까지 식사, 음주, 섹스를 금해야 한다. 방탕하다는 일반적인 인식과 달리, 대부분 선수들은 섹스를 금하는 데는 문제가 없다. 하지만 영양 상태는 운동선수의 경기 출전 준비에 결정적이다. 특히 브라질에서는 가장 잘 준비된 선수라도 살인적인 기후 때문에 매우 지칠 수 있다. 수차례 빅게임이 열린 브라질 동북 지역 포르탈레자Fortaleza에서는 해가 새벽 5시 30분에 떴다가 오후 5시 30분에 져서 12시간 동안 일광이 내리쬔다.

7월의 평균 최고 기온은 섭씨 30도에, 습도는 평균 92%에 달한다. 이럴 경우에 라마단을 지키는 축구 선수들은 어떻게 대처할까?

2014년 월드컵에 출전한 많은 팀에 무슬림 선수들이 잔뜩 포진해 있었고, 또 무슬림 선수는 보스니아와 헤르체고비나, 알제리, 이란 같은 이슬람 국가 대표 팀에만 있는 것이 아니었다. 프랑스의 카림 벤제마Karim Benzema, 독일의 메수트 외질Mesut Özil, 스위스의 필리페 센데로스Philippe Senderos, 벨기에의 마루앙 펠라이니Marouane Fellaini, 코트디부아르의 야야 투레Yaya Touré를 비롯한 수많은 스타 플레이어들이 만약 자신의 소속 팀이 16강까지 무사히 오른다면 라마단에 어떻게 대처할지를 결정해야 했다.

리버풀 FC의 주치의 자프 이크발Zaf Iqbal에 따르면, 선수들은 금식 외의 시간에 고구마와 옥수수처럼 에너지로 더디게 바뀌는 지효성 탄수화물을 많이 섭취하라고 조언받는다. 또 선수들은 속효성 탄수화물인 당분이 너무 많이 포함된 음식물을 피해야 한다. 그러나 스포츠 영양학자들은 음식물 부족보다 수분 부족이 더 큰 영향을 미친다고 주장한다. 탈수 증세는 인지 기능에 지장을 줄 수 있다. 무슬림 선수들은 종종 라마단 기간 중에 피로감을 호소하고 극심한 감정 기복을 겪는다고 2009년 〈국제 운동 생리학과 경기력 저널〉에서는 보고한다. 또 라마단 기간에는 부상 위험도 더 커질 수 있다. 무슬림 축구 선수들은 해가 뜨기 전에 많은 수분을 섭취하고 가장 더운 시간대에는 훈련을 하지 말아야 한다. 실제로 금식은 수면 패턴에도 영향을 미칠 수 있어, 일부 팀 주치의들은 선수들에게 훈련 대신 낮잠을 권한다. 이런 조치를 취하면, 선수들의 평소 경기력이 크게 떨어지지는 않는다는 것이 대부분의 연구에서 확인되었다.

　그러나 경기 중의 탈수 증상은 문제가 될 수 있다. 훈련 시간과 달리, 경기 시간은 선수들의 요구에 따라 조정할 수 없다. 그래서 많은 무슬림 선수들이 실용적인 접근 방식을 택한다. 코트디부아르의 수비수 콜로 투레Kolo Touré 같은 일부 선수들은 엄격히 라마단 기간을 준수하지만, 모로코의 공격수 마루안 샤마크Marouane Chamakh 등의 다른 선수들은 대부분의 라마단 기간에는 금식을 해도 경기 전날이나 당일은 예외로 한다. 또 다른 선수들은 중요한 경기가 있는 라마단 기간에는 아예 금식을 미룬다. 2012년 런던 올림픽이 라마단과 겹쳤을 때도 영국의 무슬림 투포환 선수 압둘 부하리Abdul Buhari는 《가디언Guardian》지와의 인터뷰에서 금식을 하면 최상의 컨디션을 유지하기 불가능하다고 믿는다며 이렇게 결론 내렸다. "나는 신께서 용서해 주시리라 믿고, 규율을 지키지 못한 일수만큼 경기가 끝난 후에 금식할 계획이다."

데이비드 보위의
장르를 넘나드는 작품 활동

—

어떤 사람들은 데이비드 보위David Bowie를 카멜레온이라고 부르지만, 그는 정반대다. 카멜레온은 주변의 배경에 섞여들기 위해 보호색을 바꾸지만, 보위는 남들 눈에 띄기 위해 자기 색깔을 바꿈으로써 남들이 그를 흉내 내게 만들었다. 보위는 그의 사랑하는 분신들을 죽이는 일도 서슴지 않았다. 그의 가장 유명한 분신인 지기 스타더스트Ziggy Stardust는 1973년에 그가 런던의 해머스미스 오데온Hammersmith Odeon에서 녹초가 된 채로 세계 순회공연을 마칠 때 죽었다. 지기는 너무 많이 모방되고 있었고, 보위는 항상 한 발짝 앞서가야 했던 것이다. 그 뒤를 이은 분신은 얼굴 전체에 지그재그 모양의 번개를 그린 알라딘 세인Aladdin Sane이었고, 그 다음은 가장 문제적인 삐쩍 마른 백인 공작 Thin White Duke으로 검은색 바지와 조끼, 흰색 셔츠를 입고 해골만 손에 들면 바로 햄릿Hamlet을 연기할 법한 귀족적인 카바레 가수였다. 데

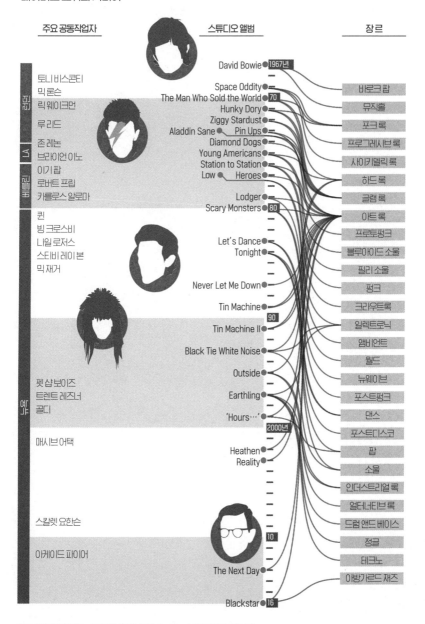

변천사
데이비드 보위의 커리어

주요 공동작업자   스튜디오 앨범   장르

토니 비스콘티
믹 론슨
릭 웨이크먼
루 리드
존 레넌
브라이언 이노
이기 팝
로버트 프립
카를로스 알로마

퀸
빙 크로스비
나일 로저스
스티비 레이본
믹 재거

펫 샵 보이즈
트렌트 레즈너
골디

매시브 어택

스칼렛 요한슨

아케이드 파이어

David Bowie ● 1967년
Space Oddity ●
The Man Who Sold the World ● 70
Hunky Dory ●
Ziggy Stardust ●
Aladdin Sane ● Pin Ups ●
Diamond Dogs ●
Young Americans ●
Station to Station ●
Low ● Heroes ●
Lodger ●
Scary Monsters ● 80

Let's Dance ●
Tonight ●

Never Let Me Down ●

Tin Machine ●

Tin Machine II ● 90

Black Tie White Noise ●

Outside ●

Earthling ●

'Hours…' ●
2000년

Heathen ●
Reality ●

10

The Next Day ●

Blackstar ● 16

바로크 팝
뮤직홀
포크록
프로그레시브록
사이키델릭록
하드록
글램록
아트록
프로토펑크
블루아이드 소울
필리 소울
펑크
크라우트록
일렉트로닉
앰비언트
월드
뉴웨이브
포스트펑크
댄스
포스트디스코
팝
소울
인더스트리얼록
얼터너티브록
드럼 앤드 베이스
정글
테크노
아방가르드 재즈

출처 : 위키피디아(Wikipedia), IMDb, 《롤링 스톤Rolling Stone》, NME, 《이코노미스트》

이비드 보위는 가수 생활 내내 극단적인 범위의 장르와 스타일을 넘나들며 다양한 아티스트들과 공동으로 작업했지만 그 변화무쌍한 활동 속에서도 언제나 자신의 목소리만은 변함없이 유지했다.

왜 초콜릿을 먹으면
몸에 좋을까

—

초콜릿이 맛있다는 데에는 이견을 달 사람이 많지 않을 것이다. 그러나 초콜릿이 몸에 좋다는 사실은 대부분 모른다. 초콜릿은 여드름과 비만을 비롯하여 많은 문제를 유발하는 요인으로 알려져 왔다. 초콜릿을 충분히 많이 먹으면 심지어 사람이 독살할 가능성도 있다. 그러나 최근의 연구에서는 알맞은 종류의 초콜릿을 소량씩 먹으면 실제로 건강에 도움이 된다는 사실을 발견했다. 왜 그럴까? 한마디로 답하자면 초콜릿의 화학 작용 때문이다.

우선 초콜릿의 원료인 카카오콩에는 천연 항산화 물질인 플라보노이드flavonoid가 다량 함유되어 있다. 특히 에피카테친epicatechin이란 항산화 물질이 신체에서 유리기를 제거하여 세포막을 보호하고 심혈관 질환을 예방하는 데 매우 효과적이다. 그러나 플라보노이드는 열을 가하거나 가공하면 급속히 분해되고, 또 쓴 맛이 나기 때문에 초콜릿

제품에서 제거되는 경우가 많다. 따라서 오로지 가공하지 않은 카카오 원두와 다크 초콜릿만이 (정도의 차이는 있겠지만) 이런 효능을 제공한다.

두 번째로 카카오에는 건강에 도움이 되는 성분인 신경 자극 물질 테오브로민theobromine이 들어 있다. 테오브로민은 카페인과 매우 유사한 분자 구조로 구성된다. 그러나 카페인이 주로 중추 신경계에 효과가 두드러진 반면, 테오브로민은 심장에 미치는 잘 안 알려진 효과가 있다. 심장 박동을 증가시키고 혈관을 확장시켜 혈압을 낮추는 것이다. 테오브로민은 또 '나쁜' 콜레스테롤보다 '좋은' 콜레스테롤을 촉진하고 동맥 내벽에 플라크가 쌓이는 것을 막아 준다. 그 뿐 아니라 폐 등에서 볼 수 있는 평활근을 이완시키는 작용을 하여 천식 증세를 완화시키는 데도 도움이 된다. 일부 연구에서는 테오브로민이 기침을 잠재우는 데 코데인보다 더 낫다고 주장한다. 마지막으로 아마도 가장 놀라운 효과는 초콜릿이 불소보다 충치 예방에 더 효과적이라는 사실일 것이다. 테오브로민은 치아의 에나멜을 감싸서 치아가 산성으로 부식되지 않도록 보호하는 효과가 있다.

이 모든 효능에도 불구하고, 초콜릿에는 문제점이 있다. 초콜릿을 너무 많이 먹으면 드문 경우에 테오브로민 중독으로 생명에 치명적일 수도 있고, 보다 일반적으로는 구토, 경련, 두통 등을 유발할 위험이 있다. 이런 위험성은 동물에게 더 심각하다. 예를 들어 작은 강아지들은 밀크 초콜릿을 100g만 먹어도 죽을 수 있다. 그들의 몸은 테오브로민을 충분히 빠르게 신진대사 하지 못하기 때문이다. 2014년에 뉴햄프셔에서 곰 네 마리가 초콜릿과 정크 푸드 90파운드(약 40킬로그램)

를 먹어 치운 후에 죽은 채로 발견되었는데 네 마리 모두 심장 마비였다. 그렇기는 해도 대부분의 사람들이 가끔씩 초콜릿 한 조각을 맛보는 것은 분명히 안전하고 건강에도 유용한 즐거움임에 틀림없다.

배트맨 체격의
변천사

—

브루스 웨인Bruce Wayne은 배트맨의 비밀 본부 배트케이브에 웨이트 벤치를 설치해 둔 듯 보인다. 관객들은 〈배트맨 대 슈퍼맨: 저스티스의 시작Batman v Superman: Dawn of Justice〉의 홍보 포스터에서 헨리 카빌Henry Cavill이 연기한 슈퍼맨에게 냉랭한 시선을 던지는 벤 애플렉Ben Affleck(밤에는 고담 시 자경단으로 변신하는 억만장자 고아 배트맨의 역할을 가장 최근에 연기한 배우)의 위압적인 덩치에 어쩌면 놀랐을 수도 있다. 슈퍼맨이야 원래 덩치가 크지만, 할리우드에서 최초로 나란히 등장한 두 캐릭터를 보니 배트맨이 슈퍼맨보다도 신체적으로 우월해 보인다. 최근 레드카펫 인터뷰에서 벤 애플렉은 그 이유를 이렇게 설명했다. "아담 웨스트Adam west가 흥행하던 시절은 지나갔어요. 그냥 침대에서 나와 슈트만 걸친다고 되는 게 아니에요. 관객들은 슈퍼 히어로를 보고 싶어 하니까요."

아이러니하게도 미국 연예 매체 무비파일럿이 집계한 데이터에 따르면, 배트맨이 50년 전에 처음 장편 영화에 등장한 이래 원작 만화에서 제시한 배트맨의 신체 비율(키 188센티미터에 체중 95킬로그램)에 가장 가까운 사람은 아담 웨스트였다. 하지만 웨스트의 모습이 가장 보기 좋았다고 말할 관객은 드물 것이다. 그의 민망한 스판덱스 복장(형태가 잡힌 배트슈트Batsuits가 등장한 것은 마이클 키튼Michael Keaton이 주연했던 1989년 버전부터다)과 그의 목숨을 건 비현실적인 활약을 보고 웃지 않기란 어렵기 때문이다. 반면에 크리스토퍼 놀란Christopher Nolan 감독의 3부작에서 크리스찬 베일이 연기한 근육질 배트맨은 다소 왜소하기는 해도 비평가들의 찬사를 받았다.

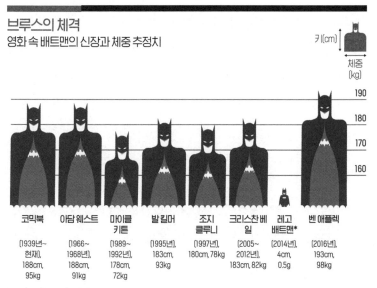

브루스의 체격
영화 속 배트맨의 신장과 체중 추정치

키(cm)

체중
(kg)

190

180

170

160

코믹북	아담 웨스트	마이클 키튼	발 킬머	조지 클루니	크리스찬 베일	레고 배트맨*	벤 애플렉
(1939년~현재), 188cm, 95kg	(1966~1968년), 188cm, 91kg	(1989~1992년), 178cm, 72kg	(1995년), 183cm, 93kg	(1997년), 180cm, 78kg	(2005~2012년), 183cm, 82kg	(2014년), 4cm, 0.5g	(2016년), 193cm, 98kg

출처 : 무비파일럿(Moviepilot), IMDb

*〈레고 무비〉 중에서, 비례 척도 아님

브루스 웨인의 정확한 신체 사이즈에 맞지 않는 것이 오늘날의 영화에서 그리 큰 문제는 아니다. 마이클 키튼은 키 178센티미터에 체중 72킬로그램으로 배트맨을 연기했던 배우들 중에 가장 작았다. 이점을 보완하기 위해 영화에서는 이 날씬한 슈퍼 히어로를 좁은 출입구(가로 폭의 착시를 유발한다)나 카메라에 밀착시켜 찍었고, 다른 캐릭터들은 그를 계속 '6피트짜리 박쥐'라고 부른다. 조지 클루니 역시 이 역할을 하기에는 조금 작았지만, 실패작인 〈배트맨과 로빈Batman and Robin〉(1997)에서 덩치가 크고 위풍당당하게 보인다. 조지 클루니는 결코 '슈퍼 솔저'로 변한 베인Bane과 한 스크린 내에 나란히 잡히지 않고, 영화의 클라이맥스에서만 우스꽝스러운 미스터 프리즈(아널드 슈워제네거)와 근접 거리에서 다툰다.

이후의 배트맨들은 이런 연출이 필요 없었다. 발 킬머의 다부진 체격은 그 자체로 설명이 따로 필요 없고, 각본도 여기에 힘을 보탠다. 그의 애정 상대인 니콜 키드먼Nicole Kidman이 요염하게 그의 '눈, 입술, 몸'을 응시하도록 관객을 이끌기 때문이다. 베일은 〈배트맨 비긴즈Batman Begins〉(2005)와 〈다크 나이트 라이즈The Dark Knight Rises〉(2012)에서 상반신을 드러낸 채로 훈련한다. 이에 뒤질세라 애플렉도 세미 누드 상태로 타이어와 사슬을 끄는 땀범벅의 훈련 장면을 보여 준다.

악당들 역시 물리적으로 점점 더 위압감을 준다. 웨스트는 폭발물 상어와 맞붙어 싸우고 클루니는 얼어붙은 고담 시와 싸우며, 아카데미를 수상한 히스 레저Heath Ledger의 무정부주의 조커는 '세상이 불타오르는 모습을 보고' 싶어 하지만 최근의 적들은 흡사 깡패들 같다.

놀란의 시리즈 3편에서 톰 하디Tom Hardy가 연기한 베인은 상대의 숨통을 끊고 두개골을 박살 내 가며 악의적인 목적을 달성한다. 여기에서 관객은 망토를 걸친 배트맨이 힘으로 압도당하는 모습을 보게 되는데, 그의 적은 배트맨을 높이 들어 올리거나 바닥으로 내팽개치며 이렇게 혼잣말을 한다. "어디부터 망가뜨려줄까… 너의 정신 아니면 육체?"

웨인은 그의 최신식 적들, 즉 크립톤 행성에서 온 메타휴먼을 정복하기 위해 더욱더 몸을 부풀린다. 하지만 배트맨의 역할은 힘만큼이나 은밀히 움직이는 능력이 요구된다. 애플렉은 분명히 인상적인 체격으로 '슈퍼 히어로처럼' 보여야 한다는 목표를 달성하지만, 고담 시에서는 도자기 가게 안의 인간 황소처럼 조심스레 어슬렁거린다. 지난 50년 동안 배트맨은 체력 못지않게 머리를 써 가며 악의 음모를 좌절시켰다. 그의 싸움은 육탄전이기보다는 심리전이다. 아마 이제는 웨인이 웨이트 벤치를 치워 버릴 시간일 것이다. 배트맨의 경우는 몸집이 크다고 항상 좋은 것만은 아니기 때문이다.

왜 인도인들은
크리켓을 좋아할까

—

외지인들에게 인도인의 어마어마한 크리켓 사랑은 그 과열된 열기만큼이나 이해하기 힘들다. 인도는 2014년 2월에 얼마 전 은퇴한 타자 사친 텐둘카르Sachin Tendulkar에게 가장 높은 시민 훈장인 바라트 라트나를 수여했다. 인구가 13억 명인데도 전국적으로 인기 있는 스포츠는 크리켓 하나뿐인 인도에서 수백만 명이 이 소식에 뛸 듯이 기뻐했다. 인도의 국가 대표 팀이 중요한 경기를 할 때는 거의 4억 명의 인도인이 TV에서 경기를 시청하는 것으로 추산된다. 그러나 인도에서 크리켓이 이처럼 큰 인기를 끌게 된 것은 사실상 거의 불가능한 일이었다. 크리켓 경기는 넓은 부지와 훌륭한 인조 잔디, 고가의 장비가 필요하기 때문에 제대로 즐기기가 어렵다. 인도의 크리켓 선수 중에 극소수만이 고가의 장비를 이용할 뿐, 대부분의 선수는 보호대도 착용하지 않고 가죽공도 던지지 않는다. 그런데도 왜 인도인들은 크리켓을 그렇게 사랑하는 걸까?

많은 사람들의 생각과는 달리, 인도가 크리켓을 잘한다는 사실로 그 이유가 설명되지는 않는다. 만일 그랬다면, 하키가 훨씬 더 인기 있었을 것이다. 1928~1956년에 인도의 하키 팀은 올림픽 6연패라는 엄청난 기록을 달성했고, 인도의 크리켓 선수들은 한 번도 그런 하키 팀의 아성을 위협해 본 적이 없었다. 인도는 세계 다른 나라의 선수들을 전부 합친 것보다 더 많은 크리켓 선수를 보유하고 있지만, 최근에 와서야 꾸준한 경쟁력을 유지하게 되었을 뿐이다.

크리켓이 인도를 정복하게 된 것은 또 식민지 시대의 책략도 아니었다. 19세기에 인도를 지배했던 영국 통치자들은 결코 그들이 가장 좋아하는 경기를 인도에 전파하려는 의도가 없었다. 그러나 바로 이 점이 결과적으로 크리켓이 놀랄 만큼 전파된 가장 근본적이고 중요한 이유로 판명되었다. 영국인의 품격 있는 크리켓 경기를 부러워하던 가장 부유하고 야심찬 인도인들, 특히 봄베이의 파르시교도 및 힌두교도 사업가들과 다른 지역의 권위 있는 통치자들이 자진해서 크리켓 경기를 시작한 것이다. 그 결과 크리켓은 인도 엘리트층의 게임이 되었고, 정치적인 성격을 띠게 되어 지금까지도 여전히 유지하고 있다. 인도의 초대 총리 자와할랄 네루Jawaharlal Nehru가 인도 의회 팀의 첫 타격을 했던 것도 영국의 문화와 제도를 폭 넓게 유지하겠다는 의지의 상징이었다. 인도에서 다른 어떤 스포츠도 지금껏 최고위층의 그런 전폭적인 지지를 받아 본 적이 없었다.

그러나 인도 크리켓은 엘리트만의 스포츠가 아니다. 봄베이에서 시작된 초창기부터 크리켓은 대중의 관심을 끌었다. 파르시 팀과 힌두

팀이 식민지 통치자들과 처음 대결하거나 서로 겨루는 경기를 보기 위해 엄청난 인파가 몰려들었다. 이런 현상은 시대적, 공간적 배경을 반영했다. 당시 봄베이의 섬유 공장들이 급성장하면서 조직화된 노동 계층이라는 약간의 시간적, 재정적 여유를 가진 새로운 계층이 탄생했던 것이다. 크리켓은 또 전통적인 인도 사회의 위계적 성격을 반영하기도 했다.

최근에 와서는 특히 TV를 비롯한 매스 미디어의 보급이 확대되면서 크리켓의 인기가 대대적으로 높아졌다. 1989년에 인도에서 TV를 보유한 가정은 약 3,000만 가구였으나 이제는 1억 6,000만 가구가 넘는다. TV의 이런 폭발적 증가는 부분적으로 크리켓에 힘입은 바도 컸다. 인도인들이 TV로 가장 보고 싶어 하던 것이 바로 크리켓 경기였기 때문이다. 또 TV 덕분에 인도의 크리켓 팬층이 몇 배로 확대되면서 이 국민 스포츠의 성격도 변하게 되었다. 인도 크리켓은 더 이상 엘리트의 전유물이 아니라 이제 완전히 대중화된 스포츠다. 한때 영국인의 여름 놀이였던 크리켓이 이제 인도에서는 유명인이 참여하고 대단히 정치적인 수십억 달러 규모의 산업이 되었다. 이런 상업화된 스포츠에서, 좋은 매너와 페어플레이라는 크리켓의 잘 알려진 신사적 이상은 기껏해야 희미한 자취로만 남아 있을 뿐이다.

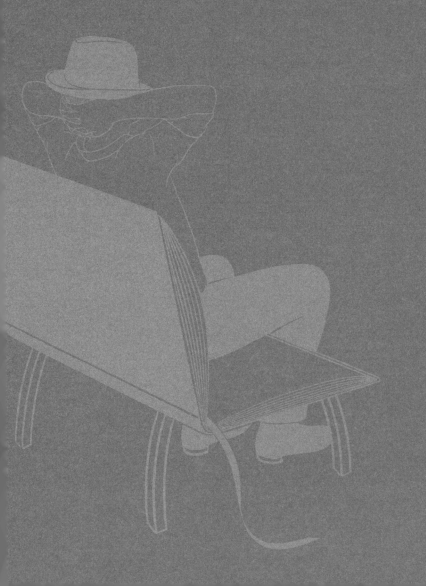

6장

테크놀로지의 초입

조금은 전문적이고 기술적인 이야기

사이버 무기는
어떻게 추적할까

—

인터넷은 책 배송부터 신문 발행과 음란물까지 모든 종류의 산업을 변화시켰다. 첩보 활동 역시 예외가 아니다. 2014년 11월에 미국의 정보 보안 기업 시만텍Symantec은 (다른 곳들 중에서도) 러시아와 사우디아라비아의 컴퓨터 네트워크에 잠복해 있던 악성 소프트웨어 가운데 어떤 비밀 정보든 훔쳐 내는 복잡한 악성 코드인 '레긴Regin'을 발견했다고 발표했다. 불과 2주 전에는 또 다른 사이버 보안 회사 카스퍼스키랩Kaspersky Labs에서 아시아의 호텔에 묵는 기업 총수나 기타 거물들을 타깃으로 삼는 또 다른 스파이웨어 '다크호텔Darkhotel'에 대해 공개했다. 이 두 가지 소프트웨어는 교묘하고 세련되며 정교하다. 이런 이유로 사이버 보안 기업들은 그것들이 국가 단체의 소행이라고 짐작한다. 다크호텔은 잠정적으로 한국에서 만든 것으로 추정되었다. 레긴은 영국이 아마도 미국의 도움을 얻어 만든 것으로 여겨졌다. 그런데 사이버 보안 연구자들은 바이러스가 어디에서 만들어지는지를 어떻게 알까?

대답을 하자면, 그들도 정확히는 모른다. 실제로 (적어도 첩자들에게) 컴퓨터 첩보 활동의 매력 중 하나는 해당 작전의 배후에 누가 있는지를 파악하기가 훨씬 힘들다는 점이다. 인간 첩자와 달리, 컴퓨터 코드는 특수한 억양으로 말을 하지도 않고, 수사할 수 있는 알리바이도 없다. 그래서 사이버 보안 연구자들은 긁어모을 수 있는 아주 작은 단서나 추측과 짐작에 의존해야 한다. 정부에서 개발한 가장 유명한 멀웨어 중 하나인 스턱스넷Stuxnet은 이란의 핵 프로그램에서 이용하는 원심 분리기의 작동을 저지하는 데 사용되었다. 자연히 이스라엘 정부의 소행이란 의심이 들었다. 그 지역에서 기술이 가장 발전한 선진국인 데다 이란의 핵폭탄 가동을 오랫동안 두려워해 온 나라이기 때문이었다(당시 이스라엘이 이란 공장의 공습을 계획하고 있다는 소문도 돌던 참이었다). 이스라엘의 주요 우방국이자 이란의 주적인 미국 역시 이 작전에 가세했다는 의심을 받았다. 지금까지 어떤 나라도 스턱스넷을 가동시켰다고 인정한 바는 없지만, 미국의 관료들은 결코 그 사실을 부정한 적도 없다.

때로는 악성 코드 자체에 단서가 포함되어 있을 때도 있다. 예를 들어 다크호텔의 공격 목표는 대부분 아시아에 있었다(타깃의 대다수가 인도·일본·중국 출신이었다). 이 악성 코드에는 한글과 한국 프로그래머의 온라인 별명이 포함되어 있었다. 레긴의 모듈 중 하나는 '레그스핀 Legspin'이라는 크리켓 관련 용어 때문에 용의자의 범위가 좁혀졌다. 그리고 이 악성 코드를 분석한 연구자들은 레긴이 EU의 주요 기관들이 고객으로 가입해 있는 벨기에의 대형 통신 업체 벨가콤Belgacom을 공격할 때 사용된 소프트웨어와 매우 유사해(혹은 아예 동일해) 보인다고 지적했다. 전직 미국 스파이인 에드워드 스노든Edward Snowden이 폭로한 내용을 보면 이 공격을 영국의 소행으로 짐작할 수 있다.

하지만 이 모든 이야기는 잠정적일 뿐이다. 스파이라면 아마 적들(과 민간 사이버 보안 연구자들)이 우연히 포착되는 모든 컴퓨터 버그들을 역설계reverse-engineer해 본다는 사실을 잘 알 것이다. 따라서 남아 있는 단서들은 우연히 포함되었을 수도 있지만, 일부러 상대를 속이기 위해 설계된 것일 수 있다. 핀란드 보안 전문업체 F-시큐어의 대표 미코 히포넨Mikko Hypponen은 컴퓨터 첩보 활동 초창기 러시아에서는 의도적으로 중국인의 소행처럼 보이도록 악성 코드를 설계했다고 지적한다. 첩보와 간첩 활동에서 늘 그렇듯이, 아무것도 확실하지는 않은 것이다.

페이스북에
셀카를 올리기
가장 좋은 시간

—

페이스북에 게시물을 올리기에 가장 좋은 시간은 언제일까? 반응을 원한다면 느긋한 일요일에는 올리지 말라. 샌프란시스코의 소셜 미디어 분석 사이트 클라우트Klout에 따르면, 차라리 주중의 근무 시간이 더 나은 선택이다. 이 답변은 또 지역에 따라 달라진다. 뉴요커들은 결코 잠들지 않는 도시에 살고 있지만, 데이터상으로 페이스북 포스트에 대한 반응이 가장 좋은 시간대는 샌프란시스코에 비해 늦다. 런던 사람들은 업무가 서서히 종료되는 더 늦은 오후 시간대에 페이스북에 접속하는 경향이 있다. 도쿄 시민들은 일과 여가의 구분이 가장 철저하여, 정규 업무 시간 외에 가장 활발한 반응을 얻을 가능성이 높다.

이 데이터는 소셜 네트워크 사용자들에게 언제 포스트를 올리는 것이 최선이고 페이스북에 가장 우호적인 직장은 어디인지에 대해 좋은 시사점을 제공한다. 페이스북의 16억 사용자들에 대한 트래픽 의존도가 점점 높아지는 언론 기관들도 충분히 주목할 만하다.

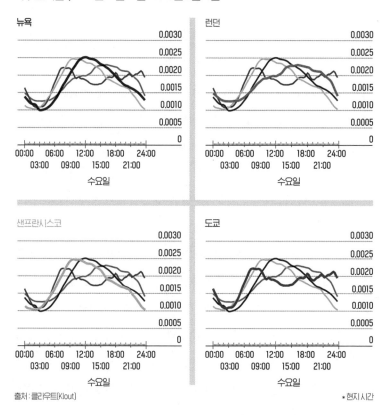

페이스북 포스트에 좋아요, 댓글, 공유 등의 반응을 얻을 확률
거주 도시별*, 2014년 10월 15일~2015년 2월 11일

출처 : 클라우트(Klout)

*현지시간

온라인 광고업자는
어떻게 우리 마음을 읽을까

—

인터넷을 사용해 본 사람이면 누구나 데자뷔의 느낌에 익숙할 것이다. 한 번도 들른 적 없는 웹사이트에 방문해도 어디선가 본 듯한 광고만 접하게 되기 때문이다. 예를 들면 예전에 구입했던 신발이나 찾아보긴 했지만 예약은 하지 않았던 호텔을 보여 주는 광고들 말이다. 광고주는 무슨 신통력이 있는 것일까 아니면 우리를 훔쳐보는 것일까?

기술이 발전하면서 광고들은 과거 어느 때보다 더 정확하게 타깃을 공략할 수 있게 되었다. 우리가 온라인상에서 더 많은 시간을 보낼수록, 점점 더 많은 개인 정보를 웹사이트, 이메일 서비스, 소셜 네트워크 등과 공유하게 된다. 구글은 사용자가 검색하는 주제와 관련된 광고를 게시하고 다른 사람들이 소유한 웹사이트에 타기팅 광고를 게재하기 쉽게 도와주는 대규모 사업을 운영한다. 페이스북과 트위터 같은 소셜 네트워크는 웹상에서 사람들의 움직임을 추적하며 광고주들에게 맞춤형 광고를 통해 사용자들에게 도달할 수 있게 한다. 그 밖에 수천 개의 다른 기업들이 사람들이 어디에서 쇼핑을 하고 온라인상에서 무엇을 구매하는지를 추적하여 그들의 직업과 소득 수준 같은 기타 정보를 유추한다. 이런 작업을 수행하는 한 가지 방법은 사용자의 웹브라우저에 저장된 작은 데이터 조각인 '쿠키'를 이용하여 웹사이트가 사용자를 (이름이 아닌 고유 ID를 통해) 식별할 수 있게 하는 것이다. 그러면 기업들은 사용자가 어떤 종류의 기사를 읽는지, 어디에서 쇼핑을 하고 어느 위치에 있는지 등의 세부 정보를 추적하여 소비자 프로파일을 구성할 수 있다.

이로써 광고주들은 자신들의 이야기를 듣는 데 가장 흥미를 느낄 만한 사용자에게 도달할 수 있고, 그 결과 웹 사용자들은 수시로 데자뷔의 느낌을 경험하게 된다. 예를 들어 광고주들은 과거에 특정 웹사이트에서 쇼핑한 적이 있지만 '구매' 버튼을 클릭하기 전에 떠났던 사람들에게만 광고를 노출하기로 결정할 수 있다. 광고업계의 용어로 말하자면 '리타게팅Retargeting'이다. 또 광고주들은 자기네 웹사이트에 방문한 사용자들의 쿠키 ID를 파악하거나 다른 업체에서 해당 정보를 구입함으로써 그런 사용자들에게만 광고를 할 수도 있다. 이런 광고는 점점 '실시간 입찰'이라는 자동화된 경매 프로세스를 통해 이루어진다. 광고 슬롯이 비어 있는 웹사이트가 사용자에 관한 정보와 광고가 게재될 웹페이지를 온라인 광고 거래소에 보내면, 그곳에서 광고주들은 그 특정한 슬롯에 입찰할지 여부를 결정하고 보통 그 사용자가 과거에 자사의 제품에 관심을 보였다고 판단되면 입찰 금액을 높여서 제시한다. 이 전 과정이 1초도 안 되는 시간에 이루어진다. 바로 이런 방식으로 광고가 우리의 마음을 읽는 듯 보이고 웹상에서 우리를 따라다니는 듯 느껴지게 된다.

교묘하고 오싹하기는 하지만 온라인 광고 기술은 한층 더 정교해지고 있다. 광고주들은 특정 사용자에게 도달할 수 있게 됐을 뿐 아니라, 해당 사용자에게 보다 설득력 있는 광고로 변경할 수도 있다. 예를 들어 만약 한 사용자가 자동차 회사의 웹사이트를 둘러보며 특정 모델을 클릭했다면, 광고주는 광고에 그 차종의 사진을 제시할 수도 있다. 겨울에 어떤 패션 소매상은 뉴욕의 사용자에게는 두꺼운 코트 사진을 보여 주지만 하와이에서 웹서핑을 하는 사용자에게는 샌들을 보여 줄 것이다. 광고주는 이제 그들의 광고가 노출되는 시간과 광고를 내보낼 디바이스 종류를 결정하는 데 있어서 더욱 통제력을 행사하게 되었다. 그들은 소비자가 어떤 종류의 디바이스와 운영 체계를 사용하느냐에 따라서 소득 수준을 예측할 수도 있다. 애플 컴퓨터를 보유한 사람은 일반 PC 사용자보다 더 윤택한 생활을 하는 경향이 있는 것이다. 광고는 아직 딱히 과학이라고 말할 수는 없어도 점점 더 과학에 가까워지고 있다.

비디오 게임 개발에
많은 돈이 드는 이유

—

2014년 9월에 대형 게임 회사 액티비전Activision이 〈데스티니〉를 출시했을 때, 이 소식은 단지 게임 분야 언론에서만 다루어지지 않았다. 많은 신문들이 약 5억 달러로 알려진 이 게임의 엄청난 개발비에 대해 보도했다. 어떻게 비디오게임을 하나 개발하는 데 10억 달러의 절반이나 든다는 말인가? 물론 실제로는 그렇지 않았다. 액티비전은 〈데스티니〉를 장기적인 프랜차이즈의 첫 번째 게임으로 구상했고, 이 프랜차이즈 전체를 성공시키기 위한 예산으로 5억 달러를 책정해 놓았던 것이다. 그럼에도 불구하고 실제 게임 개발 예산은 점점 불어나고 있다. 개발사와 퍼블리셔(개발된 게임의 판매와 유통 담당 · 옮긴이)들은 구체적인 수치를 공개하기 꺼리지만, 수천만 달러의 개발 예산은 이제 드문 일이 아니다. 가장 많은 개발비를 투자한 세련된 게임들은 수억 달러가 들기도 한다. 2011년에 출시된 온라인 게임 〈스타워즈: 구공화국〉은 1

억 5,000만~2억 달러의 개발비가 든 것으로 알려졌다. 2년 뒤에 출시된 〈그랜드 데프트 오토 V〉는 2억 6,500만 달러가량 들었다고 알려졌다. 이 정도면 할리우드 블록버스터 영화 한 편과 맞먹는 수준이다. 게임을 개발하는 비용이 왜 이렇게 급증한 것일까?

한 가지 이유는 무어의 법칙Moore's Law이다. 컴퓨터 그래픽은 지난 20년간 비약적으로 발전했다. 약 500명의 팀이 개발한 〈데스티니〉의 그래픽은 친구 몇 명이 뚝딱뚝딱 만들어 1993년에 출시한 영향력 있는 사격 게임 〈둠〉의 그래픽에 비해 훨씬 앞서 있다. 몇 가지 예외가 있긴 해도(실제처럼 보이는 나무를 자동으로 만들어 내는 소프트웨어 스피드트리 등), 비디오 게임의 모든 그래픽은 손으로 직접 제작된다. 캐릭터, 아이템, 레벨, 시각 효과 등이 모두 점점 복잡하고 세밀해지면서 개발사들도 게임 개발에 점점 더 많은 아티스트를 투입하는 것 외에는 다른 선택의 여지가 없어졌다. 개발비가 치솟은 또 다른 이유는 업계에서 모든 분야의 전문성이 늘어났기 때문이다. 근래에는 할리우드 배우들이 (거액을 받고) 캐릭터 더빙에 참여한다. 최대 개발사들은 자사 제품이 박살날 때까지 시장성을 테스트한다. 정당들이 선거용 슬로건을 다듬을 때처럼, 게임 개발사들은 포커스 그룹에 게임의 일부를 공개한다. 만약 한 부분이라도 너무 어렵거나 너무 모호하거나 그냥 재미없다고 판명되면, 다시 재작업에 들어간다. 이런 식의 철저한 품질 관리 때문에 막대한 개발비가 드는 것이다.

그러나 영화 산업과의 비교는 오해를 부를 여지가 있다. 영화 예산은 보통 실제 영화를 제작하는 비용만을 포함한다. 반면에 게임 예산은 종종 마케팅 비용도 포함한다. 게임이 주된 오락 수단으로 자리 잡으면서 마케팅 비용도 크게 불어났다. 2011년에 출시된 〈배틀필드3〉 같은 블록버스터 게임은 신문, TV, 옥외 광고와 온라인 광고를 병행한다. 퍼블리셔들은 스턴트맨을 동원하여 탱크를 타고 런던 옥스퍼드 스트리트를 질주하는 식의 화려한 게임 런칭 파티를 연다. 이 모든 비용을 합치면 실제 게임을 만든 프로그래머와 아티스트들에게 지급한 금액보다 더 많을 수도 있다. 그렇긴 해도 엔터테인먼트의 양적 측면으로 따지자면 게임이 영화보다 더 많은 엔터테인먼트를 제공한다. 최대의 개발비를 들인 게임들은 플레이어를 거대하고 무한한 세계 속으로 초대해 직접 탐험하도록 유인하는 경향이 있다. 영화 세트는 오로지 주의 깊게 고른 몇몇 장면에서만 바라볼 수 있지만, 게임 세계는 세트 안에서 자유롭게 돌아다니는 수백만 명의 플레이어들이 어떤 각도에서 살펴보더라도 아무 문제가 없어야 한다. 그리고 영화는 상영 시간이 3시간이 훨씬 넘는 경우가 극히 드물지만, 게임은 아주 짧은 경우에도 10시간 이상의 게임 플레이를 제공하고, 많은 게임들이 수차례씩 게임 기회를 제공한다.

게임 개발비가 늘어나면서 놀랍고 영화 같은 경험을 창조해 내기도 한다. 그러나 모든 사람이 이런 변화를 반기는 것은 아니다. 개발비가 늘어나니 퍼블리셔들은 신중해져서 뭔가 새롭고 처음 시도되는 게임에 수천만 달러를 투자하는 모험보다는 소비자들이 좋아하는 요소를 더 많이 집어넣는 쪽을 선호하게 되었다. 그러다 보니 가장 많이 팔리는 게임들의 목록은 할리우드 블록버스터 차트를 닮아 가게 되었다. 속편이나 리부트, 오래된 신뢰할 만한 공식을 약간만 변형시킨 게임들로 가득한 것이다. 이에 불만을 품은 개발자들은 독립하여 자기 회사를 차려서, 선배들이 20~30년 전에 차고에서 게임을 개발하던 시절을 되풀이한다. 이렇게 예산과 복잡한 디자인을 줄인 인디 게임들은 게임업계에서 상당 부분의 혁신을 이루어 내고 있다. 많은 게임들이 로 파이(lo-fi) 그래픽(〈마인크래프트〉의 고르지 않은 그래픽이 가장 유명한 사례다)의 장점을 살린다. 소형 화면에서 제한된 인터페이스로 잠깐 잠깐씩 플레이하는 모바일 게임 역시 많은 예산이 들지 않는다. 그러나 역시 돈을 벌어들이는 것은 개발비가 많이 들어간 게임들이다. 〈그랜드 데프트 오토 V〉는 출시 첫날에 개발비의 3배인 8억 달러가량을 벌어들였다. 그리고 한층 더 정교한 그래픽을 구현하는 최신 게임 콘솔들이 나오면서 게임 개발비는 앞으로도 계속 늘어날 전망이다.

가상 현실은
어떻게 가능할까

—

페이스북, 소니, HTC가 계획대로 진행한다면, 앞으로 가장 주목받을 전자 제품은 스마트폰이나 종잇장처럼 얇고 거대한 평면 TV가 아니라, 가상 현실VR 헤드셋일 것이다. 사용자를 광대한 3차원 우주로 인도하는 컴퓨터 보안경 말이다. 이 3차원 우주에서 사람들은 파노라마처럼 펼쳐지는 영화를 볼 수도 있고, 가상의 여행을 떠나거나 점점 늘어나는 VR 프로그래머들이 꿈꾸는 온갖 종류의 매혹적인 오락거리를 경험할 수 있다. 이런 가상 현실을 뒷받침하는 것은 어떤 기술일까?

2014년에 페이스북에 20억 달러에 인수된 VR 스타트업 오큘러스 Oculus의 공동 창업자 브랜든 이리브Brendan Iribe는 VR이 '인간의 감각 기관을 해킹한다'고 표현한다. 이로써 VR 기업들이 인간이 가장 많이 의지하는 감각인 시각의 해킹에 집중하는 이유가 설명된다. 인간은 입체시를 갖고 있어, 양쪽 눈이 인식하는 이미지들의 미묘한 차이에 주목함으로써 깊이를 인식한다. 가상 현실 헤드셋은 이런 특성을 활용하여, 각 눈에 하나씩 작은 디스플레이 스크린 두 개로 구성된다. 각 눈이 받아들이는 이미지를 미세하게 조정함으로써, 사용자의 두뇌는 평면 이미지 한 쌍이 아니라 완전한 3차원 세계를 보고 있다고 착각하게 된다.

그 다음 트릭은 평면적인 이미지가 마치 사용자를 둘러싸고 있는 세계처럼 느껴지게 만드는 것이다. 현대의 VR 헤드셋에는 스마트폰에 들어 있는 가속도계, 자이로스코프 등에서 사용되는 것과 유사한 초소형 센서가 내장되어 있어 헤드셋 착용자의 머리 움직임을 추적할 수 있다. 사용자가 주위를 둘러보면, 컴퓨터가 스크린상에 주변 광경을 업데이트할 수 있는 것이다. 그러나 이런 센서들은 초당 수십 번씩 업데이트되어야 하므로, 오류도 급속도로 증가한다. 그래서 헤드셋에는 LED도 함께 부착되어 있다. LED는 방안 어딘가에 설치된 카메라가 헤드셋의 위치를 추적하여 내장된 센서의 계속 쌓여 가는 오류를 바로잡게 한다. 또 카메라를 이용하면 컴퓨터가 사용자의 몸을 추적할 수 있게 된다. 이로써 사용자는 손에 쥐는 제어 장치를 통해 한 쌍의 가상 팔과 손을 부여받게 되고, 사용자가 현실 세계에서 앞으로 걸으면 가상 세계에서도 앞으로 이동하게 된다.

이 모든 설명이 이론상으로는 매우 간단하게 들린다. 그러나 실제 사용 가능한 헤드셋을 만드는 일은 현대 컴퓨팅 기술의 한계에 도전하는 작업이다(1990년대에 대대적인 VR 열풍이 끝나갈 무렵 기술력이 이 수준에 미치지 못한다는 사실이 명백해졌다). 가상 현실이 제대로 작동하려면, 환영과 현실이 극도로 매끄럽게 연결되어야 한다. 인간은 시각적 불일치에 대단히 민감하여, 아주 작은 허점도 일반적인 멀미와 비슷한 증상인 '가상 현실 멀미'를 유발할 수 있다. 따라서 이미지가 매우 빠르게 업데이트되어야 하고, 그러려면 초당 90프레임 이상의 동영상을 생성할 수 있는 대용량 컴퓨터 하드웨어가 필요하다. 그리고 사용자의 머리를 추적하는 센서들도 컴퓨터에 최소한 그 정도의 속도로 정보를 전송할 수 있어야 한다. 조금만 지연이 생겨도 화면이 밀리는 듯한 불쾌한 느낌을 줄 수 있다. 이런 기술적 어려움에도 불구하고, 공학자들은 이런 문제가 결국에는 해결될 것으로 확신한다. 이제 문제는 얼마나 많은 사람들이 신기한 가상 현실 헤드셋에 돈을 지불할 준비가 되어있느냐다. 특히 훨씬 싼 어댑터에 스마트폰을 연결하면 몇 분의 1밖에 안 되는 가격으로 유사한 경험을 체험할 수 있는 상황이라면 말이다.

기계 학습은
어떻게 이루어질까

—

인공 지능AI에 관한 흔한 농담은 핵 융합처럼 인공 지능도 50년 넘게 미래의 가능성으로 남아 있다는 것이다. 1958년에 《뉴욕 타임스》는 코넬 대학에서 군 예산을 지원받아 개발한 초기 AI 머신 퍼셉트론 Perceptron에 대해 '[미 해군이] 스스로 걷고 말하고 보고 쓰고 번식하며 자신의 존재를 자각할 수 있는 전자 컴퓨터의 배아가 될 것으로 기대한다'고 보도했다. 그로부터 50년이 지난 지금도 자신의 존재를 자각하는 전함이 나오지 않은 것은 분명하다. 하지만 단순히 허풍만이 아니라 괄목할 만한 진전도 있었다. 예를 들어 이제는 컴퓨터들이 체스나 바둑 같은 게임에서 어떤 인간보다도 실력이 좋다. 컴퓨터들은 인간의 언어를 처리할 수도 있고 심지어 마구 흘겨 쓴 필적도 읽어 낼수 있다. 오늘날 자동 응답 전화 시스템은 많은 사람들에게 짜증을 유발하지만, 1950년대 사람에게는 자동 응답 전화가 마술처럼 보일 것이다. 요즘 들어 인공 지능이 다시 뉴스에 오르내리고 있다. 지난 몇 년간 기계 학습이라는 AI의 특수 분야에서 주목할 만한 발전이 이루어졌기 때문이다. 그렇다면 기계 학습이란 정확히 무엇일까?

기계 학습은 말 그대로 기계의 학습이다. 가장 원시적인 동물도 할 수 있는 일, 즉 경험에서 무언가를 배우려는 시도인 것이다. 컴퓨터들은 지독히 곧이곧대로만 돌아가는 고약한 야수들이다. 한 번이라도 프로그래밍을 해 본 사람이라면 누구나 컴퓨터가 정확히 인간이 명령하는 대로만 움직이며 어리석은 실수들을 연발해 다루기 힘들다고 말할 것이다. 단순하고 명확한 원칙으로 요약될 수 있는 과제, 예컨대 어려운 수학 문제를 푸는 일은 컴퓨터가 잘 한다. 그러나 명확하지 않은 과제의 경우 컴퓨터는 구제 불능이고, 특히 인간 자신도 명료한 원칙을 정의하기 힘들기 때문에 더욱 그렇다. 1964년에 미국 대법관 포터 스튜어트Potter Stewart는 포르노에 대해 법적으로 빈틈 없는 정의를 내리기가 거의 불가능할 만큼 힘들다는 것을 발견했다. 실의에 빠진 그는 포르노를 한마디로 정의내릴 수는 없지만 '나는 보면 그것이 포르노인지 아닌지 구별할 수 있다'라는 유명한 말을 남겼다. 기계 학습의 목적은 컴퓨터들이 이런 명확히 정의하기 힘든 개념들을 직접 발견하도록 지원하여, 인간 프로그래머가 매 단계마다 명확히 지시를 내릴 필요가 없게 만드는 것이다.

기계 학습에도 다양한 종류가 있다. 그러나 요즘 헤드라인을 장식하는 것은 '딥러닝Deep Learning'이다. 딥러닝은 인공 신경망, 즉 생물학적 뉴런의 활동 방식을 단순화시켜 구현한 컴퓨터 시뮬레이션을 이용하여 기존의 데이터로부터 규칙과 패턴을 추론하는 방법이다. 예를 들어 인공 신경망에 충분히 많은 고양이 사진을 보여 주거나 독일어 연설을 들려 주면, 처음 보는 사진을 보고도 그것이 고양이인지를 구분하거나 처음 듣는 연설이 독일어인지 아닌지 판단할 수 있다. 일반적인 접근 방법은 새로울 것이 없다(위에서 말한 퍼셉트론도 최초의 신경망 중 하나였다). 하지만 컴퓨터 성능이 점점 향상되면서 딥러닝 기계는 수십억 개의 뉴런처럼 시뮬레이션할 수 있게 되었다. 동시에 인터넷상에서 얻을 수 있는 방대한 양의 정보 덕분에 전례 없이 많은 데이터를 처리하여 반영한 알고리즘이 등장했다. 그 결과는 상당히 인상적일 수 있다. 일례로 페이스북의 딥페이스Deep Face 알고리즘은 특정한 얼굴을 인식하는 데 인간만큼 정확하고, 설사 조명이 어둡거나 이상한 각도에서 바라본 경우에도 훌륭히 구분해 낸다. 스팸 메일 역시 과거보다 훨씬 문제시되지 않는 것은 온라인상에 유통되는 막대한 양의 스팸 메일을 토대로 컴퓨터들이 스팸 메일의 특징을 인식하여 그런 메일이 우리 메일함에 도착하기 전에 따로 분류해 낼 수 있게 되었기 때문이다.

구글, 바이두Baidu, 마이크로소프트 같은 대기업들은 인공 지능 개발에 많은 자원을 투자하고 있다. 검색 결과를 개선하고 우리와 함께 대화하는 컴퓨터를 만들겠다는 목표를 이루기 위해서다. 수많은 스타트업들도 의료 영상에서 종양을 찾는 일부터 매출 보고서 준비 같은 후방 업무의 자동화까지 모든 부문에 이 기술을 적용하고자 시도 중이다. 첩자와 경찰들이 얼굴 인식이나 자동 음성 기능에 매력을 느낄 것은 당연하고, 실제로 그들은 상당한 흥미를 보이고 있다. 이런 급속한 발전으로 인해 컴퓨터들이 언젠가 인간 주인들보다 더 똑똑해지는

날이 와서 인간을 대체하게 되리라고 걱정하는 불행한 운명의 예언자들도 등장했다. 그들의 우려가 완전히 근거 없는 이야기는 아니다. 지금도 과학자들은 우리 뇌가 돌아가는 원리를 파악하지 못하고 있다. 그렇지만 인간의 뇌에서 초자연적인 부분은 없으므로, 기계 안에 뇌와 유사한 구조를 만들어 넣는 것이 이론적으로는 가능하다고 볼 수 있다. 몇 가지 획기적인 개념의 발견이나 컴퓨터 성능의 꾸준한 향상으로 언젠가는 고도의 지능과 자기 인식 능력을 가진 컴퓨터가 등장할지도 모른다. 그러나 현재로서는, 그리고 앞으로 당분간은 딥러닝 기계가 패턴 인식 엔진 수준에 머물 것이다. 당연히 이런 기계가 세계를 지배하지는 못할 것이다. 그러나 직업 세계를 뒤흔들 수는 있을 것이다.

IT 기업들의 이동

—

샌프란시스코, 실리콘 밸리와 그 사이 만을 따라 이어진 좁다란 지역은 세계 IT 산업의 허브로서 지난 10년간 엄청난 번영을 누렸다. 이지역의 최대 기업들은 한때 기업 가치가 천정부지로 치솟으며, 세계가 미국 자본주의에서 가장 흥미롭게 여기는 모든 요소를 대표하게되었다. 실리콘 밸리는 글로벌 경제의 거의 모든 부문을 혁신시키며, 기업이 의사 결정을 내리는 방식, 사람들이 친구를 만들고 시위대의소요 방식 등을 변화시켰다.

오늘날의 기술 기업들은 과거 어느 때보다 더 빠르게 더 많은 사람들과 접촉하고 있는데, 무엇보다도 스마트폰 사용량이 세계적으로 증가했기 때문이다. 그 결과 IT 기업들은 더욱 급속도로 성장하며 더 많은 돈을 끌어들이고 있다. 수치들을 살펴보면 어마어마하다. 차량 호출 서비스 업체인 우버Uber의 기업 가치는 410억 달러이고, 사람들이

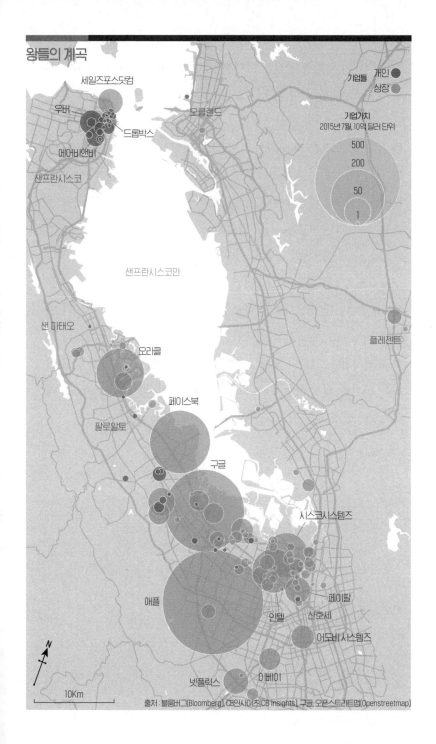

왕들의 계곡

기업들
개인 ●
상장 ●

기업가치
2015년 7월, 10억 달러 단위
500
200
50
1

세일즈포스닷컴

우버

드롭박스

에어비앤비

샌프란시스코

오클랜드

샌프란시스코만

샌 마태오

플레전트

오라클

페이스북

팔로알토

구글

시스코시스템즈

애플

페이팔

인텔

선호세

어도비시스템즈

넷플릭스

이베이

N

10Km

출처 : 블룸버그(Bloomberg), CB인사이츠(CB Insights), 구글, 오픈스트리트맵(Openstreetmap)

자신의 집이나 여유 공간을 여행자용 숙소로 활용할 수 있게 하는 기업 에어비앤비Airbnb의 가치는 260억 달러이다. 이런 성공 덕분에 돈 많은 벤처 투자자들을 끌어들이기가 더 쉬워져서, 오늘날의 스타트업들은 더 오랜 기간 개인 회사로 머물며 규제의 손길을 피한다. 과거에는 기업 가치가 10억 달러 이상인 스타트업을 찾기가 하늘의 별 따기였지만, 2015년 중반에 이르자 총 2,730억 달러 가치의 미국 기술 부문에서 이런 '유니콘unicorn 기업(기업 가치가 10억 달러 이상인 10년 이내의 비상장 스타트업 기업·옮긴이)'이 74개나 되었다.

스타트업들의 가치가 상승하면서, 이들의 물리적 위치도 상향 이동했다. 1990년대에는 다들 남쪽으로 이동했고, 팔로알토Palo Alto와 마운틴 뷰Mountain View 같은 지역에는 지금도 대규모 상장 기업들의 본사가 위치한다. 그러나 오늘날의 신생 개인 기업들은 도시에 훨씬 가까운 위치를 선호하여 우버, 드롭박스Dropbox, 핀터레스트Pinterest, 에어비앤비 등은 모두 샌프란시스코에 본사를 두고 있다.

패션 위크 인기가
시들해진 이유

—

패션 디자이너라면 누구나 패션 위크를 손꼽아 기다린다. 패션 위크
야말로 수개월간의 작업이 결실을 맺는 순간인 것이다. 유명 인사들
이 앞다투어 그들의 쇼에 참석하겠다고 요청하고, 쇼가 끝나면 마치
스커트 재단에 인류의 미래가 달려 있기라도 한 듯이 각 모델을 연구
한다. 그러나 디자이너들은 6개월마다 치러지는 이 행사에 원성이 자
자하고, 사태가 심각해지자 미국 패션 디자이너 협회CFDA, Council of
Fashion Designers of America는 미국에서 아마도 가장 패션과는 거리가
먼 집단일 경영 컨설턴트들에게 그들의 불만을 파헤쳐 달라고 의뢰했
다. 보스턴 컨설팅 그룹Boston Consulting Group은 디자이너, 에디터, 블로
거, 소매업자 등 50명 이상의 관계자들과 인터뷰를 했다. 그 보고서가
내린 결론적 질문, 패션 위크는 왜 더 이상 매력적이지 않은 것일까?
 패션 위크는 과거에 분명한 목표를 이루기 위한 행사였다. 디자이

너들은 컬렉션을 준비하여 새로운 의상을 언론과 대규모 유통 업체, 관련 업종 종사자들에게 제시한다. 그러면 패션 에디터들은 가장 마음에 드는 의상들을 게재한 호화로운 잡지를 만들어 배포할 준비를 한다. 유통 업체들은 이런 저런 옷을 주문한다. 약 4~6개월 후면 이런 의상들이 옷 가게에 걸리기 시작한다.

그런데 기술이 이 모든 과정을 무너뜨려 버렸다. 모델들이 런웨이를 멋지게 걷고 내려오자마자 온라인상에 의상들 사진이 뜨고 소셜 미디어를 통해 끝도 없이 공유된다. 패스트 패션 브랜드들은 디자이너의 스타일을 베끼고(비록 그 업계에서는 '해석한다'는 완곡어법을 선호하지만), 종종 디자이너들의 의상이 백화점에 전시되기도 전에 자기네들 상점에 비슷해 보이는 옷들을 쌓아 둔다. 그래서 디자이너의 의상이 마침내 백화점에 도착했을 때는 이미 새롭게 보이지 않게 된다. 패스트 패션업계의 최고 기업 두 군데가 TJX(TJ Maxx/TK Maxx 브랜드 보유)와 인디텍스Inditex인 것은 우연이 아니다. TJX는 옷이 정가에 팔리지 않는 가게에서 브랜드가 있는 옷들을 사들여 대폭 할인된 가격으로 판매한다. 인디텍스는 패스트 패션의 개척자인 자라Zara 브랜드를 보유한다.

현행 시스템을 반기는 디자이너는 거의 없다. 하지만 그들이 어떤 대안 시스템을 원하는지는 명확하지 않다. 한 가지 아이디어는 패션 디자이너 의상실들이 의상을 소매업자와 일부 언론 같은 특정 관계자에게만 비공개적으로 보여 주는 것이다. 그러고 나서 몇 개월 후에 디자이너들의 의상이 백화점에 전시될 즈음에 대규모로 공개적인 쇼를 여는 것이다. 물론 이렇게 해도 일부 디자인이 유출될 위험은 있다. 또 다른 아이디어는 현행 시스템을 계속 유지하되 당장 시판 가능한 옷들만 부분적으로 공개하는 것이다. 디자이너들은 이미 새로운 아이디어를 실험 중에 있다. 예를 들어 버버리Burberry와 톰 포드Tom Ford는 2016년 9월 패션쇼에서 당장 판매 가능한 옷들만 공개하겠다고 발표했다. 한동안은 이런 실험이 유행할 것이다.

코드와
코딩이 궁금하다

—

승강기부터 자동차, 여객기, 스마트폰까지 현대 문명은 온통 소프트웨어로 구동된다. 소프트웨어란 컴퓨터와 그 통제 장치가 연산 작업을 처리하고 주변 환경에 반응하게 만드는 디지털 작동 명령이다. 소프트웨어는 어떻게 그런 일을 하게 되었을까? 누군가는 그 소프트웨어를 만들었어야 한다. 하지만 프로그래머들이 공들여 개발하는 기호들의 배열인 코드가 컴퓨터들이 수행하는 명령의 배열인 소프트웨어와 반드시 일치하지는 않는다. 그렇다면 코드란 정확히 무엇일까?

코딩 또는 프로그래밍은 인간이 본인의 뜻을 표현하는 방식과 컴퓨터가 실제 작동하는 방식 사이에 가교가 되는 컴퓨터 명령을 작성하는 일이다. 수백 종류나 되는 프로그래밍 언어는 일반적으로 컴퓨터가 직접 실행할 수가 없는 상태다. 대신 C++, 파이썬Python, 자바Java 같은 특수한 '고급' 언어로 작성된 프로그램은 특수 소프트웨어(컴파일러나 인터프리터)를 통해 컴퓨터가 실제 가동시킬 수 있는 저급 언어의 명령어로 변환된다. 경우에 따라서는 프로그래머들이 직접 저급 언어로 소프트웨어를 작성하기도 하지만 이것은 대단히 성가신 일이다. 보통은 고급 프로그래밍 언어를 사용하는 편이 훨씬 편한데, 고급 언어에서는 복잡하고 추상적인 개념을 표현하거나 효과적이고 정확한 명령을 내리기가 쉬워지기 때문이다. 또 고급 언어를 이용하면 프로그래머들이 나중에 프로그램이 구동될 특정 컴퓨터의 내부 사양에 관한 복잡하고 세부적인 문제를 신경 쓸 필요가 없어진다. 그래서 고급 언어로 프로그램을 작성하면 온갖 종류의 다양한 컴퓨터상에서 구동되는 프로그램을 개발할 수 있다.

프로그래밍 언어에는 인간의 언어와 마찬가지로 다양한 계열과 스타일이 존재한다. 예를 들면, C 언어에도 많은 방언이 있고, '함수 형' 프로그래밍 언어 계열도 있으며, '병렬 처리'(이미지 처리나 일기 예보 같은 임무를 수행하기 위해 여러 개의 프로그램이 동시에 함께 가동되는 처리 방식)에 최적화된 언어도 있다. 인간의 언어와 마찬가지로, 모든 프로그래밍 언어로 동일한 생각을 표현할 수 있고, 이론적으로는 어떤 언어를 이용해도 어떤 프로그램이든 개발할 수 있다. 그러나 실제로는 일부 언어가 다른 언어보다 더 특정 용도에 적합한 경우가 많다. 프랑스어가 전통적으로 외교 목적으로 사용되고 영어가 국제적인 비즈니스 언어이듯이 말이다. 그리고 몇 개의 다른 언어를 알면 새로운 언어를 배우기가 더 쉬워지듯이, 프로그래밍 언어도 마찬가지다. 일단 공통적인 특징(루프, 재귀, 조건문, 정규 표현식 등등)을 이해하고 나면 보통 새로운 언어는 금방 익힐 수 있고, 새 언어가 이미 아는 언어와 논리적으로 유사하다면 특히 그렇다.

  프로그램을 개발하여 실행시키는 일은 어떤 면에서 마법과도 같다. 코드상의 숫자·문자·기호들이 원하는 결과를 얻기 위해 컴퓨터의 미세한 회로들을 실행시키는 명령어로 변환되는 것이다. 그 결과 스크린상에 픽셀이 표시되고, 승강기가 움직이며, 비행기 티켓이 예약되고, 목록이 정렬되며, 이메일이 발송된다. 그러나 결과가 마법처럼 보인다고 해서 코딩이 이해하기 힘들거나 접근하기 어렵다는 의미는 아니다. 오히려 코딩의 즐거움 중 하나는 컴퓨터가 단순 명쾌하기 그지없다는 데 있다. 컴퓨터는 일말의 오차도 없이 예측 가능하고, 일관되며, 결정론적인 방식으로 작동한다. 대부분의 사람들이 그들의 일을 하기 위해 외국어를 구사하거나 대수학을 알 필요가 없듯이 코드 작성하는 법도 굳이 알 필요는 없다. 하지만 단지 컴퓨터가 어떻게 돌아가는지를 이해할 뿐 아니라 기초적인 코딩을 경험해 보는 것은 유용하다. 넷스케이프Netscape 웹브라우저의 공동 창립자인 마크 앤드리슨Marc Andreessen이 즐겨 이야기하듯이, 미래에는 두 가지 종류의 직업이 있을 것이다. 컴퓨터에게 할 일을 지시하는 직업과 컴퓨터에게 할 일을 지시받는 직업 말이다. 만약 당신의 직업이 소프트웨어를 통해 자동화될 위험이 있다고 걱정된다면, 코딩하는 방법을 배우는 것이 일종의 보험으로서 유용한 대비책이 될 수 있다. 물론 그런 위험이 없다고 해도, 코딩은 그 자체로 즐거운 일이지만 말이다.

절대 스마트폰을
내려놓지 않아

—

지구는 급속히 스마트폰의 행성으로 변해 가고 있다. 오늘날 전 세계에서 20억 대가 넘는 스마트폰이 사용되고 있고, 이 수치는 2020년 말까지 두 배로 늘어날 전망이다. 그때쯤 되면 성인의 80% 가까이가 얼마전까지 슈퍼컴퓨터에서나 볼 수 있던 처리 능력을 지닌 스마트폰을 호주머니에 넣고 다닐 것이다. 2020년 말에 사람들이 얼마나 많은 시간 동안 스마트폰을 사용할지 가늠해 보려면 요즘 젊은이들을 살펴보는 방법이 도움이 될 것이다. 위의 차트를 보면 청년층이 이전 세대에 비해 하루 종일 스마트폰을 훨씬 더 많이 사용한다는 사실을 확인할 수 있다. 영국 통신 규제 기관 오프컴Ofcom에 따르면, 16~24세 인구는 하루에 4시간 가까이 스마트폰을 사용하는 반면, 55~64세 인구는 그 절반 수준에 그친다. 그러나 전체 연령대의 시청 시간을 따지자면, 스마트폰은 아직 TV 같이 더 오래전에 정착된 기술을 따라잡기에는 역부족이다.

스마트폰 사용량
하루 중 각 시간대별 사용량(%), 일주일 이상*

연령대 별
- 16~34세
- 35~54세
- 55세 이상

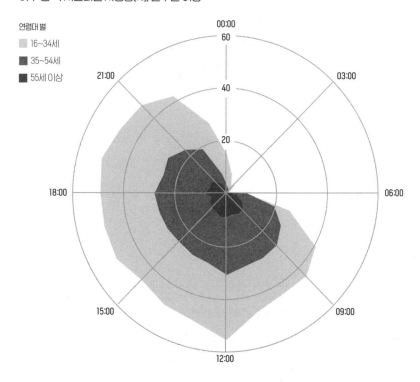

출처 : 오프컴(Ofcom)

*2014년 2~4월간 영국 성인 1,644명 대상 조사

골치 아픈
우주 쓰레기 문제

—

NASA에 따르면, 지상의 높은 하늘에는 인간이 배출한 직경 10센티미터 이상의 우주 쓰레기 2만 3,000점가량이 어수선하게 흩어진 채 엄청난 속도로 이동하고 있어 인공위성들에 위협 요인이 된다고 한다. 유럽 우주 기구European Space Agency는 폐기된 위성들, 수명이 다한 로켓, 기타 잡동사니(발사체 어댑터, 렌즈 커버, 구리선 뭉치, 장갑 한 짝 등) 등과의 충돌에 따른 경보가 지난 10년간 2배로 증가한 것으로 추정한다. 이런 충돌이 발생할 때마다 더 많은 쓰레기가 생겨나는데, 1970년대에 이런 현상을 지적했던 미국 물리학자 도널드 케슬러Donald Kessler의 이름을 따서 케슬러 신드롬이라고 부른다. 우주 쓰레기가 왜 이렇게 점점 더 문제가 되는 걸까?

지상 160~2,000킬로미터에 해당하는 영역인 저지구 궤도는 우주 탐사 활동에 결정적으로 중요하다. 군사 및 민간 목적으로 지구를 상세히 스캔하는 대략 1,300개의 위성 중 절반 가까이가 이 영역에 머물기 때문이다. 이곳에는 또 '로켓 동체나 폐기된 탑재 장비 등이 5,000점가량' 버려져 있다고 케슬러는 설명한다. 이것은 위험한 일이다. 시속 1만 7,500km킬로미터의 궤도 속도로 이동하는 페인트 부스러기 하나도 우주선을 찌그러트리거나 우주 비행사를 죽이거나 위성을 궤도 밖으로 밀어낼 정도의 심각한 피해를 입힐 수 있다. 또 작동을 멈춘 로켓은 그 안에 남아 있는 연료 때문에 언제 폭발할지 모른다. 2015년 2월에는 미국 기상 위성이 배터리에 작은 문제가 생겨 폭발한 적이 있다. 이 사고로 100점 이상의 쓰레기 파편이 우주 속에 흩어졌다. 2007년에 중국은 위성 공격용 무기를 테스트하기 위해 자국의 우주선 한 대를 산산조각 나도록 일부러 폭파시켰다. 2년 뒤에는 어느 러시아 위성이 우연히 미국 위성을 파괴했다. 이 사건들만으로도 궤도 안의 우주 쓰레기양이 3분의 1이나 증가했다. 우주 쓰레기를 규제하지 않고 계속 방치한다면, 미래의 우주 비행은 중대한 제약 조건에 새롭게 직면하게 될 것이다.

여러 국가의 우주 기관과 민간 기업들이 우주 쓰레기를 처리할 다양한 방법을 제안했다. 일본 과학자들은 국제 우주 정거장International Space Station에 레이저를 설치하여 쓰레기를 지구 대기권으로 찔러 넣어 무해하게 전소시키는 방법을 추천했다. NASA 과학자들은 지상에 설치한 레이저를 이용하여 같은 방식으로 쓰레기를 처리하자고 제안했다. 2015년 3월에 유럽 우주 기구는 이동하는 쓰레기를 포획하기 위해 만든 망을 실험했다. 일본 항공 우주 개발 기구Japan Aerospace Exploration Agency는 전기역학적 사슬electrodynamic tether을 고안하여, 이

것을 우주 쓰레기에 연결하면 속도가 느려지며 더 낮은 궤도로 떨어지게 만드는 방법을 제안했다. 그 밖에도 전 지구의 우주 기관들이 다양한 방법을 모색 중이다. 지구 정지 궤도(지표면의 약 3만 6,000킬로미터 상공)에 있다가 수명을 다한 인공위성은 때때로 약 300킬로미터 더 멀리 떨어진 '폐기 궤도 또는 무덤 궤도'로 밀려나기도 한다. 신기술을 이용하면 탑재 장비를 운반한 로켓이 엔진을 재점화하여 궤도를 낮춘 다음 지구 대기권에서 불타 사라지게 만들 수도 있다. 많은 국가들이 위성이 수명을 다하는 25년 내에 지구 대기권에서 무해하게 전소되도록 설계해야 한다는 데 동의해 왔다.

한마디로 말해 아이디어는 부족하지 않다. 그러나 문제를 해결할 길은 여전히 요원하다. '그런 원칙을 강제할 국제적인 규제 기관이 없기 때문'이라고 케슬러는 지적한다. 우주 기관과 상업용 위성 사업자들은 위성이나 로켓이 하늘에서 말끔히 사라지도록 보장하기 위해 위성의 가동 수명을 줄이거나 값비싼 연료를 추가로 투입하기를 주저한다. 다른 국가에 속한 쓰레기를 건드리는 경우도 문제가 될 수 있다. '현행의 국제법 체계하에서는 발사시킨 국가가 궤도상에 올라 있는 천체에 대해 영구적인 주권과 통제권을 보유한다'고 싱크탱크 '안전한 세계재단Secure World Foundation'의 우주 쓰레기 전문가 브라이언 위든Brian Weeden은 설명한다. 2012년에 알려진 궤도상의 우주 쓰레기 목록 2만 2,000점 가운데 1만 6,000점만이 발사한 국가를 파악할 수 있었다. 설사 소유권이 파악된 상태라도, 그런 천체가 우연히 잘못된 방향으로 흘러들어 너무 일찍 폭파해 버렸다면 누구의 책임인지가 불분명하다. 이런 제약 속에서 일하면서, 미국 국방성Department of Defence

과 (서비스 수수료를 받는) 일부 스타트업들은 다른 기관들이 우주 쓰레기 문제를 피하도록 돕기 위해 쓰레기의 궤도에 대한 정보를 공유한다. 까다롭기는 해도 해결하지 못할 문제는 아닌 것이다. 케슬러는 가장 위험한 쓰레기 500점을 매년 5점 정도의 느린 속도로라도 제거해 나간다면 대부분의 문제를 큰 비용 없이 해결할 수 있으리라고 예측한다. 이처럼 해결 방안에 필요한 기술이 이미 존재해도 규제상의 문제가 해결을 가로막는 경우가 많다.

비트코인이란
무엇일까

—

세계 '최초의 분권화된 디지털 통화'인 비트코인Bitcoin은 2009년에 '나카모토 사토시'라는 가명으로만 알려진 신원 미상의 프로그래머가 개발했다. 그의 진짜 정체는 여전히 알려진 바가 없다. 그 후로 비트코인의 가격은 큰 폭으로 오르내려 2013년 말에는 약 1,000달러까지 치솟았다가 그 후 절반도 안 되는 수준으로 떨어졌지만 2016년부터 다시 오르기 시작했다. 비트코인이란 정확히 무엇이고 또 어떻게 작동할까?

중앙은행이 발행하는 전통적인 화폐와 달리 비트코인은 중앙의 통화당국이 없다. 대신 파일 공유 시스템 비트토렌트나 오디오·비디오·채팅 서비스 스카이프와 유사한 방식으로, 비트코인 사용자들의 컴퓨터로 구성된 P2P 네트워크에 기반을 둔다. 이 네트워크의 컴퓨터들이 이른바 비트코인 '채굴mining'이라 불리는 복잡한 대량 정보 처리

작업을 수행하는 동안 수학적으로 비트코인이 생성된다. 비트코인 시스템의 수학은 시간이 지날수록 비트코인을 '채굴'하기가 점점 더 어려워지게 설정되었고, 채굴 가능한 총 비트코인 수는 약 2,100만 개로 제한되어 있다. 그러므로 중앙은행이 대량으로 신규 비트코인을 발행하여 이미 유통 중인 통화의 가치를 절하시키는 일은 있을 수 없다.

전체 네트워크는 채굴을 통한 신규 비트코인의 생성과 사용자 간의 비트코인 이전을 감독하고 확인하는 데 이용된다. 모든 거래에 대한 활동 기록이 총괄적으로 관리되고, 새로운 거래가 발생할 때마다 비트코인 네트워크 전체로 공지된다. 네트워크에 참여한 머신들은 서로 교신을 통해 공식 활동 기록(로그)을 생성하고 업데이트하는 데 동의한다. 집약적인 컴퓨팅 능력이 요구되는 이 과정은 사실 비트코인을 채굴하는 데 사용되는 과정이다. 대략 10분마다 활동 기록을 업데이트하고 네트워크에서 승인받은 사용자는 일정 개수의 새 비트코인을 지급받는다. 그래서 비트코인 팬들은 비트코인 채굴에 사용하기 위해 점점 더 강력한 컴퓨터 시스템을 구축해 나간다.

비트코인(이나 소액의 비트코인인 사토시)은 몇몇 거래소에서 전통 화폐와 교환하여 매매가 가능하고, 또 적정 소프트웨어를 이용하면 한 사용자에서 다른 사용자에게 인터넷상에서 직접 이전할 수도 있다. 그래서 비트코인은 은행 수수료나 환율을 복잡하게 신경 쓰지 않고 국제 거래를 처리하는 데 있어 일단, 매력적인 통화다. 일부 인터넷 서비스(웹 호스팅과 온라인 도박 등)는 비트코인을 사용하는 데 따른 보상을 받을 수도 있다. 이 시스템은 복잡성과 불투명성 때문에 자금 세탁이나 불법 마약 대금 지불 등 떳떳하지 못한 목적을 가진 사람들의 관심을 끌기도 쉽다. 하지만 대부분의 사람들은 비트코인을 사용하는데 필요한 소프트웨어가 워낙 복잡하고 비트코인 하나하나의 가치가 너무 변동성이 심하여 선뜻 비트코인을 사용하기를 망설일 것이다. 비트토렌트가 최초의 파일 공유 서비스가 아니었고 스카이프가 최초의 인터넷 전화 서비스가 아니었듯이, 비트코인도 가상 화폐 영역의 선구자일지는 몰라도 언젠가 사용하기 더 쉬운 경쟁 화폐에 밀려날지도 모를 일이다.

7장

과학적 태도

사소하지 않은 과학 상식

사체가 부족한 이유

—

사체가 움직이지 않고 악취가 심하며 보기에 불쾌하다는 점을 감안하면, 사체의 수요가 그렇게 많다는 사실에 놀라게 된다. 하지만 의학도들에게 사체는 없어서는 안 될 학습 도구이다. 19세기에 일부 의과 대학에서는 무덤에서 시체를 도굴하기 위해 시체 도둑을 고용했다. 순환계를 발견한 17세기 영국 과학자 윌리엄 하비William Harvey는 자신의 부친과 누이의 시체를 해부했다. 오늘날 사체의 조달 절차는 보다 문명화되었지만, 의대에서는 종종 사체가 부족하다고 불평한다. 미국에서는 지역별로 부족한 곳이 있고, 아시아와 아프리카에서는 더욱 심각하게 부족한 실정이다. 매년 6,000만 명 정도의 인구가 사망하는데 왜 이렇게 사체가 부족한 걸까?

수요의 지속적인 증가가 한 가지 원인이다. 의대 학생 수가 점점 늘어나면서 사체를 이용하는 강좌 수도 점점 늘어나고 있다. 공인된 의

사들 역시 수련을 계속하려면 사체가 필요하다. 연구자와 제약 회사들도 새로운 수술과 치료법을 개발하기 위해 사체를 이용한다. 클리닉과 병원에서는 이식용 장기에 대한 수요도 있다. 일부 사체는 화학 약품으로 처리된 뒤에 전시회에 비치되고, 일부 사체는 재난 피해자를 수색하는 경찰견 훈련에 이용된다. 일부 운 좋은 사체들은 자동차 안전 테스트에서 벽으로 돌진하는 차량을 몰기도 한다.

반면에 공급은 수요를 따라가지 못한다. 통신 수단이 발전하면서 사체의 주요 공급원이던 무연고 시신, 즉 가족이 찾아가지 않는 시신이 과거에 비해 감소했다. 또 다른 주요 공급원인 시신 기증의 경우에는 잘 정리된 통계 자료가 없지만 공급량에 일관성이 없고 많은 국가에서 여전히 금기시된다. 예를 들어 중국과 중동에서는 시신을 경외시하는 풍조가 있어 시신 기증이 흔하지 않다. 더 복잡한 문제는 특정한 사체만이 의학 연구용으로 적합하다는 사실이다. 바람직한 사체는 일반적으로 젊고, 전신이 온전하며, 비만이 심각하거나 질병이 많지 않아야 한다. 그런 사체의 공급이 제한적이란 사실은 놀라운 일이 아닐 것이다.

그래서 대안이 모색되고 있다. 하이테크 마네킹, 컴퓨터 소프트웨어, 디지털 시뮬레이터가 이미 일부 의대에서는 활용된다. 그러나 학생들은 실제 사체만 한 것이 없다고 말한다. 한 가지 해결책은 사체에 돈을 지급하는 것이다. 의대가 있는 대부분의 국가에서 이 방법은 불법이지만, 여전히 시장의 힘이 작용한다. 예를 들어, 학교들은 일단 학문적 목적을 달성하고 나면 시신의 매장이나 화장 비용을 대는 경우가 많다. 적어도 한 연구에서는 이런 기관에 시신 기증이 증가하는 상관관계를 입증했다. 또 시신 기증인과 수령 기관을 연결시켜 주는 중개 회사들도 점점 늘어나고 있다. 이런 회사들은 사체의 처리, 보관, 운송 같은 서비스를 유료로 제공한다. 하버드 경영 대학원의 미셸 안트비Michel Anteby 교수는 이것이 '이름만 없을 뿐 사실상의 인간 사체 시장'이라고 표현한다.

천문학자들은
'암흑 물질'이 존재하는지
어떻게 알까

—

천문학은 과학에서 가장 경외심을 불러일으키는 분야이다. 문명의 빛 공해에서 멀찌감치 떨어진 정말 칠흑 같이 깜깜한 밤하늘을 올려다보면 우주를 이루고 있는 어마어마한 양의 물질에 놀라게 된다. 그러나 현대 천문학은 육안으로 볼 수 있는 물질이 전체의 절반도 안 된다는 것을 가르쳐 준다. 하늘에 행성·혜성·별·성운·은하와 기타 등으로 흩어져 있는 모습이 보이는 물질은 전체 총량의 15%에도 못 미치기 때문이다. 천문학자들은 나머지 85%를 '암흑 물질'이라고 부르는데, 그것은 빛을 흡수하지도 발산하지도 못하기 때문이다. 천문학자들은 암흑 물질이 실재한다고 확신하지만, 그 물질에 대해 직접적으로 아는 바는 없다. 그렇다면 어떻게 과학자들은 눈에 보이지도 않는 물질이 존재한다고 그토록 확신할 수 있는 것일까?

가장 간단한 답변은 우주에 너무나 많은 중력이 존재한다는 것이다. 과학자들이 망원경을 통해 관측할 수 있는 물질의 양은 은하의 구조나 그 안에서 별들이 이동하는 방식 등을 설명하기에는 지극히 적다. 특히 은하는 적어도 그 안에 포함된 가시적인 물질의 양으로만 판단해 보면 모든 별들을 현재와 같이 유지하기에는 너무도 빠른 속도로 회전하는 듯 보인다. 아마도 보이지 않는 암흑 물질의 중력 끌림이 은하에 필요한 접착제 구실을 하는 것으로 추정된다. 19세기에 해왕성의 발견도 이와 매우 유사한 유추에 기반을 두었다. 해왕성은 관측되기도 전에 그 존재가 예견되었는데, 과학자들이 해왕성에서 가장 가까운 행성인 천왕성의 궤도가 아이작 뉴턴Isaac Newton의 중력 법칙에 따라 계산된 추정치와 크게 다르다는 것을 알아챘기 때문이다. 수학적인 분석 결과 태양계에 아직 알려지지 않은 여덟 번째 행성이 존재한다면 이 문제가 말끔히 해결된다는 결론에 이르면서, 실제로 그런 예측이 해왕성의 발견으로 이어졌다. 마찬가지로 보이지 않는 추가적 질량이 방대한 양으로 존재한다고 가정하면 이 거대한 규모의 우주의 운동을 깔끔히 설명할 수 있다.

물론 또 다른 가능성도 있다. 만약 관측 결과가 가설과 부합하지 않는다면, 그 관측이 불완전하거나 혹은 가설이 잘못되었기 때문일 수도 있다. 혹시 중력이 거대한 전체 규모로 보면 아인슈타인의 상대성 이론에서 예측하는 방식과 다르게 작용하는 것일까? 몇몇 천체 물리학자들은 은하의 운동을 설명할 수 있는 수정된 중력이론을 제시하려 시도해 왔다. 1980년대에 모데하이 밀크롬Mordehai Milgrom이 제시했던 가장 유명한 선구적인 수정 이론은 MONDmodified Newtonian dynamics (수정된 뉴턴 동역학) 이론이다. 그러나 MOND 이론은 일부 관측되는 현상을 설명할 수는 있어도 모든 현상을 설명하기에는 역부족이다. 대다수의 천체 물리학자들은 MOND 이론이 중력 법칙에 가한 수정이 깔끔하거나 간결하지 못하다고 느낀다. 물리학의 신비 중 하나는 적어도 한때는 어떤 간명한 사실이 진실과 매우 밀접한 상관관계가 있는 것으로 입증되었다는 것이다. 그리고 다른 관측들도 우리가 눈으로 확인할 수는 없는 많은 물질이 우주에 존재한다는 주장을 뒷받침한다. 한 가지 중요한 근거는 만약 암흑 물질이 실제로 존재한다면 우주 배경 복사, 즉 빅뱅의 희미한 잔광의 움직임이 이론에서 예측한 바와 정확히 일치하는 듯 보인다는 점이다.

그래서 거의 모든 천문학자들은 막대한 양의 추가 질량이 존재한다고 확신한다. 물론 그 질량이 정확히 무엇인지는 또 다른 의문으로 남아 있다. 일부는 햇빛이 안 드는 행성, 떠도는 블랙홀, 오래된 별들의 냉각된 핵 등 흔해 빠진 요소일 수 있다. 그러나 가장 대표적인 후보는 새로운 종류의 아원자 입자이다. 보통 WIMPWeakly Interacting Massive Particles (약하게 상호 작용하는 무거운 소립자)라고 불리는 이 포착하기 힘든 물질은 자연계에 존재하는 네 가지 힘(전자기력·중력·강한 핵력·약한 핵력) 가운데 오직 중력과 약한 핵력이라는 가장 미약한 조합을 통해서만 우주와 상호 작용하는 것으로 추정된다. 그래서 존재를 드러내는 데 역시 소극적인 중성 미자와 마찬가지로, WIMP도 포착하기가 대단히 힘들다. 많은 실험에서 WIMP의 존재를 입증하는 직접적인 증거를 모색해 왔으나 지금까지는 아무런 성과가 없었고, 이 자체가 흥미로운 결과였다. 매번 부정적인 결과가 나올 때마다 WIMP가 숨어 있을 수 있는 개념적인 공간이 줄어든다. 대부분의 과학자들은 결국 WIMP가 탐지될 것으로 기대한다. 그러나 만약 앞으로 수십 년 동안 계속 이런 연구들이 아무런 성과도 얻지 못한다면, 아마 그 자체가 가장 흥미로운 결과일 것이다. 왜냐하면 우리가 스스로 생각하는 것보다 훨씬 더 우주를 이해하지 못하고 있다는 의미가 될 테니까 말이다.

시간 여행자를
찾아내는 방법

—

시간 여행은 공상 과학 소설의 주요 소재일 뿐 아니라 이론가들의 (적어도 절반쯤은) 진지한 가설에 영감을 준다. 일부 이론가들은 블랙홀, 웜홀, 우주끈cosmic string 등의 이색적인 환경을 이용한 타임머신을 개발하는 일이 현실적으로는 어렵더라도 이론적으로는 어떻게 가능한지를 연구하는 데 평생을 바쳤다. 또 다른 이론가들은 시간 여행자들이 예를 들면 과거로 날아가서 자신의 조상을 살해하는 식으로 모순적인 상황을 초래하지 못하게 보장하는 '자체 일관성 원칙'이 과연 유효한지 여부를 검토해 왔다. 그 후에는 실험적인 접근 방식을 통해 시간 여행자를 직접 찾아 나서는 사람들이 등장했다. 이들은 어떻게 시간 여행자를 찾을까?

한 가지 아이디어는 매사추세츠 공과대학MIT의 대학원생 아말 도레이Amal Dorai가 제시한 것으로, 시간 여행자를 위한 집회를 열어서 누가 오는지 지켜보자는 것이다. 그는 2005년 5월에 이런 집회를 열고, 초대장은 잘 알려지지 않은 도서관 책 사이에 끼워 넣거나 타임캡슐에 부착하여 시간 여행이 가능해질 먼 미래에 이 집회 초대장이 발견되기를 바랐다. 미래에서 올 방문자들에게는 타고 온 타임머신을 이 행사를 위해 예약해 둔 MIT의 배구장에 주차시키라고 요청했다. 그러나 이 행사에 참여한 450명 가운데 스스로 시간 여행자라고 주장하는 사람은 아무도 없었다. 2009년에는 영국 물리학자 스티븐 호킹 Stephen Hawking이 이 실험을 변형하여 시간 여행자를 위한 파티를 열었지만, 파티가 끝난 후에 초대장을 보내어 오로지 미래에서 온 방문객만 파티에 참여할 수 있게 했다. 그러나 아무도 오지 않았다. 호킹 박사는 이것이 '시간 여행이 가능하지 않다는 실험적 증거'의 일부라고 주장했다.

이 이색적인 분야에서 가장 최근의 시도는 인터넷을 이용해 시간 여행의 증거를 찾으려는 것으로, 미시간 공과대학의 로버트 네미로프 Robert Nemiroff와 테레사 윌슨Teresa Wilson이 제안한 방법이다. 그들은 인터넷에서 '선견지명이 있는' 정보, 즉 미래의 정보를 미리 알리는 온라인 포스트를 검색했다. 특히 그들은 특정한 시점에 등장했던 두 가지 독특한 문구를 찾았다. '아이손 혜성Comet Ison(2012년 9월에 발견된 혜성의 명칭)'과 '프란체스코 교황Pope Francis (호르헤 마리오 베르고글리오 Jorge Mario Bergoglio가 2013년 3월에 교황이 되었을 때 선택한 이름)'을 샅샅이 검색했다. 해당 사건이 발생하기 전에 이런 용어를 언급한 사례가 있다면 시간 여행자의 소행일 수 있다는 이유에서였다. 그러나 구글, 페이스북, 트위터의 용례를 분석하고 인기 천문학 웹사이트의 검색 로

그 기록을 검토해 봐도 시간 여행의 증거는 전혀 나오지 않았다.

　물론 그렇다고 해서 시간 여행이 불가능하다는 사실이 입증된 것은 아니다. 어쩌면 시간 여행자들이 혜성이나 교황에 관심이 없거나 남들 눈에 띄는 활발한 활동을 꺼릴 수도 있다. 일부 이론가들은 설령 타임머신이 언젠가 개발되더라도, 개발 시점보다 더 과거로 이동하기란 불가능할지 모른다고 믿는다(만약 정말로 그렇다면, 따라서 최초의 타임머신 발명가들은 기계를 켰을 때 갑자기 시간 여행자들에게 둘러싸이게 될 것이다). 가장 최근의 이 실험은 현존하는 기술(인터넷)을 이용하여 존재 여부가 불확실한 기술을 찾는다는 개념의 흥미로운 사례다. 미시간대학의 연구자들은 그들의 방법이 '지금껏 시도된 시간 여행자를 찾는 방법 중에 가장 예리하고 포괄적이다'라고 주장한다. 농담 반 진담 반으로 말이다.

과학 연구가 틀렸음을
입증하는 방법

—

만일 우리가 중대한 과학적 연구를 발표한다면 명성과 영광, 적지 않은 학계의 연봉을 모두 거머쥐게 될 것이다. 나아가 세상을 바꿀 수도 있다. 에드워드 미겔Edward Miguel과 마이클 크레머Michael Kremer가 몸소 보여 주었듯이 말이다. 이들은 2004년에 아이들에게 구충제를 나누어 주면 학교 출석률이 높아진다는 결과를 입증한 경제학 논문을 써서 발표한 학자들이다. 이 연구는 개발 도상국에서의 비용 효과적인 국가 개입에 대한 더 많은 연구로 이어졌고, 그 결과 매년 수백만 명의 아이들이 구충 치료를 받게 되었다. 한편으로는 주요 연구가 틀렸음을 지적하는 학자들 역시 명성을 얻을 수 있다. 2015년 7월에 런던 보건 대학원London School of Hygiene and Tropical Medicine의 한 연구 팀은 미겔과 크레머의 연구를 반복·검증한 결과 그들의 결론에서 '편향 위험성이 높은 몇 가지 증거'만을 발견했을 뿐이었다. 그러자 이 연구 결과가 헤드라인을 장식했고, 다음에는 오명이 따랐으며, 마지막에는 명성과 헤드라인에 편승하는 연구자들에 대한 비난이 빗발쳤다. 지켜보는 사람들은 이것을 '기생충 전쟁'이라 불렀다. 사태가 진정되자 최초 연구의 핵심 메시지, 즉 아이들에게 구충제를 지급하는 것이 바람직하다는 메시지는 결국 틀리지 않은 것으로 밝혀졌다. 그렇다면 연구가 틀렸음을 제대로 입증하려면 어떻게 해야 할까?

중요한 결과를 발견한 과정을 이해하는 것이 결정적이다. 인간에게는 무의미한 잡음 속에서 패턴을 찾으려는 성향이 있다. 이것은 유용하지만 때로는 신뢰할 수 없다. 과학자들은 데이터에서 의미를 찾아내기 위해 통계 테스트를 이용하지만, 그런 테스트조차 때로는 아무 상관도 없는 곳에서 관계를 찾아내고는 한다. 연구자들이 연구 결과를 부풀리는 일을 막기 위해, 과학자들은 논문에서 발표하는 각각의 통계적 관계에 유의확률인 p값을 추가한다. 이 값은 아무런 패턴이 없는 무작위 데이터를 기반으로 해당 테스트를 수행해도 같은 결과를 도출할 확률이다. p값은 낮을수록 더 좋은데, 그러면 아무 이유 없이 패턴이 도출될 가능성이 낮다는 의미가 되기 때문이다. 또 어떤 발견이 신뢰할 만하다고 인정받으려면 일반적으로 p값이 0.05 미만이어야 하는데, 그래야만 테스트 결과가 단순히 무작위적인 우연이 아닐 확률이 95% 이상이 되기 때문이다. 따라서 논문이 틀렸음을 입증하는 한 가지 간단한 방법은 본래의 결과나 그와 연관된 p값의 계산에서 오류가 발견되기를 바라며 본래 테스트의 결과를 재계산하는 것이다 ('엄격한 반복 검증').

정설을 뒤집으려는 학자들은 또 정반대의 잘못, 즉 유의미한 결론을 깎아 내리는 잘못을 저지르지는 않는지 스스로 경계해야 한다. 테스트의 '검정력'이나 민감도는 실제로 존재하는 긍정적인 관계를 찾아낼 수 있는 가능성이다. 검정력이 클수록 좋은 테스트다. 보건 대학 연구 팀이 테스트를 반복 검증할 때 사용했던 한 가지 방법은 연구 대상의 2년짜리 대규모 샘플을 1년짜리 샘플 두 세트로 쪼갠 것이다. 그렇게 하면 샘플 규모가 줄어들어 테스트에서 처리할 정보가 줄어든다. 그러면 다시 테스트의 검정력이 낮아져서 더 많은 긍정적 상관관계가 감지되지 않은 채 묻히고 말 수 있다. 최초 연구의 연구자들은 반복 검증 과정에서 구충제와 학교 출석률의 상관관계가 발견되지 않은 이유가 바로 여기에 있다고 주장한다.

그렇다면 사회 과학 연구에는 어떤 종류의 통계적 검정을 사용해야 할까? 놀랍게도 여기에는 한 가지 정답이 없고, 여러 분야가 연관되고 데이터가 어수선할 경우에는 특히 그렇다. 보건 대학 연구 팀은 그들이 선택한 연구 방법이 엄격히 통제되고 무작위로 진행되는 테스트가 표준인 의학계의 일반적 관례를 반영했을 뿐이라고 변론해 왔다. 그러나 의학 분야에 적합한 방법은 다른 분야에 적용하기에 너무 엄격해서, 경제학자들이 발견한 긍정적인 결과를 과도하게 폄하하는 경향이 있다. 상관관계를 찾는 연구자들이 p값을 공개해야 하듯이, 연구의 반복 검증자들은 그들 테스트의 검정력을 솔직히 밝혀야 한다. 물론 어떤 연구의 오류를 지적하고자 할 때 주요한 문제는 일반적으로 연구의 기초 데이터를 공개하지 않기 때문에 반복 검증 자체가 불가능하다는 것이다. 이런 상황에서 기생충 연구의 최초 연구자들은 그들의 데이터를 널리 공개하는 용기 있고도 이례적인 결단을 내렸다.

그 결과 아이러니하게도 그들의 연구가 다른 연구들에 비해 훨씬 더 철저하게 검토 당하게 되었다. 콜롬비아 대학의 크리스 블래트만Chris Blattman 교수는 전반적인 주의를 촉구하며 이렇게 말한다. "우리는 대다수의 과학 연구가 외부의 철저한 검토 앞에서 살아남기 힘들고, 대부분은 완전히 잘못되었다는 사실을 기억해야 한다." 그러나 연구자들이 어떤 연구 결과가 신뢰할 만한지 여부를 가려낼 수 있는 방법은 오로지 연구를 반복 검증하거나 연구의 오류를 지적하려는 시도를 통해서뿐이다.

지카바이러스가
오랫동안 무시당해 온 이유

—

2016년 2월 1일에 세계 보건 기구WHO, World Health Organisation는 지카 바이러스Zika virus가 확산되자 '국제 공중 보건 비상사태'를 선포했다. 임신 중인 산모가 감염되면 태아에 선천적 장애를 유발한다고 알려진 이 바이러스는 난데없이 등장한 것처럼 보였다. 그러나 이 바이러스는 거의 70년 전부터 알려져 있었다. 지카 바이러스는 우간다의 빅토리아 호수 근처의 지카 숲에 사는 붉은털원숭이에게서 최초로 확인되었다. 모기가 옮기는 또 다른 바이러스인 황열병을 연구하던 학자들은 모기들을 유인하는 미끼로 이 원숭이를 나무 위의 우리 안에 가둬 놓았다. 원숭이의 혈액을 검사한 결과 새로운 바이러스가 발견되었고, 같은 숲에 사는 모기들에서도 이 바이러스가 발견되었다. 이것이 지카 바이러스의 전염 경로에 대한 단서였다. 그렇다면 지카 바이러스는 왜 그렇게 오랫동안 무시되다가, 왜 이제 와서는 비상사태가 되었을까?

지카 바이러스는 1952년에 우간다에서 최초로 인체에서 발견되었다. 이 바이러스가 언제 어디에서 인간에게 감염되기 시작했는지는 아무도 확실히 모른다. 어쩌면 수천 년 동안 정글에서 원숭이와 다른 동물들 사이에서 전염되다가 비교적 최근에 모기를 통해 인간에게 감염되었을 수도 있다. 이렇게 보면 지카 바이러스는 전혀 특별할 것이 없다. 인간의 전염병 10가지 중 6가지는 동물로부터 전파되었다. 20세기 후반부 동안 지카 바이러스는 아프리카와 아시아의 극소수 사람들에게서 검출되었다. 일부 연구에서는 이 바이러스가 서아프리카와 동남아시아의 일부 지역에서 조용히 확산되고 있었다고 주장한다. 그러나 이 바이러스가 오랫동안 학자들에게 큰 관심을 못 받고 공중위생 강경론자들의 주의를 끌지 못한 것은 겨우 독감 수준의 가벼운 증상만 유발하고 대규모로 감염된 기록이 없었기 때문이다. 그러는 동안 위험한 신규 병원체들이 앞다투어 등장하여 연구자와 공무원들의 정신을 빼앗았다. 1950년대 이래로 인류에게는 300가지 이상의 전염병들이 새롭게 혹은 다시 등장했는데 그중에는 후천성 면역 결핍 증후군HIV/AIDS, 사스SARS, 에볼라, 항생제 내성균 등이 포함되어 있다.

지카 바이러스는 수십 년 동안 아프리카에서 많은 사람들에게 전염되면서도, 열악한 의료 시스템과 허술한 질병 감시 체계하에서 그 바이러스가 유발하는 온갖 심각한 건강 문제들과 함께 잠복해 있었을 것이라고 글래스고 대학의 알랭 콜Alain Kohl은 설명한다. 유행병 학자들은 지카 바이러스가 얍Yap이라는 태평양의 작은 섬에 도달한 2007년에 처음 이 바이러스를 알아차렸는데, 어느 조사에 따르면 그 섬에서 인구의 약 75%가 지카 바이러스에 감염되어 이 바이러스의 심각성이 확인되었다. 2013년 말에는 지카 바이러스가 프랑스령領 폴리네시아 지역인 남태평양 군도에 걷잡을 수 없이 번졌다. 그곳의 보건 담당 공무원들은 신경증과 자가 면역 합병증이 증가하는 것과 때로는 환자가 마비되는 상황을 목격했다.

이런 급증하는 합병증과 지카 바이러스로 인한 태아의 선천적 장애는 2015년에 이 바이러스가 브라질에 전파되고 나서야 더 쉽게 눈에 띄었다. 두 가지 이유가 있었다. 하나는 훨씬 더 많은 사람들이 지카 바이러스에 감염되면서 소두증(감염된 산모의 아기가 비정상적으로 작은 머리를 갖고 태어나는 증상) 같은 희귀성 합병증도 같이 급증하여 더 쉽게 발견되고, 이 바이러스를 원인으로 지목할 수 있게 된 것이다. 또 하나의 이유는 브라질의 질병 감시 시스템이 훌륭하여 지카 바이러스에 감염된 환자와 이 바이러스가 유발하는 질병을 파악할 수 있도록 신속한 조치가 취해졌기 때문이다. 그 결과 더 많은 바이러스 감염 사례와 그로 인한 부작용이 알려졌고, 발병 가능한 질환의 전체적 범위가 뒤늦게나마 밝혀지게 되었다.

암이 잘
치료되지 않는 이유

—

의학은 심장병과 뇌졸중으로 인한 사망자를 줄이는 데 큰 성과를 거두었지만, 암 치료에서는 그다지 성공적이지 못했다. 수천억 달러를 들인 암과의 전쟁이 40년 동안 이어졌음에도 불구하고, 미국에서만 170만 명이 암 진단을 받고 매년 약 60만 명이 암으로 사망한다. 왜 암은 치료되지 않을까?

주된 이유는 암을 유발하는 분자 메커니즘에 관한 기초적 이해가 부족하기 때문이다. 최초의 항암 치료법인 화학 요법은 제2차 세계 대전 때 우연히 발견되었다. 머스터드 가스(화학전에 쓰이는 독가스·옮긴이)와 유사한 화학 물질인 질소 머스터드에 노출되면 백혈구 수치가 줄어든다는 사실이 발견된 것이다. 그 후 연구자들은 질소 머스터드와 다른 물질을 혼합하면 암세포의 성장을 막고 종양을 죽일 수 있는지 확인하기 위해 테스트를 거듭했다. 새로운 약들이 발견되었으나 암의 발생 원인이나 항암 치료법이 대체로 일시적으로만 효과가 있는 이유 등은 거의 밝혀지지 않았다.

그 후로 많은 진전이 있었다. 세포 생물학과 유전학에 대한 이해도가 높아지면서 이제는 암세포의 독특한 특징을 인식하기 위해 분자 수준으로 설계된 표적 치료 방법들이 늘어나고 있다. 화학 요법, 수술, 방사선 치료와 더불어 이런 표적 치료는 단독으로 또는 다른 방법과 병행하여 적용되면서 느리지만 꾸준하게 암 환자 생존율을 높여 가고 있다. 소아암과 유방암은 과거보다 훨씬 완치 가능성이 높아졌다. 그러나 여전히 많은 과제가 남아 있다. 오늘날 암은 특정 장기의 질병이기보다는 특정 유전자의 돌연변이로 인한 분자 메커니즘의 문제로 인식된다. 이런 사고방식의 전환은 예컨대 대장암에 가장 좋은 치료법이 신체의 완전히 다른 부위의 종양을 치료하기 위해 설계되고 인가된 약일 수도 있다는 의미가 된다.

또 다른 유망한 접근법인 면역 요법은 암과 싸우기 위해 몸 자체의 면역 체계를 이용한다. 실험 결과 이 방법은 약 3분의 1의 난치암 환자에게서 장기적인 차도를 이끌어 내는 데 성공을 거두고 있다. 이렇게 어느 한 적극적인 연구 분야는 어떤 종양이 어떤 치료법에 반응할지를 예측하고 있다. 개인 맞춤형 치료제가 등장하면 암과의 싸움이 지속되는 동안 엄청난 진전을 기대해 볼 수도 있다.

없어지는 땅과
새로 생겨난 땅

—

2014년 12월 중반에 뉴질랜드 부근의 섬나라 통가Tonga의 수도 누쿠알로파에서 북서쪽으로 65킬로미터쯤 떨어진 지점에서 시작된 화산 폭발은 며칠 동안 태평양 군도를 오가는 항공편 운항을 중단시키고 몇 주 후에야 끝이 나면서 세계에서 가장 최신의 광활한 땅덩어리를 형성했다. 이 새로운 섬은 직경이 2킬로미터 미만이고 해수면 위로 100미터가량 떠 있었다. 2015년 1월에 이 섬을 방문했던 현지인들은 새들이 그곳에 둥지를 틀기 시작했다고 전했다.

이런 화산섬들은 충분한 가치가 있을 수 있다. 과학자들은 1963년에 (역시 화산섬인) 아이슬란드의 해안에 등장한 쉬르트세이섬을 이용하여 동식물이 처음 생긴 땅에 대량 서식하게 되는 과정을 연구한다. 쉬르트세이섬이 등장한 이래로 적어도 10개의 수중 화산이 분출하여 바다 표면을 뚫고 새로운 섬들을 만들기에 충분한 화산 물질을 뿜어

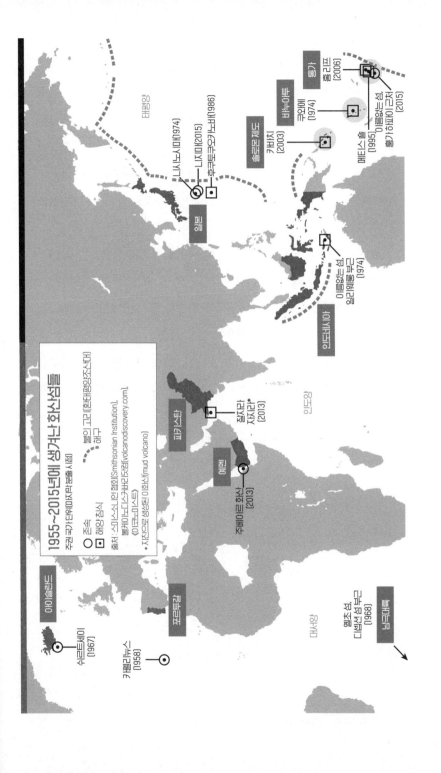

1955~2015년에 생겨난 화산성들

주권국가(단위(國家(또는 지역) 분류 사례)

○ 종속
◉ 해양 침식

――― 불의 고리(환태평양조산대)
――― 해구

출처 : 스미스소니언 협회(Smithsonian Institution),
볼케이노디스커버리닷컴(volcanodiscovery.com),
《이코노미스트》
* 지진으로 생성된 이화산(mud volcano)

태평양

일본
니시노시마(1974)
니지마(2015)
후쿠토쿠오카노바(1986)

솔로몬 제도
카바치(2003)

바누아투
쿠와에(1974)

통가
홈리포(2006)
이름없는 섬
홍가하파이이 근처(2015)
메티스숄(1995)

인도네시아
이름없는 섬
일리웨롱 부근(1974)

인도양

파키스탄
잘자란 자지라*(2013)

예멘
주베이르 화산(2013)

대서양

아이슬란드
쉬르트세이(1967)

포르투갈
카펠리뉴스(1958)

남대서양
월초 섬
디셉션 섬 부근(1968)

냈다. 이런 섬들은 대부분 작고 오래지 않아 침식되고 만다. 계속 섬으로 유지될 힘이 있다고 판단된 새로운 화산섬들은 해당 국가의 연안지역 영토권을 확대시킬 수도 있다. UN 해양법 협약하에 각 국가들은 자국 해안에서 200해리(370킬로미터)까지에 대해 어업 · 해운 · 채광의 권리를 주장할 수 있다. 자국 연안에 새로운 화산섬이 생겼다고 주장하는 국가는 그 섬을 거점으로 해양 영토권을 확대시킬 수 있는 것이다.

　2013년에 도쿄 남쪽의 약 1,000킬로미터 지점에서 생겨난 화산섬 니지마新島는 처음에는 금방 침식되어 사라질 것으로 예상되었다. 그러나 섬이 계속 커지더니 2014년에는 기존의 화산섬 니시노시마西之島와 이어졌다. 이렇게 연결된 섬은 지금도 계속 규모가 늘어나고 있다. 일단 이 섬이 정착되고 나서 계속 유지될 것으로 보이면, 일본도 새로운 영토권을 주장하고 나설 것이다. 해안 침식과 해수면의 상승은 바다가 종종 땅을 삼켜 버린다는 것을 의미한다. 그러나 때로는 이렇게 바다가 땅을 돌려주기도 하는 것이다.

지구상의 생명은
어떻게 시작되었을까

—

거의 20세기 내내 천문학자들은 지구를 포함해 단 9개의 행성을 알고 있었다. 요즘에는 태양과 다른 별들 주위의 2,000개가 넘는 천체를 알고 있다. 그러나 아직까지도 지구는 한 가지 중요한 측면에서 유일한 천체로 남아 있다. 바로 생명이라는 기묘하고도 복잡한 자기 복제 화학 물질 덩어리가 등장한 유일한 행성처럼 보이는 것이다. 살아 있는 세포의 경이로울 정도의 복잡성에 직면하고 나면 자연히 이런 생명체가 어떻게 최초에 생겨났을지 궁금해지게 마련이다. 생물학자들은 생명의 기원에 대해 어떤 설명이 최선이라고 생각할까?

오늘날의 세포는 DNA의 긴 가닥에 유전 정보를 저장하고, RNA의 더 짧은 가닥을 이용해 그 유전 정보를 전달한다. 그리고 (이런 정보를 이용하여 합성된) 단백질을 바탕으로 살아가는 데 필요한 화학 반응을 유지한다. 이런 3중 시스템이 완성된 형태로 단번에 등장했으리라고는 믿기 힘들다. 구성 요소 중 하나인 RNA가 다른 두 요소의 기능을 수행할 수 있으므로 아마 제일 먼저 생겨났을 것이다. RNA는 DNA처럼 그 구조에 기록하는 식으로 유전 정보를 저장할 수 있다. 또 단백질처럼 자기 복제를 비롯한 화학 반응의 촉매 작용도 할 수 있다.

현대 세포 속의 단서들로 짐작컨대 세포들은 순전히 RNA 기반의 생명체에서 유래한 것으로 보인다. 거의 모든 세포가 아미노산이라는 화학 물질을 사슬처럼 엮어서 단백질을 합성하는 일종의 분자 공장인 리보솜이라는 구조를 지닌다. 이렇게 생명체에 필수적인 구조는 아무리 수십억 년이 흘렀어도 그대로 보존되었을 가능성이 높다. 그리고 리보솜에서 실제로 아미노산을 결합시키는 중요한 끝부분은 RNA의 단일한 긴 가닥이다. 현대의 세포에는 또 다양하고 중요한 세포 기능을 수행하는 리보자임이란 화학 물질이 있는데, 이것도 단백질이 아닌 RNA로 구성된 효소다. 리보솜처럼 리보자임도 초창기의 생명체 때부터 존재해 온 생물학적 화석일 것이다. 이렇게 RNA의 짧은 가닥들이 자기 복제하고 때로는 돌연변이를 일으키는 이런 'RNA 세계'는 이론적으로 그럴싸하다. 하지만 여기에서 또 다른 의문이 생긴다. 그럼 대체 RNA는 어디에서 생겨났을까?

이 질문에 대답하는 한 가지 방법은 일부 기초 화학 물질로 시작해서 무엇을 만들 수 있는지 확인하는 것이다. 이런 종류의 가장 유명한 실험은 1952년에 스탠리 밀러Stanley Miller와 해럴드 유리Harold Urey가 진행한 실험이다. 그들은 플라스크에 물, 수소, 암모니아, 메탄을 채웠는데, 이 화학 물질의 '원시 수프primordial soup'는 지구 초기의 대기 상태와 대략적으로 비슷한 구성이다. 여기에 전기 스파크의 형태로 에너지를 가하면 몇 가지 아미노산을 포함하는 침전물이 생긴다. 하지만 이 '원시 수프' 이론은 시간이 갈수록 인기가 식고 있다. 대신 NASA의 마이클 러셀Michael Russell 같은 학자들은 해저 아래에서 미네랄 성분이 많고 화산 활동으로 가열된 열수가 용솟음치는 '화이트 스모커'라는 수중 탑에서 생명이 시작되었다고 주장한다. 화이트 스모커는 벌집 같은 구조인데, 유니버시티 칼리지 런던의 닉 레인Nick Lane은 실험을 통해 이런 벌집 구조의 구멍들이 원시 세포 역할을 해서 그 안에 유기물이 모이고, 현대 세포의 에너지원과 같은 전하량의 기울기(세포막 안쪽과 바깥쪽 전하의 분포 차이 · 옮긴이)를 형성할 수 있음을 입증한다. 궁극적으로 타임머신이 없는 상태에서는 다양한 가설들의 상대적 설득력에 대해 논의하는 일만이 가능할 것이다. 그렇지만 화이트 스모커 이론은 생명의 기원에 대해 지금까지 제시된 가설 중에 가장 설득력 있다고 평가된다.

사실 소금은
크게 해롭지 않다

—

전통적인 영국식 아침 식사에는 베이컨, 소시지, 계란이 나온다. 한마디로 전부 소금 덩어리나 염화나트륨 덩어리다. 하지만 예전에 비하면 상황이 훨씬 나아졌다. 10년 전부터 영국 정부와 건강 단체들은 식품업계에 가공식품에 함유된 소금양을 줄이라고 압박하기 시작했다. 그 결과 2011년에 영국인들은 2003년에 비해 소금을 15% 적게 섭취했다. 연구자들에 따르면 소금 섭취량이 감소하면서 심혈관 질환이 개선되었다. 같은 기간 동안 뇌졸중으로 인한 사망자는 42% 감소했고 심장 질환으로 인한 사망자도 40% 감소했다. 이렇게 볼 때 소금 섭취가 건강에 해롭다는 사실은 분명해 보인다. 사람들이 소금을 적게 섭취할수록 더 건강해지는 것이다. 그런데도 일부 과학자들은 여전히 회의적인 입장이다. 왜 그럴까?

우리는 더 많은 소금을 섭취할수록, 더 많은 수분을 체내에 보유한다. 그러면 신장에서 소금과 수분을 배출하기 전까지는 체내의 혈압이 높아지게 된다. 소금을 문제로 보는 사람들은 이런 혈압에 미치는 영향이 오래 지속된다고 믿고, 그래서 장기간에 걸쳐 너무 많은 소금을 섭취하면 고혈압과 때로는 사망에까지 이른다고 믿는다. 2001년에 미국 국립 보건원National Institutes of Health에서 진행한 이른바 DASH-나트륨 연구에서는 통제 집단보다 염분이 적은 식단을 섭취한 실험 참가자들이 결과적으로 혈압이 유의미한 수준으로 낮아진 것을 발견했다. 이 연구는 소금이 우리 몸에 해롭다는 수많은 공공 의료 분야 공식 발표들의 근거로 인용되었다. 미국의 권장 식단은 '일련의 강력한 근거'를 바탕으로 소금을 피해야 할 식품 목록의 꼭대기에 올려 놓기도 했다.

그러나 일련의 근거는 미국 정부가 주장하는 것만큼 그렇게 강력하지 않다. 'DASH' 연구는 소금 섭취가 건강에 미치는 영향을 관찰한 많은 연구 중 하나일 뿐이고, 다른 연구들은 그와 유사한 결과를 도출하는 데 실패했다. 위에서 언급했던 2003~2011년의 영국 연구는 영국인의 건강과 소금 섭취량 간의 상관관계를 발견하기는 했지만, 동시에 흡연량 감소 등의 다른 요인도 건강 결과를 개선하는 데 영향을 미쳤을 가능성이 높다. 의학적 증거를 검토하는 비영리 단체인 코크란 연합Cochrane Collaboration은 2011년에 다른 많은 연구들의 결과를 검토 및 종합하여 2건의 메타 분석 보고서를 발표했다. 첫 번째 보고서는 소금 섭취량을 줄이면 혈압이 감소하는 것을 발견했지만, 그렇다고 해서 조기 사망이나 심혈관 질환의 발생이 줄어든다고 보기에는 '근거가 불충분하다'고 결론 내렸다. 두 번째 보고서는 매우 간단하게

"우리는 저염분 식단이 건강 상태를 개선시키는지 악화시키는지 알지 못한다"고 결론 내렸다. 이 보고서를 작성한 연구자들은 계속해서 이렇게 말한다. "150회 이상의 무작위 대조 실험과 13개의 모집단 연구 결과 염분을 줄이는 것이 바람직하다는 명백한 근거를 찾지 못했으므로, 그런 근거가 존재하지 않는다는 또 다른 입장을 수용할 수도 있겠다."

일부 연구자들은 한 걸음 더 나아가 소금 섭취량을 줄이면 오히려 사망 확률이 높아진다고 주장하기도 한다. 인체에는 일정량의 염분이 필요하다. 만약 인체에 염분이 너무 적으면 신장이 레닌이란 단백질 분해 효소를 분비하여 고혈압을 유발할 수도 있다. 일부 연구에서는 체내에 염분 수준이 낮으면 심부전증에 걸릴 위험이 더 높아진다는 것을 발견했다. 다른 연구에서는 칼륨 대비 나트륨 비율을 낮추는 것이 심장 건강에 주효하다고 주장하기도 한다. 많은 연구 결과가 개개인의 건강 상태에 따라 달라진다. 따라서 결정적인 근거는 없는데도, 공중 보건 당국은 오래전부터 소금과 심장 질환의 상관관계가 마치 사실인 것처럼 발표해 왔다. 이런 확신에는 명확한 근거가 없다. 배부른 영국식 아침 식사를 멀리할 이유는 많겠지만, 적어도 소금은 그이유가 될 수 없는 것이다.

우주에도
기상 변화가 있을까

—

2016년 3월에 영국인들은 보기 드문 광경을 즐겼다. 옥스퍼드셔 주처럼 먼 남부에서도 흔히 북극광이라고 불리는 오로라가 하늘에 펼쳐졌던 것이다. 영국은 그다지 북쪽에 위치하지 않기 때문에 이것은 이례적인 일이다. 북극광을 보려는 사람들은 보통 스칸디나비아와 아이슬란드 같이 훨씬 북쪽 지역으로 이동해야 한다. 그렇지만 북극광은 관측자들뿐 아니라 학자들에게도 큰 관심거리다. 지구에서 발생하는 현상이 아니기 때문이다. 북극광은 지구의 자기장과 태양에서 흘러나오는 하전 입자의 상호 작용으로 발생하고, 이른바 '우주 기상Space Weather'의 가장 잘 알려진 사례다. 보통 우주는 완전히 텅 빈 공간이라고 알려져 있기 때문에 '우주 기상'이란 용어는 모순처럼 보일 수 있다. 어떻게 우주에 기상이 존재할 수 있을까?

그 이유는 우주, 특히 별과 행성 부근의 우주는 행성의 표면에 비해 상대적으로 비어 있을 뿐 완전히 텅 빈 공간이 아니기 때문이다. 우주에는 태양에서 흘러나오는 무수한 전하 입자들 형태로 부는 바람이 있다. 우주에는 태양 플레어, 전하 입자들을 우주로 분출시키는 플라즈마의 대규모 폭발, 그리고 태양 질량의 상당량을 태양계로 방출시키는 코로나 질량 분출 같은 형태의 폭풍도 있다. 비유를 조금 더 확장시켜 보면, 우주에는 심지어 유성우가 쏟아질 때 우리가 지구에서 보는 분진과 암석 구름 형태의 강수량 비슷한 것도 있다.

인류 역사상 대부분의 시대에 우주 기상은 불가사의하고 때로는 거의 무관한 현상이었다. 그러나 인류가 우주를 여행하기 시작하면서 과학자와 공학자들은 그 영향을 보다 진지하게 받아들일 수밖에 없었다. 태양 플레어는 위성과 우주선을 손상시킬 수 있고, 실제로 2002년에 일본의 화성 탐사선 노조미호는 태양 플레어 때문에 합선이 일어났다. 국제 우주 정거장에 탑승한 우주 비행사들은 플레어로 인한 극심한 방사선 수준을 차단하기 위해 특별실이 있을 정도다. 그러나 항상 나쁜 영향만 있는 것은 아니다. 2005년에 특히 거대한 태양 플레어는 오히려 지구 궤도상의 방사선 수준을 떨어뜨렸는데, 이온화된 가스 구름으로 발생한 자기장이 태양계 밖에서 흘러온 유해한 우주 방사선의 방향을 전환시켰기 때문이다.

우주 기상은 또 지상에도 영향을 미칠 수 있다. 오로라를 유발하는 하전 입자는 방사선도 방출한다. 이것이 두터운 대기층이 적절히 보호하는 지상에서는 문제될 것이 없다. 그러나 현대 여객기들이 운항하는 수준의 고도에서는 문제가 된다. (유럽에서 미국으로 향하는 항공편처럼) 극지를 횡단하는 비행기는 대규모 태양 플레어가 몰아치면 남쪽으로 방향이 바뀔 수 있다. 태양의 갑작스런 변화는 무선 통신이나 GPS 위성이 보내는 신호에 간섭할 수 있는 대기의 전리층인 이온층을 교란시킬 수도 있다. 그리고 1989년에는 지자기 폭풍(코로나 질량 분출에 따른 지구 자기장의 교란)으로 퀘벡 주의 전기 시설에 대규모 전류가 흘러 수백만 명이 9시간 동안 정전 사태를 겪어야 했다. 우주 기상은 지구의 기상에 비하면 우리 삶을 방해할 가능성이 적지만, 그것이 결코 불가능한 일은 아닌 것이다.

동종요법이
말이안되는이유

—

요즘 건강 제품 상점을 들러보면 기침, 재채기, 열병부터 불면증과 천식까지 어떤 병이든 치료해 준다고 주장하는 동종요법 치료제를 쉽게 발견할 수 있다. 그러나 치료제의 포장을 벗기고 구성 성분 목록을 살펴보면 혼란스러워질 것이다. 어떤 약은 잘게 빻은 벌, 쑥기풀, 비소뿐 아니라 락토스와 수크로오스 같은 설탕까지 함유되어 있다고 적혀 있다. 미국인만 따져도 이런 동종요법 제품에 연간 30억 달러가량을 지출한다. 그들은 대체 무슨 생각일까?

인체에 질병과 비슷한 증상을 유발하여 병을 치료하는 동종요법의 역사는 18세기 말까지 거슬러 올라간다. 독일 의사 사무엘 하네만 Samuel Hahnemann은 당대의 의학에 만족하지 못했고 충분히 그럴 만한 이유가 있었다. 당시 의사들은 거머리를 이용해 피를 뽑았고, 뜨거운 석고를 이용해 물집을 유발하여 진물을 빼냈던 것이다. 1790년에 하네만은 그의 경력을 송두리째 바꿔 놓을 열병에 걸렸다. 그는 기나피 나무껍질의 가루를 삼키고 나서 체온이 더 오른 것을 발견했다. 기나피 껍질에는 키니네가 들어 있는데, 키니네는 이미 말라리아 치료제로 알려져 있었다. 하네만은 이 사실을 곰곰이 따져 보았다. 기나피는 그에게 열병을 도지게 했고, 열병은 말라리아의 증상이며, 기나피는 말라리아의 치료제다. 여기에서 그는 신기할 정도의 논리적 비약을 거쳐, 약이 아픈 사람에게는 특정 증상을 낫게 하지만 건강한 사람에게는 해당 증상을 유발한다고 결론 내렸다. 그 증상을 유발하는 물질을 찾아서 다른 환자의 해당 증상을 치료하는 데 사용하면 된다는 의미다.

그 후 하네만은 약제 성분을 희석시키고 뒤섞는 과정을 반복하는 '강화 작용'을 거쳐야 한다고 주장했다. 그는 유효 성분의 양이 줄어들수록 약효가 더 강해진다고 믿었다. 동종요법 치료제에서는 약의 효능을 알리기 위해 다양한 특수 용어를 사용한다. 흔히 사용되는 용어 중 하나는 'NC'로, 여기에서 'C'는 성분이 1:100의 비율로 희석되었다는 의미고, 'N'은 성분이 희석된 횟수를 나타낸다. 그래서 '200C' 희석이라면 1g의 성분을 100g의 물에 희석시키는 과정을 200번 반복했다는 뜻이 된다. 이렇게 희석시키면 물을 이용하여 알약을 만들 때 원래 성분의 분자가 하나도 남아 있지 않게 된다. 그래서 동종요법 알약은 순전히 설탕으로 채워진다. 그런데도 그 물과 알약은 본래 성분의 '기억'을 담고 있다고 믿어진다.

이것은 말도 안 된다. 세계 최대의 의학 연구 투자 기관인 미국 국립 보건원은 동종요법이 연구하기 어렵다고 지적하는데, 약제에 유효 성분이 거의 없거나 아예 없으면 약효를 검토하기가 힘들기 때문이다. 연구자들은 약에 포함되어 있다는 성분이 실제로 들어 있는지 확인할 길이 없고, 또 희석된 약제가 체내에서 발휘한다는 화학적 효과를 입증하기도 불가능하다. 동종요법에 대한 가장 포괄적인 검토는 2005년에 저명한 의학 저널인《더 랜싯》을 통해 공개되었다. 여기에서 연구자들은 동종요법 약제와 일반 약제를 복용한 결과를 비교했다. 잘 설계된 대규모의 실험 결과 동종요법이 위약 효과보다 더 효과적이라는 '설득력 있는 근거를 찾을 수 없었다.' 반면에 전통적인 치료제를 유사하게 복용한 경우에는 특정한 임상 효과가 나타났다. 미국 국립 보건원이 냉정하게 발표했듯이 '동종요법의 몇몇 핵심 개념은 화학과 물리학의 근본 개념과 모순된다.' 이것도 매우 완곡한 표현이지만 말이다.

벌 개체 수가
감소하는 요인은 무엇일까

—

벌이 자연 소멸한다는 보도가 최근 들어 점점 잦아지면서 경각심을 불러일으키고 있다. 세계 꽃식물의 화분을 옮기는 가장 일반적인 방법이 벌의 활동이다 보니, 벌은 세계 식량 생산 시스템에서 필수적인 역할을 담당한다. 그러나 벌의 종류별 분포 지역을 지도로 작성해 보면 서식지가 줄어들고 대규모로 멸종하는 현상이 나타난다. 벌이 벌집에서 집단 폐사하거나 벌집이 갑자기 버려지는 이른바 군집 붕괴 현상은 각국에서 보고되고 있다. 벌들이 소멸해 가는 것은 분명한데 왜 그렇고, 또 어떤 결과가 초래될까?

위태로운 상황의 범위가 때로는 잘못 이야기된다. 무게로 따질 때 우리가 먹는 식량의 3분의 2가량이 쌀, 밀, 옥수수처럼 곤충이 아닌 바람에 의해 수분되는 주요 작물이다. 나머지 3분의 1에는 과일, 채소, 견과류, 각종 허브와 향료, 커피와 초콜릿 등이 포함된다. 따라서 충매 식품이 빠진 식단은 많은 영양분이 부족하고 매우 단조로울 것이다. 벌이 지금까지 최대의 화분 매개자인 것은 맞지만, 벌이 단일한 집단이라는 오해가 흔히 눈에 띈다. 사실 벌에는 약 2만 가지 종이 있고, 그중 소수만이 '꿀벌'이다. 즉 벌집에서 자라고 생활하는 종으로, 벌이 수분시키는 작물과 마찬가지로 사람들이 양식하여 상품으로 거래하는 벌 말이다. 나머지는 야생벌이다. 꿀벌과 야생벌이 수분 과정에서 차지하는 비중은 지역마다 천차만별이지만, 야생벌이 전 세계적으로 절반 이상의 수분을 담당하고, 그중에서도 오로지 몇몇 종이 수분 작업의 대부분을 수행한다(2015년에 《네이처Nature》에 발표된 한 연구에서는 80%의 수분을 단 2%의 종이 책임진다고 추산했다). 따라서 꿀벌이 감소한다고 해서 모든 벌의 수분이 위험하다는 의미는 아니다. 그렇기는 해도 아몬드 같은 일부 작물의 집약 농업은 전적으로 꿀벌에 의존한다. 적절한 시기에 안정적으로 수분을 끝낼 야생벌이 충분히 많지 않기 때문이다.

집약 농업은 벌 개체 수가 감소하게 된 세 가지의 개별적이지만 서로 관련된 원인을 뒷받침하는 듯 보인다. 하나는 단순하다. 세계적으로 벌들이 서식하기에 적합한 미개간지가 줄었다. 농지에는 환금 작물(판매를 목적으로 재배되는 작물·옮긴이) 외의 모든 식물을 제거하여, 주요 작물이 개화하는 시기가 아니면 벌들의 먹이가 될 만한 꽃식물이 없다. 개간된 대부분의 지역에서는 벌들이 돌아다닐 만한 공간이 남아 있지 않은 것이다. 두 번째 문제는 꿀벌 전염병의 전파다. 벌집이 전 세계로 운송되면서 벌집에 딸린 박테리아, 균, 기생충도 함께 퍼져나간다. 일례로 진드기의 일종인 바로아 응애Varroa mite는 군집 붕괴 현상을 초래하는 요인으로 많은 관심을 끌었다. 이런 박테리아, 균, 기생충은 보통 특정한 꿀벌 종과 관련이 있지만, 일부 골치 아픈 경우에는 종간의 장벽을 넘어서 야생벌까지 위협할 수 있다. 세 번째 문제는 집약 농업이 엄청난 양의 살균제, 제초제, 살충제를 뿌린다는 사실과 연관된다. 최근에는 네오니코티노이드Neonicotinoid라는 새로운 계열의 살충제들이 특히 비난의 표적이 되고 있다. 이 화학 제품에 대한 연구 결과는 혼선을 빚고 있지만, 이것을 일정량 이상 사용하거나 다른 일반적인 농약과 함께 사용할 경우 벌들에게 해롭거나 때로는 치명적일 수 있다는 것만은 분명하다.

아마 십중팔구 벌들이 처한 위협은 이런 다양한 압박 요인이 복잡하게 상호 작용하는 결과일 것이다. 예를 들어 최근의 한 연구는 네오니코티노이드 클로티아니딘clothianidin을 소량만 사용해도 거의 무해한 유럽 꿀벌의 바이러스 감염이 치명적인 병으로 바뀐다는 사실을 입증했다. 농업용 화학 제품이 벌들에 미치는 영향은 보통 한 번에 한 가지씩만 연구될 뿐, 벌들이 궁극적으로 노출되게 될 엄청난 가짓수의 복합적인 영향은 거의 검토되지 않는다. 그리고 서식지를 상실하거나 먹이가 부족하여 줄어드는 벌 개체 수는 다른 모든 생물과 마찬가지로 추가적인 위협에 더욱 민감하게 반응할 것이다. 한 가지 단순한 해결책은 일부 토지를 야생 상태로 되돌리는 것이다. 이미 이렇게 하는 농민들에게 보상을 지급하는 몇몇 제도들이 시행되고 있다. 꿀벌 벌집의 자유로운 운송을 통제해도 병원균과 기생충의 전파를 막는 데 도움이 될 수 있다. 그러나 특정한 벌떼나 지역에서 어떤 요인들이 결합되어 문제가 발생하는지, 그리고 전 세계의 벌 개체 수 감소를 초래하는 어느 결정적인 한 가지 요인이 존재하는지 여부는 더 많은 연구를 통해 이 골치 아픈 상호 작용이 밝혀질 때까지 여전히 미지수로 남을 테고, 이 문제에 관련된 생물들 대부분이 자유롭게 돌아다니는 한 문제를 해결하기는 결코 쉽지 않을 것이다.

중국인의 기대 수명

—

중국의 경제 성장은 이미 잘 알려져 있다. 그러나 끔찍한 수준의 환경 오염에도 불구하고 중국인의 건강 상태가 크게 개선되고 장수하는 중국인이 늘어났다는 사실은 덜 알려져 있다. 《더 랜싯》에 발표된 한 연구에서는 중국인의 건강 상태를 지역별로 세분화하여 제시한다. 옆에 실린 지도는 중국 33개 성 단위 지역의 출생 시 기대 수명을 그와 가장 유사한 수준의 국가와 함께 보여 준다.

이 연구에 따르면, 중국에서 1990년에 태어난 아이는 평균 기대 수명이 68세다. 2013년에 태어난 아기는 기대 수명이 76세까지 늘어난다. 지역마다 편차가 심하지만, 격차는 점점 좁혀지고 있다. 상하이의 기대 수명은 현재 83세로 스위스만큼 길다. 6개 지역의 주민은 미국인보다 더 오래 산다. 가장 인상적인 개선을 보인 곳은 가장 낙후된 지역들이다. 티베트 자치구에서 1990년에 출생한 아이는 기대 수명이

기대 수명
중국의 각 성과 비슷한 수준의 국가, 2013년

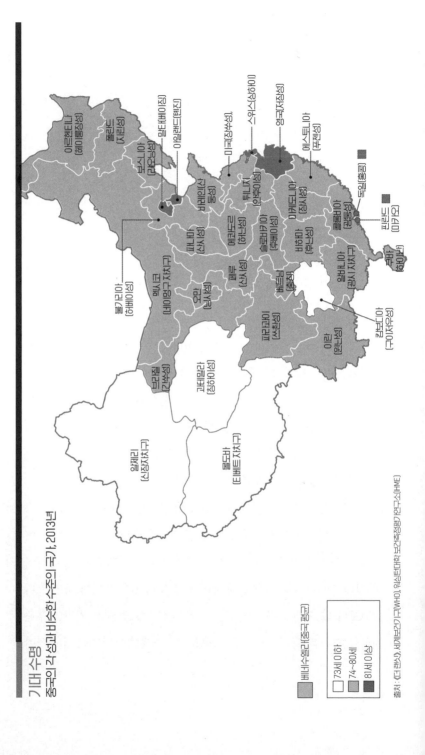

범례
베이징(중국 평균)
73세 이하
74~80세
81세 이상

출처: 《다 랜싱, 세계건강기구(WHO), 워싱턴대학교 보건지표평가연구소(IHME)》

아르헨티나
(헤이룽장성)

폴란드
(지린성)

보스니아
(라오닝성)

몰타(베이징)

아일랜드(톈진)

미국(산쑤성)

스위스(상하이)

영국(자칭성)

에스토니아
(푸젠성)

우크라이나
등성)

튀니지
(허우성)

마케도니아
(장시성)

콜롬비아
(광둥성)

독일(홍콩)

핀란드
(마카오)

쿠바
(하이난)

불가리아
(허베이성)

멕시코
(네이멍구자치구)

오만
(닝샤성)

페루
(산시성)

우루과이
(허난성)

크로아티아
(후베이성)

바하마
(후난성)

알바니아
(광시자치구)

캄보디아
(구이저우성)

예르단
(산시성)

이란
(윈난성)

캄보디아
(간쑤성)

과테말라
(칭하이성)

알제리
(신장자치구)

볼도바
(티베트자치구)

56세로, 아프리카의 가장 가난한 국가 중 하나와 비슷한 수준이었다. 이 수치가 지금은 유럽의 저개발 국가 중 하나인 몰도바와 거의 같은 수준인 70세까지 올라왔다. 사망 원인 또한 변하고 있다. 전염병으로 인한 사망이 크게 줄어들었다(HIV/AIDS는 예외라는 점이 주목할 만하다). 선진국처럼 중국에서도 생활 양식과 연관된 질병, 즉 뇌졸중과 심장 질환 등이 이제는 최대의 사인이 되었다.

명왕성은 더 이상
행성이 아니다

—

2015년 7월에 NASA의 우주 탐사선 뉴호라이즌스New Horizons호는 명왕성을 향한 9년간의 비행을 끝마쳤다. 그러나 이 탐사선이 돌아왔을 때, 명왕성의 권위는 작아져 있었다. 뉴호라이즌스호가 발사되던 2006년 1월 19일에 명왕성은 태양으로부터 아홉 번째에 위치한 마지막 행성이었고, 로봇 탐사선이 도달한 적 없는 유일한 행성이었다. 8개월 후인 8월 24일에 국제 천문 연맹IAU, International Astronomical Union은 투표를 통해 명왕성을 행성 클럽에서 제외시켰다. 그래서 지금의 초등학생 세대는 태양계에 행성이 8개뿐이고 명왕성은 케레스Ceres, 에리스Eris, 마케마케Makemake 등 천문학계의 낙오자들처럼 '왜소행성'의 하나라고 배우며 자라고 있다. 왜 명왕성은 행성 클럽에서 쫓겨났을까?

직접적인 이유는 명왕성이 2006년에 IAU 회의에서 처음 공식적으로 합의된 행성의 지위에 부합하지 않았기 때문이다. 천문학자들이 결정한 바로는 행성의 자격을 갖추려면 천체가 태양 중심의 궤도를 돌아야 한다(그래서 지구의 위성인 달은 명왕성보다 상당히 큰 데도 불구하고 행성으로 인정되지 않는다). 또 천체가 자체 중력하에서 구체 형태를 이룰 만큼 충분한 질량을 가져야 한다(이 규칙 때문에 소행성과 혜성이 행성에서 제외된다). 그리고 마지막으로 자체 중력을 이용해 주변의 다른 천체를 흡수하거나 앞길을 가로막는 천체를 쫓아버림으로써 '그 궤도를 정리해 나가야' 한다. 이 정의는 행성이 태양계에서 별들 다음으로 가장 눈에 띄는 요소라는 직관에 따른 것이다. 명왕성은 앞의 두 가지 정의에는 부합하지만 세 번째를 충족시키지 못한다. 요즘에는 명왕성이 단지 수천 개의 '해왕성 바깥천체TNO, trans-Neptune objects', 즉 태양계의 먼 바깥쪽에서 떠다니고 있는 암석과 얼음 덩어리들 중 하나일 뿐이라는 사실이 명확해졌다.

명왕성이 1930년에 처음 발견되었을 때는, 그것이 행성이라는 주장이 훨씬 강력해 보였다. 처음에 천문학자들은 명왕성이 천왕성과 해왕성의 궤도에 미치는 영향에 관한 계산을 근거로 거의 지구만한 규모라고 추정했다. 그 후 명왕성의 질량에 대한 추정치가 계속 반복해서 하향 조정되었다. 처음에는 대략 화성의 질량 정도로 예상되었고, 그 다음에는 (명왕성의 반사도 측정 후에) 지구 질량의 1% 정도로 더 낮게 추정되었다. 명왕성의 위성인 카론Charon이 발견되면서 명왕성의 질량 추정치가 더욱 정확하게 조정되었다. 오늘날 명왕성의 공인된 질량은 지구 질량의 0.2% 수준이다. 질량 추정치가 계속 감소하면서 명왕성을 온전한 행성으로 볼 수 있을지에 대한 의혹이 증폭되었다.

2000년대 중반에 이르자 해왕성 궤도 밖에서 유사한 규모의 다른 천체들이 발견되면서 그런 의혹을 무시하기가 힘들어졌다. 2005년에 캘리포니아 공과대학의 천문학 교수 마이크 브라운Mike Brown이 이끄는 연구 팀은 또 다른 거대 TNO인 에리스를 발견했다고 발표했다. 에리스는 거의 명왕성과 크기가 비슷하고(명왕성의 지름이 1,184킬로미터인데 비해 에리스의 지름은 1,163킬로미터) 질량은 25% 이상 크다. 만일 명왕성을 행성으로 본다면, 에리스도 행성으로 인정하지 않을 이유가 없었다. 그리고 에리스만한 크기의 천체들이 해왕성 바깥의 어둠 속에 얼마나 많이 잠복해 있을지 누가 알겠는가? 따라서 명왕성을 강등시키는 쪽이 합리적인 결정이었다.

일각에서는 명왕성을 강등시키면 교과서를 다시 써야 하고 교실에 걸린 학습용 걸그림도 못쓰게 된다고 반대했다. 그러나 이것은 오히려 잘된 일이다. 명왕성을 재분류하면서 과학계가 돌아가는 방식이 대중에게 널리 알려졌기 때문이다. 과거에 널리 인정되던 주장을 뒤집을 만한 새로운 증거가 발견되면, 새로운 사실이 힘을 얻어 기존의 이론은 폐기되고 우주를 이해하는 보다 새롭고 정확한 이론이 득세하는 것이다. 그리고 명왕성에 정서적인 애착을 느끼며 여전히 이 모든 사태에 분개하는 사람들(몇몇 천문학 전문가들을 비롯해 이런 사람들이 많이 있다)은 명왕성이 역사상 이런 사태가 벌어졌던 최초의 사례가 아니라는 사실에 조금은 위안을 얻을지도 모른다. 가장 거대한 소행성(이자 이제는 왜소행성 클럽의 또 다른 구성원)인 케레스가 1801년에 처음 발견되었을 때도 역시 온전한 행성으로 지정되었다. 나중에 가서야 케레스가 화성과 목성 사이에서 궤도를 도는 거대하고 혼란스러운 암석들의 원반인 소행성대의 가장 큰 구성 요소일 뿐이라는 사실이 명확해지면서, 행성의 지위가 강등되었다. 그러므로 우리는 명왕성이 매우 엄선된 하나의 클럽(행성)에서 쫓겨나 더욱더 엄선된 집단에 속하게 되었다고도 말할 수 있다. 바로 과거에 행성으로 알려졌던 천체들의 클럽 말이다.

하늘은 왜 파랄까

—

여름철에 적어도 한나절은 구름 한 점 없는 파란 하늘을 구경할 수 있다. 그럼 하늘은 왜 이렇게 파랄까?

과학자들에게 물어보면 대답은 비교적 간단하다. 레일리 산란 Rayleigh scattering (물질의 미립자에 빛이 닿았을 때 산란이 일어나는 현상·옮긴이) 때문이다. 태양의 백색광이 지구에 도달할 때면 대기를 구성하는 기체 분자와 충돌한다. 주로 질소와 산소인 이 분자들은 가시 스펙트럼 속 빛의 파장보다 더 작아서 빛을 산란시킨다. 백색광은 다양한 파장으로 구성되고, 아이작 뉴턴이 17세기에 프리즘으로 실험한 이래 우리는 이 파장이 7가지 색상, 즉 빨간색·주황색·노란색·초록색·파란색·남색·보라색으로 구성된 스펙트럼임을 알고 있다. 스펙트럼의 보라색 끝부분 빛은 더 짧고 곧은 파장으로 이동하여 빨강색 끝부분의 더 길고 주파수가 낮은 파장보다 대기 속의 분자들에 더 많은 영향을 받는다. 이 현상은 19세기에 영국 물리학자 레일리 경Lord Rayleigh이 처음 발견하여, 레일리 산란이라 불린다. 하늘이 파랗게 보이는 것은 더 짧은 파장이 더 긴 파장보다 대기에서 더 많이 산란되기 때문이다. 그래서 우리가 (태양 자체를 볼 때보다) 하늘을 볼 때 우리 눈에 도달하는 산란된 태양빛은 대부분 파란 색이다.

　그러나 뜻밖의 문제점이 하나 있다. 모든 사람이 하늘이 파랗다는데 동의하지는 않는다는 것이다. 19세기에 영국 수상을 네 번이나 역임한 것으로 더 유명한 윌리엄 글래드스턴William Gladstone은 1858년에 호메로스Homer에 대한 논문을 출간했다. 그는 이 그리스 시인이 '파랗다'는 단어를 한 번도 안 썼다고 지적하며 놀라워했다. 호메로스는 온갖 색깔을 다소 의외의 단어로 표현하여, 바다가 '짙은 와인색'이고 철은 보라색이며 꿀은 녹색이라고 묘사했다. 더 연구해 본 결과 코란, 최초 히브리 성서, 아이슬란드 영웅 전설saga, 그리고 기원전 1500~1000년에 인도에서 집필된 베다복음Vedic Hymn에도 역시 하늘을 이야기할 때조차 푸른 색조에 대한 언급이 없었다. 오늘날에도 스펙트럼상 초록색과 보라색 사이의 색을 표현하는 영단어에 정확히 해당하는 단어가 없는 언어들이 여전히 많다. 러시아인은 하늘을 'goluboe(옅은 파란색)' 또는 'sinee(어두운 파란색)'으로 부른다. 일본어에서는 '靑(아오)'이 하늘의 색깔뿐 아니라 사과와 풀색까지 다 아울러 표현한다. 나미비아의 힘바족Himba은 하늘을 'zoozou'라고 표현하는데, 이것은 대략 '어둡다'로 번역되고 빨간색·초록색·보라색·푸른색 색조를 모두 포함한다.

　이것은 비단 현학적인 번역 문제에 그치지 않는다. 언어가 사람들이 세상을 해석하는 방식에 지대한 영향을 미친다는 사실은 이미 입증되었다. 믿기 어려울지 몰라도, 어떤 색깔을 표현하는 단어가 따로 있으면 다른 색깔과 구분하여 지각하려는 성향이 강해진다. 해당하는 단어가 없으면 그 색깔을 쉽게 인지하지 못하고 말이다. 이 사실을 입증하기 위해 연구자들은 힘바족에게 컬러 타일을 묶어서 보여 주는 실험을 했는데, 힘바족은 11개의 초록색 타일 묶음에서 한 개의 파란색 타일을 골라내는 과제를 어려워했다(반면에 소나무 색깔의 타일 묶음 속의 연두색 타일 하나는 영어 사용자들보다 훨씬 쉽게 찾아냈다). 그러므로 영어 사용자들에게는 하늘이 파랗다는 것이 진실일지라도, 하늘은 단지 그들이 파랗다고 이야기하기 때문에 파란 것일지도 모른다.

투명 망토는
어떻게 만들까

투명한 무엇은 너무 흔해서 진부해진 서사 장치다. 소설에서 워낙 많이 등장해 온 설정인 것이다. 플라톤Plato은 반지를 낀 사람이 투명하게 변하는 신비로운 '기게스의 반지Ring of Gyges'가 정의로운 사람의 겉모습뿐 아니라 도덕성까지 변화시킬 수 있을지 궁금히 여겼다. 2천 년 후에 J.R.R. 톨킨J.R.R. Tolkien의 《반지의 제왕The Lord Of The Rings》에서도 유사한 테마가 등장했다. 그로부터 불과 수십 년 후에 과학자들은 변환 광학transformation optics을 고안했는데 이것은 마법을 넘어서서 사물을 보이지 않게 만들겠다고 장담하는 일종의 수학이었다. 이 아이디어는 이제 투명 망토를 걸치면 사라지는 소설 속의 소년 마법사 해리 포터Harry Potte와 떼려야 뗄 수 없이 연결되어, 과학 매체들에는 '투명 망토'의 사례가 충분히 넘쳐 난다. 하지만 실생활에서 투명 망토는 어떻게 가능한 것일까?

사물을 본다는 것은 그 사물과 충돌하여 튕겨져 나오는 직사광선을 감지한다는 것이지 그 사물 속에서부터 직접 발하는 빛을 본다는 의미가 아니다. 따라서 사물을 보지 못한다는 것은 이런 과정을 막는다는 의미로, 사물에 비친 빛이 반사되어 흩어지지 않고 원래 나아가던 방향대로 방해받지 않고 통과하게 만들면 된다. 이렇게 만드는 단순한 방법은 사물의 앞에 사물 뒤 풍경의 이미지를 투사하거나 나타내는 것이다. 이것은 이른바 '적응 위장술Adaptive Camouflage'로 전장에서 탱크가 안 보이게 만드는 방법으로서 연구되고 있는 기술이다. 그러나 보다 매혹적인 사례들은 메타 물질을 이용한다. 메타 물질이란 빛의 파장에 비견될 정도의 초소형 구조와 구멍이 있는 인공 물질로, 자연계 물질에서는 불가능한 방법으로 변환 광학이라는 신묘한 현상을 구현해 낼 수 있도록 정확히 조정 가능한 장치다.

메타 물질 내의 초소형 구조는 빛을 이루는 파장을 이리저리 산란시켜 한쪽에는 파장을 추가하고 한쪽에서는 파장을 상쇄시킴으로써 빛이 사실상 망토를 타고 돌아 그전까지 나아가던 방향으로 계속 진행되는 듯 보이게 만들 수 있다. 아니면 메타 물질 망토가 감추고 있는 사물의 빛 산란과 흡수 과정을 정확히 그 이전 상태로 원상 복귀시키는 방식으로 설계할 수도 있다. 이렇게 하면 사물을 향해 나아가던 빛과 보는 사람 입장에서는 망토와 사물이 완전히 빈 공간처럼 보이게 된다. 물론 오늘날까지도 이런 접근 방식은 한숨이 나올 만큼 극도로 제한된 환경에서만 구현 가능한 수준이다. 그나마 가장 성공적인 사례들은 전자기 스펙트럼의 마이크로파에서 선보여졌는데, 파장이 훨씬 짧은 가시광선보다는 파장이 긴 마이크로파에서 구조를 조정하기가 더 용이했기 때문이다. 가시 범위 내에서의 망토 실험은 마법사의 극히 일부분만을 감출 수 있었다. 프로토타입도 진짜 투명하다고 주장할 만한 각도는 역시 한정되어 있어, 다른 방향에서 보면 감춰진 대상이 그대로 드러나 보이곤 했다. 하지만 무엇보다 망토가 뻣뻣한 것이 문제로, 망토의 모양이 수학적 계산으로 정해지고 그 모양에 따라 정해지는 은폐 능력도 여전히 변함이 없는 상태다.

따라서 진정한 해리 포터 망토는 아직 먼 가능성으로만 남아 있다. 다행히도 변환 광학의 기반이 되는 수학은 다른 어디에나 적용 가능하다. 메타 물질도 이미 라디오 안테나를 더 효율적으로 만드는 작업 등에 활용되고 있다. 다른 파동 현상들도 역시 도움이 될 수 있다. 소리도 압력파일 뿐이라 작은 소리는 침묵 속에서 성공적으로 감춰질 수 있다. 유사한 방법을 활용하면 근본적으로 콘서트홀의 음향 시설이나 헤드폰 디자인도 바꿀 수 있다. 지진 역시 피해를 입히는 파동을 유발한다. 지진파 가림에 관한 이론적 연구는 프랑스에서 과학자와 토목 기사들 간의 성공적인 협력으로 이어졌다. 그들은 거대한 구조물, 즉 원자력 발전소 주위에 일련의 비어 있는 시추공들이 지진파의 전달을 막아 줄 수 있다는 사실을 입증했다. 유사한 아이디어를 바다에도 적용해 보면 해일로부터 해양 구조물이나 해안선까지도 보호할 수 있다. 이처럼 투명해지는 방법을 이해하는 데 따른 잠재적인 혜택은 눈으로 쉽게 확인할 수 있다.

나오며

"우리는 독자들이 그들에게 세상을 이해시켜 줄 사람들을 이해하도록 도와줄 가장 훌륭한 익스플레이너explainer 익스플레이너를 추구하고 있습니다…. 당신은 대부분의 시간을 익스플레이너 익스플레이너를 작성하며 보내는 한편, 틈틈이 다른 익스플레이너 익스플레이너들을 찾아 모으게 될 겁니다. 익스플레이너 익스플레이너의 익스플레이너를 작성하기 위해."

블로그 플랫폼 '미디엄Medium'에 이런 가짜 구인 광고가 올라온 적이 있다. 하지만 이것은 단순한 농담에 그치지 않는다. 최근 들어 '익스플레이너'란 직업이 폭발적으로 증가한 것이다. 갑자기 인기를 끌게 된 몇몇 웹사이트들, 그중에서도 특히 복스Vox(미국 인터넷 뉴스사이트 · 옮긴이)와 파이브서티에이트FiveThirtyEight(미국의 통계 기반 여론 분석 사이트 · 옮긴이) 등은 상황에 대한 설명이 필요하다는 아이디어를 바탕으로 사업에 뛰어든 경우이다. 유수의 신문들도 이런 전례를 따라왔다. 《뉴욕 타임스》에는 '디 업숏The Upshot'이 있고, 《월스트리트저널Wall Street Journal》은 '알리바바란 무엇인가?' 같은 질문에 대답을 하며 중요한 주제에 관해서는 독자들에게 '꼭 알아야 할 5가지' 기사를 제공한다. 그리고 《이코노미스트》는 2013년에 익스플레이너 블로그를 개설했고, 이 책에 담긴 많은 내용은 바로 그 블로그에 게시된 것이다. 그 다음에는 모든 익스플레이너 사이트의 어머니라 할 위키피디아가 있다. 이 사이트는 3,100만 개가 넘는 기사를, 다양한 주제에 관한 기본 요약 정보와 함께 287개 언어로 제공한다. 만약 무엇인가를 급히 알아야 할 필요가 있다면, 위키피디아 기사의 처음 한두 문장만 훑어보는 것도 나쁜 선택은 아니다. 그렇다면 왜 익스플레이너들이 이렇게 갑자기 인기를 끌게 되었을까?

저널리스트의 한 형태로서 익스플레이너라는 개념은 새로울 것이 없다. 예를 들어 2008년 블로그 포스트에서 뉴욕 대학의 저널리즘 교수 제이 로젠Jay Rosen은 '전체를 이해하기 전까지는 어느 일부분도 이해할 수 없는 종류의 이야기들이 있다'고 말했다. 익스플레이너는 '향후의 기사들을 덧붙여 나갈 수 있는 이해의 기본 틀'을 형성해 줘야 한다고 그는 주장했다.

이런 기본 틀에 대한 수요는 항상 존재해 왔다고 로젠 교수는 오늘날 이야기한다. 그러나 신문들이 인쇄물에서 사용할 수 있는 지면은 늘 제한되어 있었기 때문에 이런 수요는 대개 중요한 '넛그래프Nut Graf'로 충족되었다. 넛그래프란 기사의 내용을 함축적이고 간결하게 요약하는 단락이다. 반면에 온라인 영역에서는 설명할 공간도 무제한적이고, 또 수요도 훨씬 더 많다. 독자들 입장에서는 점점 더 많은 정보가 점점 더 세세한 내용까지 쏟아져 나오는데, 배경 지식이 없으면 이해하기가 힘든 것이다. 어떤 면에서 익스플레이너는 대부분의 디지털 원주민들이 오늘날 소식을 접하는 방법인 끝도 없이 이어지는 헤드라인 · 포스트 · 트윗에 대한 일종의 반응이다.

그러므로 익스플레이너는 우리 생활의 일부이다. 더 어려운 질문은 어떤 형태의 익스플레이너가 바람직하냐는 것이다. 위키피디아 기사는 요약 정보로 시작하지만, 그 다음부터는 매우 길고 상세하다. 복스의 익스플레이너는 짤막한 '카드'의 모음으로 구성된다. 《뉴욕 타임스》의 디 업숏은 깊이 있는 분석처럼 읽힌다. 《이코노미스트》의 익스플레이너는 대체로 상황 · 배경지식 · 설명 · 의의 등 4단락의 형식을 고수한다. 늘 그렇듯이 여기에도 최고의 정답이란 없을 것이다. 로젠 교수의 한 강의에서는 학생들이 심지어 청중을 일깨우기 위해 노래를 만들기도 했다. 수천 가지의 '익스플레이너'가 만개하는 세상이 오길 빈다.

함께 만든 사람들

본래 《이코노미스트》 '익스플레이너'를 작성한 아래와 같은 저자들과 함께 수록된 그래픽을 만든 아티스트들 및 데이터 저널리스트들에게 큰 감사를 전합니다.

제임스 애스틸James Astill, 라이언 아벤트Ryan Avent, 해미쉬 비렐 Hamish Birell, 사라 버크Sarah Birke, 에밀리 바브로우Emily Bobrow, 탬진 부스Tamzin Booth, 제니퍼 브라운Jennifer Brown, 제프리 카Geoffrey Carr, 슬라베아 찬코바Slavea Chankova, 브루스 클라크Bruce Clark, 팀 크로스 Tim Cross, 조시 델랍Josie Delap, 그레이엄 더글러스Graham Douglas, 더 그 다우슨Doug Dowson, 리처드 엔소르Richard Ensor, 개디 엡스타인Gady Epstein, 존 파스만Jon Fasman, 제임스 프랜샴James Fransham, 레인 그 린Lane Greene, 로버트 게스트Robert Guest, 루키아 지프로포루Loukia Gyftopoulou, 사이먼 헤드린Simon Hedlin, 에반 헨슬레이Evan Hensleigh, 엠

마 호간Emma Hogan, 샬럿 하워드Charlotte Howard, 필 케니Phil Kenny, 소우마야 케인즈Soumaya Keynes, 아비세크 쿠마Abhishek Kumar, 사라 레오Sarah Leo, 레이첼 로이드Rachel Lloyd, 아담 메라Adam Meara, 데이브 맥켈비Dave McKelvey, 맷 맥린Matt McLean, 로저 맥셰인Roger McShane, 사차 나우타Sacha Nauta, 앤드루 파머Andrew Palmer, 제이슨 파머Jason Palmer, 존 파커John Parker, 로이드 파커Lloyd Parker, 소피 페더Sophie Pedder, 찰스 리드Charles Read, 빌 리저스Bill Ridgers, 가이 스크리븐Guy Scriven, 알렉스 셀비-부스로이드Alex Selby-Boothroyd, 제인 쇼Jane Shaw, 루트비히 지겔레Ludwig Siegele, 카시아 클레어Kassia St Clair, 스테파니 스튜더Stephanie Studer, 알렉산드라 스위치Alexandra Suich, 알렉스 트레빌Alex Travelli, 톰 웨인라이트Tom Wainwright, 로즈마리 워드Rosemarie Ward, 조니 윌리엄스Jonny Williams, 사이먼 라이트Simon Wright, 유안 양Yuan Yang, 웨이드 주Wade Zhou.

'당신이 모른다는 사실조차 몰랐던 사실들'을 더 많이 알고 싶다면 Economist.com/econexplains와 Economist.com/graphicdetail을 방문해 보세요.

이코노미스트가 팩트체크한
세계의 이면에 눈뜨는 지식들

초판 1쇄 발행 | 2018년 3월 9일
초판 2쇄 발행 | 2018년 5월 17일

엮은이   톰 스탠디지
옮긴이   이시은
책임편집   박소현
디자인   이미지

펴낸곳   바다출판사
발행인   김인호
주소   서울시 마포구 어울마당로5길 17(서교동, 5층)
전화   322-3885(편집), 322-3575(마케팅)
팩스   322-3858
E-mail   badabooks@daum.net
홈페이지   www.badabooks.co.kr
출판등록일   1996년 5월 8일
등록번호   제10-1288호

ISBN 978-89-5561-466-4 03300